Baedekers
Allianz-Reiseführer
Prag

Baedekers Allianz Reiseführer

Städte in aller Welt

Amsterdam
Athen
Bangkok
Berlin
Brüssel
Budapest
Dresden
Düsseldorf
Florenz
Frankfurt am Main
Hamburg
Hongkong
Istanbul
Jerusalem
Köln
Kopenhagen
Leningrad
Lissabon
London
Madrid
Moskau
München
New York
Paris
Prag
Rom
San Francisco
Singapur
Stuttgart
Tokio
Venedig
Wien

Reiseländer · Großräume

Ägypten
Asien
Belgien
Dänemark
Deutschland (Ost und West)
Deutschland · Ost
Deutschland · West
Frankreich
Griechenland
Großbritannien
Irland
Israel
Italien
Japan
Jugoslawien
Kanada
Karibik
Luxemburg
Marokko
Mexiko
Mittelmeer
Niederlande
Österreich
Portugal
Schweiz
Skandinavien
Spanien
Tunesien
USA

Regionen · Inseln · Flüsse

Bodensee
Costa Brava
Gran Canaria
Griechische Inseln
Ibiza
Kalifornien
Loire
Mallorca
Provence/Côte d'Azur
Rhein
Ruhrgebiet
Schwäbische Alb
Sizilien
Südtirol
Teneriffa
Tessin
Toskana
Türkische Küsten

Städte in Deutschland und der Schweiz

Augsburg
Bamberg
Basel
Berlin (gr. + kl.)
Bonn
Bremen
Darmstadt
Freiburg
Hannover
Heidelberg
Kiel
Konstanz
Leipzig
Lübeck
Mainz
Mannheim
Nürnberg
Passau
Regensburg
Trier
Wiesbaden

Baedekers
Allianz Reiseführer
Prag

VERLAG KARL BAEDEKER

Hinweise zur Benutzung dieses Reiseführers

Sternchen (Asterisken) als typographisches Mittel zur Hervorhebung bedeutender Bau- und Kunstwerke, Naturschönheiten und Aussichten, aber auch guter Unterkunfts- und Gaststätten hat Karl Baedeker im Jahre 1844 eingeführt; sie werden auch in diesem Reiseführer verwendet: Besonders Beachtenswertes ist durch * einen vorangestellten 'Baedeker-Stern', einzigartige Sehenswürdigkeiten sind durch ** zwei Sternchen gekennzeichnet.

Zur raschen Lokalisierung der Sehenswürdigkeiten von A bis Z auf dem beigegebenen Stadtplan sind die entsprechenden Koordinaten der Plannetzmaschen jeweils neben der Überschrift in Rotdruck hervorgehoben: * Wenzelsplatz **E/F 5**.

Wenn aus der Fülle von Unterkunfts-, Gast- und Einkaufsstätten nur eine wohlüberlegte Auswahl getroffen ist, so sei damit gegen andere Häuser kein Vorurteil erweckt.

Da die Angaben eines solchen Reiseführers in der heute so schnellebigen Zeit fast ständig Veränderungen unterworfen sind, kann für die Richtigkeit keine absolute Gewähr übernommen werden. Auch lehrt die Erfahrung, daß sich Irrtümer nie gänzlich vermeiden lassen. Für Berichtigungen und Verbesserungsvorschläge ist die Redaktion – Zeppelinstraße 44/1, D(W)-7302 Ostfildern 4 – stets dankbar.

Impressum

Ausstattung:
134 Abbildungen
13 Grundrisse, 3 Übersichtskarten, 5 Sonderpläne, 3 graphische Darstellungen, 1 Verkehrsplan, 1 Stadtplan (Kartenverzeichnis am Ende des Buches)

Textbeiträge:
Madeleine Cabos, Rainer Eisenschmid, Dr. František Kafka
Nachführung: Dr. Otakar Mohyla
Bearbeitung: Baedeker-Redaktion

Kartographie:
Gert Oberländer, München; Christoph Gallus, Hohberg-Niederschopfheim
Olympia, Prag (Stadtplan)

Gesamtleitung: Dr. Peter Baumgarten, Baedeker Stuttgart

Bildnachweis:
Baedeker-Archiv (1), Cabos (110), Historia-Photo (5), Kusak (6), Neumeister (1), Olympia-Archiv (2), Stoll (5), Ullstein (4)

6. Auflage 1991

Urheberschaft:
Karl Baedeker GmbH, Ostfildern-Kemnat bei Stuttgart
Nutzungsrecht:
Mairs Geographischer Verlag GmbH & Co., Ostfildern-Kemnat bei Stuttgart

Satz (Typotext): Baedeker-Redaktion (M. Cabos)
Textfilme: Fotosatz Joachim Kranzbühler, Waldenbuch-Bonholz
Reproduktionen: Gölz Repro-Service GmbH & Co. KG, Ludwigsburg
Druck: Mairs Graphische Betriebe GmbH & Co., Ostfildern-Kemnat
Buchbinderische Verarbeitung: Sigloch Buchbinderei GmbH & Co. KG, Leonberg-Ramtel

Printed in Germany
ISBN 3-87504-138-0

Inhalt

Liebe Leserin, lieber Leser,

Baedeker ist ständig bemüht, die Qualität seiner Reiseführer noch zu steigern und ihren Inhalt weiter zu vervollkommnen. Hierbei können ganz besonders die Erfahrungen und Urteile aus dem Benutzerkreis als wertvolle Hilfe gar nicht hoch genug eingeschätzt werden. Vor allem **Ihre Kritik, Berichtigungen und Verbesserungsvorschläge sind uns stets willkommen.** Sie helfen damit, die nächste Auflage noch aktueller zu gestalten.
Bitte schreiben Sie in jedem Falle an die

Baedeker-Redaktion
Karl Baedeker GmbH
Marco-Polo-Zentrum
Zeppelinstraße 44/1
Postfach 31 62
D(W)-7302 Ostfildern 4 (Kemnat).

Der Verlag dankt Ihnen im voraus bestens für Ihre Mitteilungen. Jede Einsenderin und jeder Einsender nimmt an einer jeweils zum Jahresende unter Ausschluß des Rechtsweges stattfindenden Verlosung von drei JRO-LEUCHTGLOBEN teil. Falls Sie gewonnen haben, werden Sie benachrichtigt. Ihre Zuschrift sollte also neben der Angabe des Buchtitels und der Auflage, auf welche Sie sich beziehen, auch Ihren Namen und Ihre Anschrift enthalten. Die Informationen werden selbstredend vertraulich behandelt und die persönlichen Daten nicht gespeichert.

Namen im Wandel!

Im Zuge der politischen Neuorientierung in der Tschechoslowakei kommt es allenthalben im Lande und besonders in der Landeshauptstadt Prag, wo bis vor kurzem offiziell die Wertvorstellungen des sozialistischen Staates das öffentliche Leben jahrzehntelang beherrscht haben, zu einschneidenden Veränderungen, nicht zuletzt auch bei Namen von Straßen, Plätzen, Anlagen u.ä. sowie bei Bezeichnungen von öffentlichen Gebäuden und Einrichtungen.

Wenngleich sich die Baedeker-Redaktion bemüht hat, allen nur irgend greifbaren Umbenennungen Rechnung zu tragen, ist nicht auszuschließen, daß vor Ort bereits weitere Namensänderungen vorgenommen worden sind. Es muß zudem damit gerechnet werden, daß sich dieser Prozeß der Umwandlung noch eine gewisse Zeit fortsetzt.

Vorwort

Dieser Reiseführer gehört zur neuen Baedeker-Generation.

In Zusammenarbeit mit der Allianz Versicherungs-AG erscheinen bei Baedeker durchgehend farbig illustrierte Reiseführer in handlichem Format. Die Gestaltung entspricht den Gewohnheiten modernen Reisens: Nützliche Hinweise werden in der Randspalte neben den Beschreibungen herausgestellt. Diese Anordnung gestattet eine einfache und rasche Handhabung.

Der vorliegende Band hat im wesentlichen die tschechoslowakische Hauptstadt Prag zum Thema, bezieht aber darüber hinaus auch etliche lohnende Ausflugsziele in der näheren Umgebung ein.

Der Reiseführer gliedert sich in drei Hauptteile: Im ersten Teil wird über die Stadt im allgemeinen, Bevölkerung, Verkehr, Kultur, Wirtschaft, berühmte Persönlichkeiten, Stadthistorie und Kunstgeschichte berichtet. Eine kleine Sammlung von Literaturzitaten leitet über zum zweiten Teil, in dem die Sehenswürdigkeiten in und um Prag beschrieben werden. Daran schließt ein dritter Teil mit reichhaltigen praktischen Informationen, die dem Besucher das Zurechtfinden vor Ort erleichtern. Sowohl die Sehenswürdigkeiten als auch die Informationen sind in sich alphabetisch geordnet.

Baedekers Allianz-Reiseführer zeichnen sich durch Konzentration auf das Wesentliche sowie Benutzerfreundlichkeit aus. Sie enthalten eine Vielzahl eigens entwickelter Pläne und zahlreiche farbige Abbildungen. Zu diesem Reiseführer gehört als integrierender Bestandteil ein ausführlicher Stadtplan, auf dem die im Text behandelten Sehenswürdigkeiten anhand der jeweils angegebenen Plankoordinaten zu lokalisieren sind.

Wir wünschen Ihnen mit Baedekers Allianz-Reiseführer viel Freude und einen lohnenden Aufenthalt in Prag und Umgebung!

Baedeker

Verlag Karl Baedeker

Zahlen und Fakten

Wappen der tschechoslowakischen Hauptstadt Prag (PRAHA MATKA MĚST = Prag, die Mutter der Städte)

Allgemeines

Staat

Die Tschechoslowakei, amtlich Tschechische und Slowakische Föderative Republik (ČSFR), ist ein föderativer Staatenbund, gebildet aus der Tschechischen Republik (ČR; Hauptstadt Prag) und der Slowakischen Republik (SR; Hauptstadt Bratislava).

Sprache

Amtssprachen in der Tschechoslowakei sind Tschechisch und Slowakisch, die gleichberechtigt nebeneinanderstehen.

Hauptstadt

Prag (tschechisch Praha), genannt die 'Hunderttürmige' oder auch die 'Goldene Stadt' an der Moldau (Vltava), ist sowohl die Hauptstadt der föderativen Tschechoslowakei als auch der Tschechischen Republik.
Im Rahmen der administrativen Neugliederung des nun demokratischen Staates wird die Stadt Prag eine selbständige Verwaltungseinheit bilden.

Geographische Lage

Prag liegt auf 50° 05′ nördlicher Breite und 14° 25′ östlicher Länge am Nordostende der böhmischen Silurmulde und an der Grenze zur Kreidetafel in einer Talweitung der Moldau (Vltava; ein linker Nebenfluß der Elbe/Labe), die das Stadtgebiet auf einer Länge von 28 km durchströmt, wobei sie – bis zu 300 m breit – von insgesamt 16 Brücken überspannt wird.

Der nach Westen offene Flußbogen hat zur Bildung von Prall- und Gleithängen geführt. So erhebt sich die breit angelegte Burgstadt des Hradschin auf der Kleinseite über einem Steilhang am linken Moldau-Ufer, während das Gelände von Altstadt und Neustadt vom rechten Flußufer nur allmählich ansteigt. Die moderne Großstadt hat sich nach allen Seiten auf die umliegenden Hochflächen ausgedehnt.

◀ *Altstädter Rathaus*

Allgemeines (Fortsetzung) Höhenlage

An der Prag durchfließenden Moldau beträgt die Höhe ü.d.M. durchschnittlich 180 m, auf dem Hügel Kopanina wird eine Höhenlage von 391 m ü.d.M. erreicht.

Klima

Das Klima in Mittelböhmen und Prag wird geprägt durch die Lage im Zentrum der nördlichen gemäßigten Zone an der Grenze zwischen ozeanischem und kontinentalem Bereich. Es bietet daher einen ausgeprägten Wechsel der Jahreszeiten ohne allzu krasse Temperaturschwankungen (vgl. Klimatabelle ⟶ Praktische Informationen, Reisezeit).
Die Monatsmittel der Lufttemperatur liegen im Januar bei −0,9 °C, im Juli bei 19 °C, die mittlere Jahrestemperatur beträgt 9,0 °C, die jahresdurchschnittliche Niederschlagsmenge 487 mm (Rhein-Main-Region im Vergleich: 10 °C bzw. 520 mm).

Fläche und Einwohner

Im historischen Kern der Stadt lebten bis 1883 auf 8,5 km² rund 160 000 Menschen. Mit den danach eingegliederten Gemeinden Vyšehrad (1883), Holešovice-Bubny (1884) und Libeň (1901) wuchs Prag auf 21 km² mit 216 000 Einwohnern.
Im Jahre 1922 entstand Groß-Prag nach dem Gesetz von 1920 mit einer Fläche von 171 km² und 677 000 Einwohnern durch die Eingemeindung von zahlreichen Vororten; 1968 wurden weitere Randgemeinden, 1974 ferner periphere ländliche Bodenflächen angegliedert. Heute nimmt Prag eine Gesamtfläche von 497 km² ein, auf der ca. 1 195 000 Menschen leben.
Die historische Entwicklung des Stadtgebietes veranschaulicht die Karte auf Seite 28 dieses Stadtführers.

Verwaltung

Von 1960 bis 1990 war das Prager Stadtgebiet in zehn Verwaltungsbezirke gegliedert, wobei der Bezirk Praha 1 dem Kern des historischen Prag entsprach und die Altstadt (Staré Město), die Kleinseite (Malá Strana), den Hradschin (Hradčany), die Josefstadt (Josefov; die einstige Judenstadt) sowie einen Teil der Neustadt (Nové Město) umfaßte.
Nach den freien Kommunalwahlen des Jahres 1990 werden die alten Bezirksstrukturen aufgelöst und das bisherige örtliche Verwaltungsgremium Prags, der sog. Zentrale Nationalausschuß, durch ein demokratisches Vertretungsorgan (mit einem ‘Primator’ an der Spitze) ersetzt.

Bevölkerung

Entwicklung

Bereits im 14. Jahrhundert, also zur Zeit Karls IV., wurde Prag eine der größten Städte Mitteleuropas; damals zählte man hier rund 60 000 Einwohner. Die im Dreißigjährigen Krieg stark in Mitleidenschaft gezogene Moldaumetropole erholte sich von ihrem Aderlaß (Ende des 17. Jh.s nur noch 40 000 Einw.) erst im Laufe des 18. und 19. Jahrhunderts mit der Festigung ihrer Residenzfunktion. Weiteren Auftrieb brachte die industrielle Gründerzeit.
Um die Wende vom 19. zum 20. Jahrhundert übersprang Prag die 200 000-Einwohner-Marke. Danach setzte eine stürmische Entwicklung ein, die durch Eingemeindungen von Vororten noch intensiviert wurde; 1930 hatte Prag bereits 849 000 Einwohner.
Nach dem Zweiten Weltkrieg setzte sich der Aufwärtstrend weiter fort; 1960 rückte Prag in den Kreis der Millionenstädte auf. Seit Mitte der siebziger Jahre verflachte sich die demographische Kurve zusehends; sie bewegt sich seit einigen Jahren nur noch sehr zögerlich auf die Zahl von 1,2 Mio. Einwohnern zu.

Ethnische Zusammensetzung

Die traditionell stärkste Bevölkerungsgruppe Prags bilden die Nachkommen westslawischer Stämme, insbesondere die Tschechen. Spätestens seit dem Aufblühen der Stadt im 14. Jahrhundert ist eine starke deutsche Minderheit nachweisbar, die jedoch schon im 19. Jahrhundert auf einen Fünf-Prozent-Anteil zurückging.

Hauptbahnhof im Jugendstil der Jahrhundertwende

Besondere Bedeutung erlangte im Laufe der Stadtgeschichte die jüdische Bevölkerung, was dazu führte, daß Prag den bezeichnenden Beinamen 'Jerusalem Europas' erhielt.

Bevölkerung (Fortsetzung)

Die Mehrheit der sich zu einer Religion bekennenden Prager Bevölkerung ist traditionell römisch-katholisch. An zweiter Stelle steht die hussitisch geprägte Tschechoslowakische Kirche, die im Jahre 1919 gegründet wurde. Die stärkste protestantische Glaubensgemeinschaft ist die Evangelische Kirche der Böhmischen Brüder. Zum israelitischen Glauben bekennen sich nach jüngsten Schätzungen nur etwa 1 000 Prager Bürger.

Religion

Verkehr

Der kleine Moldauhafen bei Holešovice dient dem wenig bedeutsamen Güterumschlag. Oberhalb von Prag ist die Moldau nicht schiffbar; erst ab Prag können kleinere Wasserfahrzeuge verkehren.
Die Anlegestelle der Moldau-Passagierschiffe befindet sich am Rašín-Kai (Rašínovo nábřeží) in der Nähe der Palacký-Brücke.

Moldauhafen

Prag besitzt einen modernen Flughafen bei dem rund 15 km nordwestlich vom Stadtzentrum gelegenen Vorort Ruzyně. Von dort fliegen Linienmaschinen der ČSA (Československé Aerolinie) zahlreiche Großstädte in aller Welt an. Mehr als zwei Dutzend ausländische Fluggesellschaften haben Prag als regelmäßiges Flugziel.

Flughafen

Prag ist an das europäische Eisenbahnnetz angeschlossen. Der Hauptbahnhof (hlavní nádraží) an der Wilsonova ulice und der Bahnhof in Holešovice sind Ausgangspunkte inländischer und internationaler Eisenbahnlinien.

Eisenbahn

Verkehr, Eisenbahn (Fortsetzung)

Weitere Bahnhöfe dienen dem innertschechoslowakischen Verkehr. In den Vorstädten gibt es außerdem fast 30 kleinere Personenbahnhöfe.

U-Bahn (Metro)

Die Prager U-Bahn (Metro) ist noch im Ausbau. Bisher wurden die Linien A, B und C in Betrieb genommen. Weitere Streckenabschnitte sollen in den nächsten Jahren fertiggestellt werden.

Straßenbahnen

Die Straßenbahnen sind das Hauptbeförderungsmittel der Stadt; die Züge fahren in Intervallen von durchschnittlich 15 Minuten.

Autobusse

Der Autobusverkehr ist hauptsächlich mit den Metro-Stationen gekoppelt oder dient der Verbindung weiter entfernt gelegener Vororte.

Fernstraßen

3 (E 55)	Richtung Benešov, Votice, Tábor, České Budějovice (Budweis), Linz
4	Richtung Strakonice, Passau
5 (E 50)	Richtung Plzeň (Pilsen; anfangs Autobahn D 5), Nürnberg
6 (E 48)	Richtung Nové Strašecí, Řevničov, Karlovy Vary (Karlsbad)
7	Richtung Slaný, Chomutov (Komotau)
8 (E 55)	Richtung Lovosice, Teplice, Dresden
9	Richtung Mělník, Děčín (Tetschen), Dresden
10 (E 65)	Richtung Mladá Boleslav (Jungbunzlau), Turnov, Jelenia Góra (Hirschberg)
11 (E 67)	Richtung Poděbrady, Hradec Králové (Königgrätz), Wrocław (Breslau)
12	Richtung Kolín
D 1 (E 65)	Autobahn Richtung Brno (Brünn), Bratislava (Preßburg)

Kultur

Allgemeines

Prag gehört seit Jahrhunderten zu den kulturellen Zentren Europas. Hier wurde seit der Gründung der ersten mitteleuropäischen Universität, der Karlsuniversität (1348), in Wissenschaft, Literatur und Kunst ein Kapitel abendländischer Geistesgeschichte geschrieben. Heute ist Prag der kulturelle Mittelpunkt der Tschechoslowakei mit einer Vielzahl von Bildungs- und Forschungseinrichtungen aller Fachbereiche, umfassenden Bibliotheken und Archiven, Laboratorien und reichhaltigen Museen. Außer den ständig zugänglichen Sammlungen der großen Gemäldegalerien vermitteln verschiedene Galerien mit wechselnden Ausstellungen dem kunstinteressierten Besucher vielfältige Eindrücke.

Seit der politischen 'Wende' im Herbst 1989 werden auch die kulturellen Aktivitäten deutlicher gefördert. Dies äußert sich nach Abschaffung der Zensur etwa durch die Freigabe bisher unzugänglicher Bestände ('libri prohibiti') in den Bibliotheken, die Veröffentlichung zuvor verbotener Autoren sowie der Programmbereicherung in den Theatern und Lichtspielhäusern, von Kunstausstellungen und musikalischen Veranstaltungen.

Musik und Theater

Die Stadt besitzt 20 ständige Musikbühnen, davon zwei Opernhäuser, drei hervorragende Philharmonische Orchester und zahlreiche bekannte, kleinere Musikensembles, zu deren Programm auch moderne Unterhaltungsmusik und Jazzinterpretationen gehören. In den rund 30 Theatern werden alle dramatischen Genres von der Oper bis zum Schwank gezeigt, wobei sich die Kleinkunstbühnen (Pantomime, Kabarett, Puppenspiel) und die kombinierte Film- und Bühnenschau der 'Laterna Magica' durch besondere Originalität auszeichnen. Höhepunkt des Musik- und Theaterlebens sind die alljährlich von Mitte Mai bis Anfang Juni abgehaltenen Festwochen "Prager Frühling" ("Pražské jaro"), bei denen Veranstaltungen in- und ausländischer Orchester und Solisten von Weltruf nicht nur in den Konzertsälen, sondern auch in einigen Kirchen (Veitsdom, Georgsbasilika, St. Niklas auf der Kleinseite, Teynkirche, Jakobskirche), Museen, ehemaligen Adelspalais und barocken Gartenanlagen stattfinden.

Hochschulen

Neben der altehrwürdigen Karlsuniversität unterhält die Tschechoslowakische Akademie der Wissenschaften in Prag eine Vielzahl wissenschaftlicher Arbeitsstätten und Forschungsanstalten. Weitere traditionsreiche Einrichtungen sind die Kunstakademie und das Musikkonservatorium.

Bibliotheken und Museen

In Prag gibt es eine Reihe großer Bibliotheken, insgesamt über 20 Museen und viele andere kulturelle Institutionen. Zu den wichtigsten Bibliotheken gehören die Staatsbibliothek, die Städtische Bibliothek (Pragensien), die Bibliothek des Nationalmuseums und die Nationalbibliothek der Medizin.

Denkmalschutz, Stadtsanierung

Es gibt wohl kaum eine andere Stadt in Europa, in der sich solch eine architektonische Vielfalt auf so engem Raum versammelt wie in Prag, der einzigen europäischen Großstadt, deren Stadtkern seit dem Mittelalter im ganzen erhalten ist.
Um die Mitte der achtziger Jahre des 20. Jahrhunderts wurde mit einer großangelegten staatlichen Restaurierungskampagne der historischen Bausubstanz im Zentrum der Stadt begonnen.
Ende 1987 konnte der Altstädter Ring als prachtvolle Fußgängerzone der Öffentlichkeit übergeben werden; in harmonisch abgestimmten Pastelltönen erhielten die restaurierten Fassaden der gotischen, barocken, Renaissance- und Rokokobauten um den weiten Platz ein neues Aussehen im alten Stil. Die Gestaltung im Inneren der alten Häuser blieb vornehmlich privater Initiative überlassen. Auch das Altstädter Rathaus, St. Niklas und die Teynkirche wurden liebevoll wiederhergerichtet.
Auf dem Weg zum Pulverturm kann man gut renovierte Hausfassaden im romanischen und barocken Baustil entlang der Zeltnergasse bewundern. Über der Kleinseite erstrahlt die ebenfalls fast vollständig restaurierte Anlage der Prager Burg.
Weitere Renovierungsarbeiten werden beispielsweise in der Karlsgasse durchgeführt, einem Teilstück des legendären mittelalterlichen 'Königsweges' zwischen Altstadt und Hradschin.

Haus der Künstler

Kultur, Stadtsanierung (Fortsetzung)

Während man die historischen Viertel der Stadt mit Kenntnis, Hingabe und Erfolg zu erhalten versucht, sind weite Bereiche der Stadt, besonders solche in Randlage, auf bedrückende Weise dem Verfall preisgegeben. Hier fehlen bisher sowohl die finanziellen Mittel als auch die nötigen Initiativen für eine Rettung der wertvollen Bausubstanz.

Wirtschaft

Umbruchsituation

Nach den umwälzenden politischen Ereignissen der jüngsten Zeit fällt es schwer, jetzt eine Voraussage über die künftige Wirtschaftsentwicklung zu geben. Man muß davon ausgehen, daß die Tschechoslowakei im Laufe der letzten vier Jahrzehnte, die ganz von staatlich verordneter sozialistischer Planwirtschaft bestimmt waren, den Anschluß an die Entfaltung in den westlichen Industrieländern verloren hat. Der Maschinenpark ist überaltert, die Erzeugnisse sind bis auf wenige Ausnahmen auf dem internationalen Markt nicht konkurrenzfähig. Die neue demokratische Regierung steht vor den äußerst schwierigen Aufgaben, die bisher staatlichen Wirtschaftsunternehmen zu privatisieren, ihre veralteten Strukturen aufzubrechen, ihren Energieverbrauch zu senken und für den Erzeugnisabsatz neue Marktbeziehungen aufzubauen. Wie sich bereits im Laufe des Jahres 1990 gezeigt hat, werden diese Probleme noch dadurch kompliziert, daß zum einen die Rohstoffbeschaffung auf Schwierigkeiten stößt und zum anderen herkömmliche Absatzmärkte in den einstigen Ostblockstaaten verlorengegangen sind. Welchen Stellenwert man zukünftig der traditionellen Rüstungsindustrie zumißt, bleibt abzuwarten.
Von größter Bedeutung für eine Aufwärtsentwicklung der Wirtschaft ist der Bedarf an Investitionsmitteln. Als ein erstes wichtiges Anzeichen für das wünschenswerte Engagement auch ausländischer Kapitalgeber gilt die Beteiligung des deutschen Volkswagenwerkes an dem tschechischen Automobilhersteller Škoda. Um hier weitere Anreize zu schaffen, müssen die Eigentumsverhältnisse an Grundstücken und Produktionsmitteln geklärt werden; dies gilt nicht nur für die Industrie, sondern auch für die Landwirtschaft und ihre Organisationsformen. Der zunehmend bedeutsame Dienstleistungsbereich ist inzwischen weitgehend auf privater Ebene neu geordnet worden. In allen Wirtschaftszweigen muß zukünftig den bisher sträflich vernachlässigten ökologischen Aspekten größte Aufmerksamkeit gewidmet werden.

Industrie

Prag ist das wirtschaftliche Zentrum der Tschechoslowakei. Hier haben alle national bedeutsamen ökonomischen Organisationen ihren Sitz. Die mehr als 90 größeren Industriebetriebe sind mit fast 10 % an der gesamten industriellen Güterproduktion der ČSFR beteiligt, wobei der Maschinenbau (ČKD Praha, Waggonfabrik Tatra) traditionell eine Schlüsselstellung behauptet. Wichtige Industriezweige sind neben der Metallbe- und -verarbeitung die pharmazeutische Industrie, die Nahrungs- und Genußmittelindustrie, die Papier- und nicht zuletzt die Textilindustrie. Die größten Industriegebiete liegen im Nordosten der Stadt (Libeň, Vysočany) und im Südwesten (Smíchov, Jinonice).

Handel

Seit alters ein wichtiger Schnittpunkt von Handelswegen und Ausgangspunkt der Moldau-Elbe-Schiffahrt, gehört Prag auch heute noch zu den führenden Handelsmetropolen Mitteleuropas. Zahlreiche Banken und Versicherungen haben hier ihren Sitz. Über ein Dutzend Großkaufhäuser und weit über 4000 kleinere Geschäfte bieten ein relativ breit gefächertes Warensortiment an.

Tourismus

Die Moldau-Metropole ist eines der beliebtesten Ziele des europäischen Städtetourismus. Allein aus den westlichen Nachbarländern der Tschechoslowakei – allen voran Deutschland – besuchen alljährlich schätzungsweise über eine Million Touristen die Goldene Stadt.

Berühmte Persönlichkeiten

Tycho Brahe
Dänischer Astronom
(4.12.1546 bis 24.10.1601)

Der dänische Astronom Tycho Brahe kam 1597 bereits als berühmter Mann nach Prag und diente Kaiser Rudolf II. ab 1599 als Hofastronom. Brahe hatte schon in Dänemark eine Sternwarte gebaut. Seine astronomischen Instrumente waren die größten der damaligen Zeit – das Fernrohr war noch nicht erfunden.
Mit seinen Beobachtungen lieferte er die empirischen Grundlagen für die Keplerschen Gesetze der Planetenbewegung, blieb jedoch immer ein Gegner des heliozentrischen Weltbildes. Lange Zeit konkurrierte sein Tychonisches Weltsystem, das die Erde weiterhin in den Mittelpunkt des Alls stellte, mit dem Kopernikanischen.
Die Grabplatte mit Tycho Brahes Portrait befindet sich in der Teynkirche (⟶ Sehenswürdigkeiten von A bis Z).

Peter Johann Brandl
(Brandel, Prantl)
Böhmischer Maler
(24.10.1668 bis 24.9.1735)

Peter Johann Brandl gilt als einer der Hauptmeister des böhmischen Barock. Er war Hofmaler mehrerer Grafen und stand häufig im Dienst von Klöstern. Aus der Verbindung venezianischer und flämischer Einflüsse gelangte er zu einem Stil formeller Unabhängigkeit, der auf eigener Anschauung und Empfindung beruht und stark realistische Züge trägt. Gemälde Brandls sind in mehreren Prager Kirchen zu sehen.

Max Brod
Prager Schriftsteller
(27.5.1884 bis 20.12.1968)

Der Prager Schriftsteller Max Brod machte sich vor allem einen Namen als Herausgeber der Schriften Franz Kafkas, die er – entgegen Kafkas ausdrücklichem Wunsch – postum publizierte. Brod selbst trat als expressionistischer Autor mit Werken hervor wie "Über die Schönheit häßlicher Bilder" (1913), "Tycho Brahes Weg zu Gott" (1916), "Streitbares Leben" (1960, erweiterte Ausgabe 1969; Autobiographie), "Die verkaufte Braut" (1962) und "Von der Unsterblichkeit der Seele" (1969). Brod arbeitete als Theater- und Musikkritiker beim "Prager Tagblatt" und gehörte zum "Prager Kreis". Er verfaßte u.a. Biographien über Kafka und den Komponisten Leoš Janáček. 1939 emigrierte Brod, der sich 1913 dem Zionismus angeschlossen hatte, nach Tel Aviv, wo er als Dramaturg am Habimah-Theater tätig war.

Christoph Dientzenhofer
(27.7.1655 bis 20.6.1722)
und
Kilian Ignaz Dientzenhofer
(1.9.1689 bis 18.12.1751)
Böhmische Baumeister

Christoph Dientzenhofer aus der weitverzweigten bayerischen Architektenfamilie war seit seiner Übersiedlung nach Prag nur noch dort tätig. Zusammen mit seinem genialen Sohn Kilian Ignaz schuf er das sog. Dientzenhoferbarock, eine Synthese aus dem altbayerischen Wandpfeilersystem und dem Baldachinprinzip des Italieners Guarino Guarini und damit die Voraussetzung für die letzte und höchste Stufe des mitteleuropäischen barocken Sakralbaus. Die oft noch eher konventionell begonnenen Werke des Vaters wurden häufig erst vom Sohn baulich und stilistisch zur Vollendung gebracht; so im Kloster Břevnov, in der Kirche Christi Geburt von Loreto und ganz besonders im Falle der Kirche St. Niklas auf der Kleinseite, einem der entwicklungsgeschichtlich und städtebaulich bedeutendsten Kirchenbauten des Spätbarock in Mitteleuropa überhaupt.
Von den weiteren Bauten Kilian Ignaz Dientzenhofers, ohne die weder das Prager Stadtbild noch die übrige barocke Kulturlandschaft Böhmens zu denken ist, sind zu nennen die Villa Amerika, die Kirchen St. Johannes von Nepomuk am Felsen, St. Johannes von Nepomuk auf dem Hradschin und St. Thomas (Umbau). Auch die Pläne für die Palais Sylva-Taroucca und Goltz-Kinsky (⟶ Sehenswürdigkeiten von A bis Z) stammen von ihm.

Antonín Dvořák
Tschechischer Komponist
(8.9.1841 bis 1.5.1904)

Antonín Dvořák gilt mit seinen zahlreichen kammermusikalischen Werken und großen Sinfonien als Wegbereiter einer eigenständigen slawischen Musik. Der in Nelahozeves bei Prag geborene Komponist studierte an der Prager Orgelschule und erhielt 1875, u.a. auf Empfehlung von J. Brahms, ein österreichisches Staatsstipendium. Nach 1884 unternahm Dvořák

Antonín Dvořák
(Fortsetzung)

mehrere Gastspielreisen nach England, seit 1891 war er als Professor am Konservatorium von Prag tätig. Während seines dreijährigen Amerikaaufenthaltes als Leiter des National Conservatory in New York (1892 bis 1895) beeinflußte er eine Vielzahl junger amerikanischer Komponisten. Eindrücke aus dieser Zeit prägen seine berühmteste Sinfonie “Aus der Neuen Welt” (1893), in der böhmische und mährische Volksmusik mit Elementen der amerikanischen Folklore verbunden sind. Dvořák machte sich auch als Opernkomponist (“Der Jakobiner”, 1889; “Rusalka”, 1901; “Armida”, 1904; u. a.) einen Namen.

Albert Einstein
Deutsch-amerikanischer Physiker
(14.3.1879 bis 18.4.1955)

Albert Einstein, der ‘Papst der Physik’, der Schöpfer der Relativitätstheorie und der Gravitationslehre, der 1921 den Physiknobelpreis für seine Beiträge zur Quantentheorie erhielt, lehrte 1911–1912 als Professor für theoretische Physik an der Deutschen Universität in Prag.
Gedenktafeln für Einstein sind angebracht an seiner Lehrstätte in der Neustadt (Viničná 1597/7) und an seinem Haus in Prag-Smíchov (Lesnická 1215/7).

Jaroslav Hašek
Prager Schriftsteller
(24.4.1883 bis 3.1.1923)

“Hašek? Der muß am Hals einer Flaschenbierflasche zur Welt gekommen sein – er war kein Politiker, sondern besoffen. . . . Es sind wieder Geschichten von so atembeklemmendem Wahnwitz in dem Buch, wie sie nur ein ungeheurer Bierbräu- und Schnapssäufer in tiefer Nachtstunde erfinden kann, . . .”
So urteilte Kurt Tucholsky 1926 über den Prager Autor und dessen Hauptwerk, das ihm Weltruhm verschaffte: “Die Abenteuer des braven Soldaten Schwejk im Weltkrieg”. Mit Josef Schwejk, dem ‘Blödheit’ amtlich attestiert wird, schuf Hašek eine unsterbliche Figur der Weltliteratur, die mit ihrer entwaffnenden Einfalt die nicht minder vorhandene Dummheit der Welt entlarvt, in der Josef Schwejk lebt – eine hohnvolle Satire auf die österreichisch-ungarische Monarchie und zugleich ein zutiefst antimilitaristisches und pazifistisches Werk.
Das bewegte Leben von Jaroslav Hašek ließ ihn zunächst eine Drogistenlehre und die Tschechoslowakische Handelsakademie in Prag absolvieren, bevor er als freier Journalist und Schrifsteller sich durchzuschlagen versuchte. Im Laufe seines Lebens brachte er es auf über 1600 Humoresken, Feuilletons und Reiseberichte. Im Gasthaus ‘Zum Kuhstall’ im Stadtteil Vinohrady betrieb er mit Freunden ein Kabarett, bei denen sich ein jeder am Nachmittag die Rollen selbst schrieb, die er am Abend zu spielen gedachte. Hašeks Improvisationstalent kam vor allem zur Geltung, wenn er als Vorsitzender, Kandidat und Hauptredner der von ihm gegründeten ‘Partei des gemäßigten Fortschritts im Rahmen der gesetzlichen Möglichkeiten’ auftrat. Das am Ende jeder Versammlung gesammelte Geld setzte er noch am selben Abend im ‘Kuhstall’ in Alkohol um. Nur kurze Zeit hatte er auch eine feste Anstellung als Redakteur der Zeitschrift “Svět zvířat” (= “Die Welt der Tiere”), die ihm jedoch bald wieder gekündigt wurde, da er immer merkwürdigere Tierarten erfand und beschrieb, mit denen er sich den Zorn der Leser und schließlich des Verlegers zuzog. Nach der Kündigung und der Scheidung von seiner ersten Frau (1912), wanderte er durch mehrere europäische Länder und schlug sich mit Gelegenheitsarbeiten durch. Im Jahre 1915 zog man ihn zum 91. Infanterieregiment ein, von dem er jedoch noch im selben Jahr zur russischen Seite überlief. Nach der Oktoberrevolution arbeitete er als Redakteur sowjetischer Armeezeitungen und brachte es zum stellvertretenden Chef der politischen Leitung der 5. Sibirischen Armee. Unter falschem Namen kehrte er 1921 nach Prag zurück, und schon im März desselben Jahres erschien das erste Heft des “Schwejk”, in dem er seine Erfahrungen aus dem Krieg verarbeitete. Es fand sich zunächst kein Verleger für das Werk, so daß Hašek es im Eigenverlag herstellte und als Kolportagehefte in Gasthäusern verteilen ließ. Wöchentlich ließ er nun weitere Hefte folgen. Als er im Januar 1923 an den Folgen seines jahrelangen übermäßigen Alkoholkonsums starb, war der “Schwejk” noch nicht vollendet, und auch der Ruhm stellte sich erst nach Hašeks Tod ein.

Tycho Brahe

Antonín Dvořák

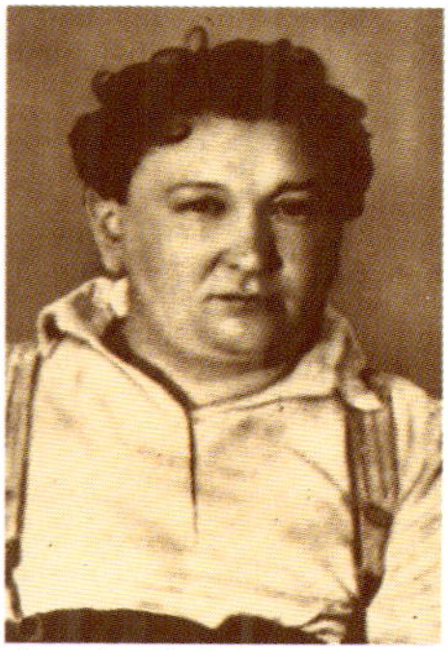

Jaroslav Hašek

Václav Hollar
Böhmischer Radierer und Zeichner
(13.7.1607 bis 28.3.1677)

Václav Hollar wurde vor allem bekannt durch seine Kupferstiche von Prag, London und einigen deutschen Städten. Als Protestant mußte Hollar 1627 Böhmen verlassen. Er arbeitete als Schüler von Matthäus Merian in Frankfurt am Main, später in Straßburg und Köln, bereiste Europa und Nordafrika, wirkte als Zeichner am Hof Karl Stuarts I. und starb in London.
Hollar schuf über 3000 Radierungen und Stiche. Eine umfangreiche Sammlung seines graphischen Werks befindet sich in der Grafiksammlung der Nationalgalerie im Palais Goltz-Kinsky (→ Sehenswürdigkeiten von A bis Z).

Jan Hus
Tschechischer Reformator
(um 1370 bis 6.7.1415)

Der tschechische Kirchenreformer Jan Hus (Johannes Huß) kam um 1370 als Bauernsohn in Husinec zur Welt. Seit 1400 Priester, lehrte Magister Jan Hus an der Karlsuniversität und predigte in der Bethlehemskapelle gegen die Autorität des Papstes, kritisierte – von Wycliff ausgehend – den weltlichen Kirchenbesitz und forderte eine böhmische Nationalkirche. Kulturell fundierte er seine Reformideen, indem er an der Tschechisierung der Universität Prag mitwirkte, als deren erster Rektor er 1409–1410 tätig war. Die tschechischen Schriften von Hus gelten als ein Grundstein der nationalen Literatur.
Unterstützung fand der Reformator sowohl im Volk als auch bei König Wenzel. Von päpstlicher Seite erfolgte indessen 1411 die Exkommunikation. In seiner Streitschrift "De ecclesia" (= "Über die Kirche") stellte Hus 1413 die Kirche als unhierarchische Versammlung der Gläubigen dar, die nur Christus als Haupt anerkenne, nicht aber den Papst. Abgesichert durch einen Schutzspruch des deutschen Königs Sigismund, stellte Hus sich 1414 dem Konstanzer Konzil, das ihm Ketzerei vorwarf. Als Hus seine Ansichten nicht widerrief, wurde er 1415 in Konstanz auf dem Scheiterhaufen verbrannt.
Hus' Tod löste in Böhmen heftige Streitigkeiten aus zwischen den Hussiten (gemäßigte Utraquisten bzw. Calixtiner und radikale Taboriten) und den katholischen Bewohnern des Landes, die auf der Seite des Königs standen, und führte 1420 schließlich zu den blutigen Hussitenkriegen.
Von den vielen Gedenkstätten an den Reformator sind sehenswert die gewaltige Statue auf dem Altstädter Ring und die Statue im Ehrenhof des Carolinums. Eine Rekonstruktion des Wohnhauses von Jan Hus ist neben der Bethlehemskapelle zu besichtigen.

Hl. Johannes von Nepomuk
Erzbischöflicher Generalvikar
(um 1350 bis 20.3.1393)

Johannes von Nepomuk wurde 1370 in den Klerus aufgenommen und 1380 zum Priester geweiht. Seine juristischen Studien absolvierte er in Prag und Padua. 1389 ernannte ihn der Prager Erzbischof zu seinem Generalvikar.
Im Jahre 1393 ließ König Wenzel IV. ihn gefangennehmen, foltern und gefesselt von der Karlsbrücke in die Moldau stürzen. Der Legende gemäß,

Hl. Johannes von Nepomuk (Fortsetzung)

weil Johannes ihm das Beichtgeheimnis der Königin nicht verraten wollte; nach den Geschichtsschreibern, weil der Generalvikar den Abt des Klosters Kladruby gegen den Willen des Königs bestätigt hatte.
Man kommt nicht durch Prag, ohne mehrere Statuen des 1729 heiliggesprochenen und zum Landespatron Böhmens aufgestiegenen Johannes von Nepomuk gesehen zu haben. Nachdem 1683 eine Johannes-von-Nepomuk-Statue auf der Karlsbrücke aufgestellt worden war, zierten bald 30 Heiligenstatuen die Brücke.
Johannes von Nepomuk gehört zu den bekanntesten Heiligenfiguren auf den Brücken Europas. Er gilt als Helfer bei Gefahr durch Wasser und bei ungerechtfertigter Verdächtigung. Seine häufigsten Attribute sind der Kranz aus fünf Sternen um den Kopf (in der Moldau sollen an der Stelle, wo Johannes ertränkt wurde, fünf Lichter erschienen sein), das Kruzifix, Birett und Rochett.

Franz Kafka Prager Schriftsteller (3.7.1883 bis 3.6.1924)

Das Prosawerk des Versicherungsangestellten Franz Kafka fand zu seinen Lebzeiten wenig Beachtung. Kafka wurde als Sohn eines deutsch-jüdischen Kaufmanns aus später wohlhabender Familie in Prag geboren. Nachhaltigen Einfluß hatte zeitlebens das problematische Verhältnis zu seinem dominierenden, von ihm gefürchteten Vater, was sich in Werken wie "Das Urteil" (1916) widerspiegelt. Im Jahre 1906 beendete Kafka als Dr. jur. sein Studium der Rechtswissenschaften, 1908 wurde er Angestellter der Prager Arbeiter-Unfall-Versicherungsanstalt. Den komplizierten, hochsensiblen Einzelgänger verband eine enge Freundschaft mit den Schriftstellern Max ⟶ Brod und Franz ⟶ Werfel. Seine Verlobung mit Felice Bauer löste Kafka 1917 endgültig. Vornehmlich geistiger Natur war in den Jahren 1920 bis 1922 seine Beziehung zu Milena Jesenská-Polak. 1917 erkrankte Kafka an Tuberkulose, fünf Jahre später wurde er aus Gesundheitsgründen pensioniert. Es folgten Kuraufenthalte, u. a. in Meran und an der Ostsee in Müritz. In Berlin lebte er später vorübergehend mit Dora Diamont zusammen. Im Sommer 1924 erlag der Schriftsteller seiner Kehlkopftuberkulose im Wiener Sanatorium Kierling.
Ein großer Teil von Kafkas Erzählungen, drei fragmentarische Romane ("Amerika", 1912–1914; "Der Prozeß", 1914–1915; "Das Schloß", 1921 bis 1922) und die für das Verständnis seines Werkes wichtigen Tagebücher und Briefe (u. a. an Felice Bauer und Milena Jesenská-Polak) wurden – gegen Kafkas ausdrücklichen Wunsch – postum von Max ⟶ Brod herausgegeben.
Seit dem Ende des Zweiten Weltkrieges ist das Werk Kafkas international in den Mittelpunkt des Interesses gerückt. Seine formal wie inhaltlich keiner literarischen Strömung zuzuordnende Prosa zeigt immer wieder mit präzisen, stets eindringlich bildhaften Darstellungen den aussichtslosen Kampf des Individuums gegen anonyme Mächte, Verunsicherung und Ängste. Um eine Deutung Kafkascher ('kafkaesker') Gedankenwelten bemühen sich die verschiedensten Interpretationen in psychoanalytischer, existenzieller, theologischer und philosophischer Richtung. Die Romane "Das Schloß" und "Der Prozeß" wurden verfilmt.
Eine Büste Kafkas steht unweit vom Altstädter Ring in der Gasse U radnice (Nr. 5, Haus U vèže). Beigesetzt wurde der Schriftsteller auf dem Neuen Jüdischen Friedhof.

Karl IV. König von Böhmen, römischer Kaiser (14.5.1316 bis 29.11.1378)

Karl IV. wurde 1346 deutscher König, im selben Jahr König von Böhmen und 1355 römischer Kaiser. Er gründete 1348 die Prager Universität (Carolinum) als erste Universität Mitteleuropas und ließ die Karlsbrücke erbauen. Unter seiner Regentschaft wurden auch der St.-Veits-Dom und die Prager Neustadt errichtet sowie die Burg Karlstein als Aufbewahrungsort der Reichskleinodien und Krönungsinsignien.
Karl machte Prag zur Reichshauptstadt, zum 'Rom des Nordens'. Unter seiner Herrschaft hielten sich Dichter wie Petrarca oder Rienzo in Prag auf, die Baukunst gelangte zu höchster Vollendung. Karl war auch selbst literarisch tätig: Wenzelslegende, Fürstenspiegel und Vita Caroli (⟶ Prag in Zitaten).

Jan Hus

Franz Kafka

Karl IV.

Johannes Kepler
Deutscher Astronom
(27.12.1571 bis 15.11.1630)

Als Johannes Kepler im Zuge der Gegenreformation Graz verlassen mußte, zog er im Jahre 1600 nach Prag, wo er 1601 Tycho ⟶ Brahe als Hofastronom Kaiser Rudolfs II. nachfolgte. Aus dem empirischen Beobachtungsmaterial Brahes leitete er die Keplerschen Gesetze ab.
Kepler leistete auch Bahnbrechendes auf dem Gebiet der Optik und erfand das astronomische Fernrohr. Nach dem Tode Rudolfs II. übersiedelte Kepler 1612 nach Linz.

Egon Erwin Kisch
Tschechischer Journalist und Schriftsteller
(29.4.1885 bis 31.3.1948)

Der gebürtige Prager Journalist und tschechisch-jüdische Schriftsteller deutscher Sprache Egon Erwin Kisch wurde weltberühmt als 'Rasender Reporter'. In meisterhafter Form verfaßte der linksintellektuelle Weltenbummler (u.a. Reisen nach England, Frankreich, Rußland, Afrika, USA, China, Australien, Mexiko) sachlich-lebensnahe Reportagen für verschiedene Zeitungen, u.a. 1913–1914 auch für das "Berliner Tageblatt".
Auf dem Hintergrund seiner Jugenderlebnisse in Prag entstanden "Aus Prager Gassen und Nächten" (1912), "Die Abenteuer in Prag" (1920) und "Prager Pitaval".
Eine Gedenktafel befindet sich an seinem Geburtshaus 'U dvou zlatých medvědů' (= 'Zu den zwei goldenen Bären') in der Altstadt (Kožná 475/1).

Josef Mánes
Tschechischer Maler
(12.5.1820 bis 9.12.1871)

Josef Mánes, ursprünglich romantischen Traditionen verhaftet, gilt als Begründer der tschechischen Landschaftsmalerei sowie einer nationaltschechischen Volksmalerei, die er ins Monumentale führte. Im Jahre 1848 beteiligte er sich aktiv am tschechischen Volksaufstand. Seine realistischen Bilder und Illustrationen (zu Volksliedern) befassen sich mit den Landleuten als idealen Vertretern des Volkes, sein Monatszyklus für die Astrologische Uhr am Altstädter Ring zeigt Szenen aus dem Leben der Bauern (Original im Treppenaufgang des Museums der Hauptstadt Prag). Gemälde von Mánes hängen im Mánes-Ausstellungssaal und im Agneskloster. Sein Denkmal (Abb. s. S. 39) steht am Brückenkopf der nach ihm benannten Mánesbrücke.

Wolfgang Amadeus Mozart
Österreichischer Komponist
(27.1.1756 bis 5.12.1791)

Während sich Mozart mit der Uraufführung seiner Oper "Figaros Hochzeit" (1786) die Gunst des konservativen Wiener Publikums verscherzte, schlug ihm bei der Erstaufführung in Prag eine Welle der Begeisterung entgegen. "Meine Prager verstehen mich", erklärte der Komponist.
Im Oktober 1787 fand im Ständetheater (heute Tyl-Theater) die Uraufführung der Oper "Don Giovanni" statt. Für die Krönung Kaiser Leopolds zum böhmischen König schrieb Mozart 1791 die Oper "La Clemenza di Tito". Der Komponist hatte in Prag viele Freunde. Eng vertraut war er mit dem Musikpädagogen F.C. Dušek und dessen Frau Josephine. In deren Villa Bertramka (⟶ Sehenswürdigkeiten von A bis Z) in Prag-Smíchov ist ein Mozart-Museum eingerichtet.

Berühmte Persönlichkeiten

Alfons Mucha
Tschechischer Graphiker und Kunstgewerbler
(24.7.1860 bis 14.7.1939)

Der Graphiker und Kunstgewerbler Alfons Mucha arbeitete zunächst als Dekorationsmaler in Wien, studierte dann in München und ab 1888 in Paris, wo er vor allem durch seine Plakate für die Schauspielerin Sarah Bernhardt berühmt wurde. Mucha entwarf Innendekorationen, kunstgewerbliche Gegenstände und Buchschmuck. Er beeinflußte entscheidend den Jugendstil. Nach einem USA-Aufenthalt (1904–1910) kehrte er in die Tschechoslowakei zurück. Mucha ist am Vyšehrad begraben.

Jan Neruda
Prager Journalist und Dichter
(10.7.1834 bis 22.8.1891)

Der Journalist und Dichter Jan Neruda wurde auf der Prager Kleinseite geboren, wo die Nerudagasse noch heute an ihn erinnert. Seine 1853 begonnenen Studien der Rechtswissenschaft und Philosophie gab er bald zugunsten seiner literarischen Laufbahn auf und wurde 22jährig Feuilletonredakteur der Zeitung “Národní Listy”. 1866 gründete er mit Hálek die Zeitschrift “Květy” (= ”Blüten”), 1873 den lange Zeit führenden “Lumír”.
Neruda gilt als Begründer der tschechischen Feuilletonistik. Zudem veröffentlichte er mehrere Gedichtbände, Dramen und Reiseskizzen. Von kleinen Leuten und großen Schicksalen im alten Prager Stadtviertel unter dem Hradschin handeln Jan Nerudas lebendig erzählte “Kleinseitner Geschichten” (1878).

František Palacký
Tschechischer Historiker und Politiker
(14.6.1798 bis 26.5.1876)

Der tschechische Politiker und Historiker František Palacký wertete in seinen Schriften die Hussitenzeit als zentrale Epoche der tschechischen Geschichte. Er lehnte 1848 die Teilnahme an der Frankfurter Nationalversammlung ab, leitete im gleichen Jahr den Slowakenkongreß in Prag und wurde zu einem führenden Kämpfer für die Erneuerung des tschechischen Nationalgefühls. Sein Denkmal steht vor der Palacký-Brücke in der Neustadt.

Peter Parler
Baumeister und Bildhauer
(um 1330 bis 13.7.1399)

Der berühmte Bildhauer und Baumeister Peter Parler beeinflußte wesentlich die Entwicklung der gotischen Kunst in Mitteleuropa. Als Sohn des angesehenen Domparliers Heinrich Parler wurde er in Schwäbisch Gmünd geboren und 1353 von Karl IV. nach Prag zur Fortsetzung der Arbeiten am Chor des St.-Veits-Dom berufen. Parler schuf auch die Allerheiligenkapelle in der Burg und entwarf 1380–1390 die Karlsbrücke mit dem Altstädter Brückenturm, dessen Skulpturen ebenfalls aus der Parlerschen Bauhütte stammen. Beispiele für den eigenen Parler-Stil, der bis nach Süd- und Mitteldeutschland ausstrahlte, liefern die realistischen Büsten im Triforium des Prager St.-Veits-Dom, unter denen sich auch ein Selbstbildnis des Künstlers befindet.
Parlers Söhne Wenzel und Johann setzten die Arbeiten am St.-Veits-Dom fort. Sein Neffe Heinrich Parler wirkte in Prag als Bildhauer.
Zu Peter Parlers Besitz gehörten das Palais Hrzán in der Loretogasse und das Parler-Haus am Hradschinplatz vor der Burg.

Rainer Maria Rilke
Prager Dichter
(4.12.1875 bis 29.12.1926)

Rainer (eigentlich René) Maria Rilke kam in der Jindřišská ulice 17/899 zur Welt. Nach einer aus gesundheitlichen Gründen abgebrochenen Offizierslaufbahn studierte er Kunst, Philosophie und Literaturgeschichte in Prag, München und Berlin. Zwei längere Reisen führten den Dichter 1899–1900 nach Italien und Rußland, wo er die Bekanntschaft von Leo Tolstoi machte. 1900 ließ sich Rilke in Worpswede nieder und heiratete die Bildhauerin Clara Westhoff; die Ehe scheiterte jedoch bereits ein Jahr später. In Paris vollzog der Lyriker unter dem Einfluß von Rodin 1905 die Wendung vom träumerisch-gefühlvollen zum objektiven Dinggedicht. Nach dem Bruch reiste er durch Europa, Nordafrika, Ägypten und Spanien. 1911–1912 lebte er als Gast der Fürstin Thurn und Taxis auf Schloß Duino bei Triest, wo seine ersten “Duineser Elegien” entstanden, die er 1923 im schweizerischen Muzot vollendete, wo der Wahlwalliser 1926 starb.
Viele Werke des bedeutenden deutschsprachigen Lyrikers entstanden unter dem Eindruck seiner Prager Heimat. Eine Erinnerung an die politisch bewegte Zeit um die Jahrhundertwende, an den tschechisch-deutschen Zwiespalt und das spätösterreichische Prag der untergehenden Donaumonarchie stellen seine “Zwei Prager Geschichten” von 1899 dar.

Egon Erwin Kisch

Rainer Maria Rilke

Bedřich Smetana

Bedřich Smetana
Tschechischer
Komponist
(2.3.1824 bis
12.5.1884)

Der tschechische Komponist Bedřich (Friedrich) Smetana studierte Klavier- und Musiktheorie in Prag und gründete hier 1848 eine eigene Musikschule. Nach einem fünfjährigen Schwedenaufenthalt kehrte er 1861 in seine Heimatstadt zurück, wo er ab 1866 als Dirigent am Nationaltheater tätig war. Smetana begründete einen tschechischen Nationalstil auf den Gebieten der Oper ("Die verkaufte Braut", 1866; "Libussa [Libuše]", 1881; "Die Teufelswand", 1882) und der Sinfonischen Dichtung ("Mein Vaterland", "Die Moldau", "Vyšehrad"). Obwohl Smetana mit 50 Jahren taub wurde, gab er das Komponieren nicht auf. Er starb in geistiger Umnachtung; sein Grab befindet sich auf dem Ehrenfriedhof am Vyšehrad. In der Altstadt (Novotného lávka 1), wurde ein Smetana-Museum eingerichtet.

Wallenstein
Kaiserlicher
Feldherr des
Dreißigjährigen
Krieges
(24.9.1583 bis
25.2.1634)

Albrecht Wenzel Eusebius von Waldstein, der als 'Wallenstein' in die Geschichte eingegangen ist, u. a. von Schiller in seiner Wallenstein-Trilogie (1799) festgehalten, war einer der bedeutendsten Feldherren des Dreißigjährigen Krieges. Als man ihm einen geplanten Hochverrat unterstellte, wurde er vom Kaiser abgesetzt und geächtet. Auf der Flucht zu Bernhard von Weimar wurden Wallenstein und seine engsten Vertrauten 1634 in Eger (Cheb) ermordet.
Das Palais Waldstein (⟶ Sehenswürdigkeiten von A bis Z) auf der Kleinseite war der erste Prager Barockpalast.

Wenzel (Václav)
der Heilige
Herzog von
Böhmen
(um 903 bis
28.9.935)

Böhmens Landespatron, Wenzel der Heilige, wurde 921 Herzog von Böhmen. Seine Großmutter und Erzieherin, die hl. Ludmilla, war von seiner Mutter Drahomira aus Glaubensgründen umgebracht worden. Wenzel, der den Frieden mit Heinrich I. von Sachsen und die Christianisierung des Landes befürwortet hatte, wurde nach Ermordung (935 in Altbunzlau / Stará Boleslav) durch seinen Bruder, Boleslav den Grausamen, heiliggesprochen und avancierte später zum legendären Nationalheiligen.
Auf dem Prager Wenzelsplatz steht eine Reiterstatue des Heiligen mit den weiteren Landespatronen Prokop, Ludmilla, Adalbert und Agnes (⟶ Sehenswürdigkeiten von A bis Z, Wenzelsdenkmal).

Franz Werfel
Prager
Schriftsteller
(10.9.1890 bis
10.8.1945)

"Es brodelt und kafkat und werfelt und kischt", meinte einmal der österreichische Satiriker Karl Kraus in bezug auf das deutsche Literaturzentrum Prag. Neben Max ⟶ Brod, Franz ⟶ Kafka und Egon Erwin ⟶ Kisch war Franz Werfel einer der ganz Großen. Der Sohn aus einer wohlhabenden jüdischen Kaufmannsfamilie begann mit expressionistischer Lyrik, symbolistischen Ideendramen und ging später zu historisch-politischem Realismus über. Zu seinen bekanntesten Werken zählen die Romane "Der veruntreute Himmel" (1939) und "Stern der Ungeborenen" (1945).
Seit 1990 befindet sich an Werfels Geburtshaus in der Prager Neustadt (Havlíčkova ulice 11) eine Gedenktafel.

Stadtgeschichte

Altsteinzeit	Das Gebiet der heutigen Stadt Prag ist vermutlich schon seit der Altsteinzeit (Paläolithikum) besiedelt; die ältesten bekannten Siedlungsspuren datiert man etliche hunderttausend Jahre vor unserer Zeitrechnung.
4000 v. Chr.	Aus dem europäischen Siedlungskernland Böhmen rücken einzelne Stämme über die Moldauhöhen in den Bereich des späteren Prag vor.
3000–1000 v. Chr.	Das Gebiet an der Moldaufurt unterhalb des Hradschin wird zur Kaufmannssiedlung; hier kreuzen sich die Bernsteinstraße und die Salzstraße.
Ab 400 v. Chr.	Mit Beginn der jüngeren Eisenzeit (Latène-Kultur) fallen die keltischen Bojer in Böhmen ein und machen sich die Urbevölkerung allmählich untertan; großes keltisches Oppidum am Berge Závist (10 km östlich von Prag).
10 v. Chr.	Während der Römerzeit werden die Bojer von den Markomannen (wahrscheinlich mit germanischer Oberschicht) unterworfen.
6. Jahrhundert	Im Zuge der Völkerwanderung besiedeln Westslawen das Gebiet der heutigen tschechoslowakischen Hauptstadt. Siedlungskerne entstehen auf dem heutigen Burgberg sowie auf der Kleinseite.
800	Prag besteht aus mehreren befestigten Höfen. Nach der Legende wird Prag von der seherisch begabten Fürstin Libussa (Libuše) gegründet. Gemäß ihrer Vision von einer Stadt, deren Ruhm einst zu den Sternen reichen sollte, fand das Gefolge der Fürstin, wie sie es vorhergesehen hatte, an der Moldau den Gründungsort von Prag, eben dort, wo ein Mann gerade die Schwelle (práh) seines Hauses zimmerte. Als das Volk nach einigen Jahren der weiblichen Herrschaft überdrüssig wurde, sandte Libussa ihre Gefährten an den Fluß Biela. Dort begegneten sie bei Staditz, wie die Fürstin es vorausgesagt hatte, einem jungen Pflüger (Přemysl Oráč), ihrem zukünftigen Gemahl und ersten Fürsten der Přemysliden.
Um 850–895	Herzog Bořivoj, der erste historisch belegte Vertreter der Přemyslidendynastie, unterwirft die tschechischen Stämme. Die Prager Burg (Hradschin) entsteht.
874	Bořivoj läßt sich von dem Slawenapostel Methodius taufen. Nach dem Tod Bořivojs wird seine ebenfalls getaufte Witwe Ludmilla im Verlauf von Familienzwistigkeiten ermordet. Sie gilt als erste Märtyrerin des Landes und wird als Schutzpatronin Böhmens verehrt.
921	Herzog Wenzel (Václav) der Heilige, ein Enkel Ludmillas, übernimmt die Regierung. Der christliche Herrscher schließt sich eng an die sächsische Hausmacht Kaiser Heinrichs I. an.
935	Wenzel wird von seinem Bruder Boleslav I., dem Grausamen, in Altbunzlau (Stará Boleslav) ermordet. Nach seiner Heiligsprechung als Schutzpatron Böhmens verehrt ('Wenzelskrone'), wurde er zum Symbol der Einheit und Unabhängigkeit des oft unter fremder Willkür leidenden Landes.
973	Unter Boleslav II., dem Frommen, wird das Bistum Prag etabliert und das erste Kloster (St. Georg) gegründet. Der böhmische Herrschaftsbereich dehnt sich bis an die Grenzen des Kiewer Reiches aus.
900–1000	Jüdische und deutsche, aber auch italienische und französische Kaufleute lassen sich in Prag nieder.

Der hl. Adalbert, Bischof von Prag, gründet die Benediktinerabtei Břevnov. 993

Herzog Vratislav II., Waffengefährte Friedrichs I. Barbarossa auf dessen oberitalienischem Feldzug und ab 1085 König Vratislav I., verlegt seine Residenz vom Hradschin auf den Vyšehrad. 1061–1092

Herzog Vladislav II. wird zum König von Böhmen erklärt. Mit dem Bau der ersten steinernen Moldaubrücke (Judithbrücke; später durch die Karlsbrücke ersetzt) sichert sich Prag auf lange Zeit seine Vorrangstellung als Handelsmetropole. 1158

Herzog Soběslav II. verfügt, daß deutsche Kaufleute nach deutschem Recht behandelt werden, keinen Kriegsdienst leisten müssen und Steuerprivilegien erhalten. Durch diese Maßnahmen sollen die Siedler in Prag gehalten werden. 1178

Der Kaiser erhebt den Herzog von Böhmen, Přemysl Ottokar (Otakar) I., zum König. Damit ist die Königswürde der Herrscher de facto und seit 1212 (Sizilianische Goldene Bulle) auch de jure erblich. Von 1289 bis 1806 trägt der böhmische König außerdem den Titel eines Kurfürsten des Heiligen Römischen Reiches (Deutscher Nation). 1198

Die Siedlung Prag wird nun befestigt und erhält das Stadtrecht. Um 1230

König Přemysl Ottokar (Otakar) II. gründet für deutsche Kolonisten die nach Magdeburger Recht verwaltete Kleinstadt (Kleinseite). In den Folgejahren kann Ottokar sein Reich zwar über Österreich und weite Teile Oberitaliens ausdehnen, um die Kaiserkrone bewirbt er sich jedoch vergeblich. 1257

Man prägt die ersten Prager Groschen (1 Mark = 63 Groschen). Sie kommen dann in weiten Teilen Deutschlands in Umlauf und werden unmittelbares Vorbild für den deutschen Groschen. Um 1300

Mit der Ermordung König Wenzels III. erlischt die Přemyslidendynastie. 1306

Nach einer Periode der Wirren, in der sich durch Rudolfs I. kurzer Herrschaft († 1307) die Habsburger ein erstes Anrecht auf den böhmischen Thron erwerben, gelingt es dem deutschen König Heinrich VII. aus dem Haus Luxemburg, seinen Sohn Johann mit der Přemyslidenerbin Elisabeth zu vermählen und dadurch, dank französicher und kirchlicher Unterstützung, den Luxemburgern die Wenzelskrone zu sichern. 1310

Karl IV. verwaltet Böhmen. Auf dem Burgberg beginnt man mit der Errichtung des St.-Veits-Doms, der Kathedrale des neugeschaffenen Prager Erzbistums. 1344

Karl IV. wird König von Böhmen. 1346

König Karl wird offiziell deutscher König (seit 1346 Gegenkönig). Der in Frankreich erzogene, gebildete, kunstsinnige und reliquienfromme Herrscher macht Böhmen zum Kernland des Deutschen Reiches und faßt Böhmen, Mähren und Schlesien als Länder der böhmischen Krone zusammen. Als Metropole des Heiligen Römischen Reiches (Deutscher Nation) wird Prag zum 'Rom des Nordens'. Die Stadt zieht Gelehrte und Künstler aus ganz Europa an. In rastloser Bautätigkeit läßt Karl IV., insbesondere von dem im Alter von 22 Jahren aus Deutschland berufenen Peter Parler als führendem Baumeister, in rascher Folge jene gotischen Bauwerke errichten, die den Ruhm des mittelalterlichen Prag ausmachen. 1347

Gründung der Karlsuniversität als erste Universität in Mitteleuropa. Die Neustadt wird im großzügigen Stil angelegt mit gewaltigen Plätzen (Wenzelsplatz, Karlsplatz), breiten Straßen sowie harmonischen Kirchen- 1348

Kaiser Karl IV. und seine Gemahlin Anna

1348 (Fortsetzung) und Klosteranlagen sowie umfangreichen Befestigungen, die den gotischen Umbau des Vyšehrad einschließen. So kann das Siedlungsgebiet die wachsende Bevölkerung, vor allem Handwerker und Gewerbetreibende, über mehrere Jahrhunderte ohne Erweiterungen aufnehmen, und Prag wird flächenmäßig wie von der Einwohnerzahl her die größte Stadt Mitteleuropas. Karl läßt auch die Kirche Maria Schnee und die Burg Karlstein bauen.

1355 Karl IV. wird Kaiser der Heiligen Römischen Reiches (Deutscher Nation).

1357 Bau der Karlsbrücke und des Altstädter Brückenturms.

1378–1419 Nach dem Tode Karls IV. (1378) kommt es unter der Regentschaft von Wenzel IV. zu starken sozialen und religiösen Spannungen sowie zu Thronstreitigkeiten. Im Jahre 1400 wird Wenzel als deutscher König abgesetzt, bleibt aber König von Böhmen.

1409 Auf Betreiben des Magisters Jan Hus beschneidet Wenzel die Rechte der Deutschen an den Universitäten zugunsten der Tschechen, weshalb rund 2000 deutsche Studenten und viele Professoren außer Landes gehen und u.a. die Universität Leipzig gründen.

1415 Aus den zunächst maßvollen Bestrebungen des Reformators Jan Hus und seiner zahlreichen Gesinnungsgenossen, welche die christliche Lehre auf ihre Ursprünge zurückführen und Mißstände in der kirchlichen Hierarchie abschaffen wollen, entwickelt sich eine immer radikalere Forderungen stellende religiöse, soziale und nationale Erhebung, die noch weiter entfacht wird, als Hus sich auf dem Konstanzer Konzil weigert, seine Ansichten zu widerrufen und in Konstanz auf dem Scheiterhaufen öffentlich verbrannt wird. Sein Tod löst in Böhmen eine antikirchliche nationale Bewegung aus.

1419 Erster Prager Fenstersturz — Am 30. Juli stürmt eine von Jan Želivský geführte Volksmenge das Neustädter Rathaus, befreit die dort gefangengesetzten Hussiten und stürzt zwei katholische Ratsherren aus dem Fenster. Dieser Erste Prager Fenstersturz setzt das Signal für die 15 Jahre dauernden erbarmungslosen Hussitenkriege.
Tod König Wenzels.

1420 — Papst Martin V. erläßt die Kreuzzugsbulle gegen die Ketzer in Böhmen. Das Hussitenheer unter Jan Žižka schlägt am 14. Juli das zahlenmäßig weit überlegene Kreuzfahrerheer König Sigismunds in der Schlacht am Veitsberg (⟶ Sehenswürdigkeiten von A bis Z, Nationale Gedenkstätte auf dem Veitsberg) und kann damit die Einnahme Prags verhindern. In der Folgezeit eröffnen die Hussiten unter Prokop d. Ä. sogar die Offensive, unternehmen Gegenfeldzüge nach Bayern, Brandenburg, Sachsen und Österreich. Die Hussiten verlieren den Krieg, können aber einige Forderungen durchsetzen (u. a. Enteignung des weltlichen Kirchenbesitzes).

1436–1471 — Nach einer kurzen Zwischenherrschaft Albrechts von Habsburg und einer dreizehnjährigen Thronvakanz wird der hussitisch gesinnte böhmische Adlige Georg von Poděbrady zunächst Regent und ab 1458 König von Böhmen. Unter seiner Herrschaft wird die Bautätigkeit in Prag fortgesetzt (Teynkirche). Die durch die Enteignung des Kirchenbesitzes reich gewordenen Fürsten gewinnen auf Kosten der Städte an Einfluß, und die Stellung Prags als Wirtschaftszentrum geht zugunsten grenznaher Städte zurück. Auch die Bedeutung der Universität nimmt weiter ab.

1490 — Die Länder der böhmischen Krone werden mit Polen und Ungarn vereinigt. König Vladislav Jagiello (Vladislav II.) verlegt die Residenz von Prag nach Budapest.

1526 — Nach dem Tode von Vladislavs II. Sohn Ludwig in der Türkenschlacht bei Mohács fällt das Land durch die Wahl von dessen Schwager Ferdinand I. zum König von Böhmen an die Habsburger. Dabei werden dem Land und besonders der Stadt Prag (Wiederherstellung des Erzbistums, Wahl zur Residenzstadt) umfangreiche Rechte zugestanden. Als diese eingeschränkt werden sollen, bricht 1547 unter Führung Prags ein Städte- und Ständeaufstand gegen den König aus, nach dessen Niederwerfung die Hauptstadt und viele andere böhmische Städte durch Verlust ihrer Privilegien, Befugnisse und Einkünfte empfindlich bestraft werden.

Ab 1549 — Lutherisch gesinnte Deutsche wandern ein und verstärken die Opposition gegen die unter den katholischen Habsburgern einsetzende Gegenreformation.

1556 — Ferdinand I. wird deutscher Kaiser. Er ruft die Jesuiten nach Prag, die eine rege Bautätigkeit entfalten und eine neue Generation von streng katholischen Adligen und Bürgern heranbilden.
Diese Maßnahmen und die wiederholten Versuche des Königshauses, die durch die sog. Kompaktaten von 1436 verbürgte Religionsfreiheit einzuschränken, legen den Grundstein zu fortgesetzten Zwistigkeiten zwischen den böhmischen Ständen und dem Hause Habsburg, die auch die Regierungszeit von Maximilian II. (1576–1611) überschatten.

1609 — Maximilians Sohn Rudolf II. lebt auf dem Hradschin nur für seine Kunstsammlungen und naturwissenschaftlich-astronomischen Studien, zu denen er die Gelehrten Tycho Brahe und Johannes Kepler berufen hatte. Er muß gegen einen Angriff seines Neffen, des Erzherzogs Leopold, seinen Bruder Matthias und die böhmischen Stände zu Hilfe rufen. Als Gegenleistung bestätigt er dem Adel die im 'Majestätsbrief' von 1609 zugesicherte freie Religionsausübung.

1612 — Rücktritt Rudolfs II.; neuer König wird sein Bruder Matthias.

Stadtgeschichte

1618 Zweiter Prager Fenstersturz

Erneute Streitigkeiten über Religionsfreiheit und die wiedererworbenen städtischen und ständischen Freiheiten führen am 23. Mai zum Zweiten Prager Fenstersturz, der als Signal für eine Revolution radikal-protestantischer Adelskreise gegen die katholischen Habsburger wirkt und den Dreißigjährigen Krieg auslöst.

1619

Die böhmischen Stände erklären den Habsburger Ferdinand II. für abgesetzt und wählen den Kurfürsten Friedrich V. von der Pfalz zum König.

1620

Ferdinand II. besiegt den 'Winterkönig' (1619–1620) Friedrich von der Pfalz am 8. November in der Schlacht am Weißen Berg und setzt seine Erbrechte durch.

1621

Die Anführer der Adelsrevolte werden bei der 'Altstädtischen Exekution 27 böhmischer Vertreter des Aufstandes gegen die Habsburger' am 21. Juni hingerichtet. Die protestantische Aristokratie und das wohlhabende Bürgertum werden durch Konfiskation der Güter völlig entmachtet oder des Landes verwiesen, die nichtkatholischen Geistlichen mit ihrem Anhang vertrieben.

1624

Ferdinand II. verlegt die böhmische Hofkanzlei nach Wien. Böhmen wird zentralistisch von Wien aus durch Beamte verwaltet. Deutsch und Tschechisch bleiben gleichberechtigte Amtssprachen, doch wird das Tschechische als Literatursprache durch das Deutsche ersetzt.

1627

'Verneuerte Landesverordnung' vom 10. Mai: Die Erblichkeit Böhmens wird im Hause Österreich verankert. Der Katholizismus ist als einzige Religion zugelassen. Der Monarch hat das erste Gesetzgebungsrecht, kann hohe Ämter besetzen und Beschlüsse des Landtags aufheben. Dieses Staatsgrundgesetz für Böhmen und Mähren bricht endgültig die Macht der Stände, erzwingt die Auswanderung eines großen Teils der gebildeten

▼ *Merian-Stich von Prag aus dem Jahre 1650*

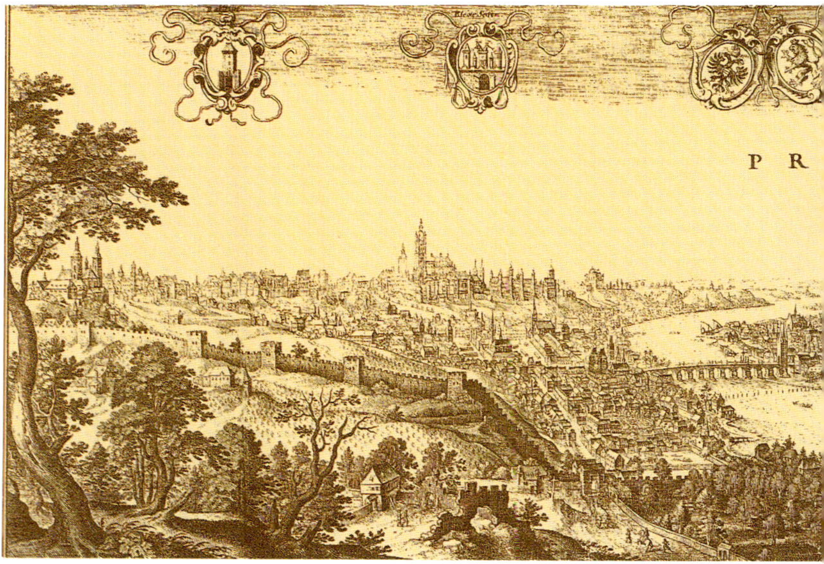

böhmischen Oberschicht und nimmt Prag seine geistige und wirtschaftliche Vorrangstellung. 1627 (Fortsetzung)

Wallenstein schlägt die Schweden zurück, die im Verlauf des Dreißigjährigen Kriegs bis Prag vorgestoßen sind. 1631

Als die Schweden die Kleinseite besetzen, kommt die Nachricht vom Kriegsende. Der Dreißigjährige Krieg hat sich katastrophal auf Böhmen ausgewirkt. Das Land hat fast die Hälfte seiner Einwohner verloren und wird in den folgenden Kriegen des Hauses Habsburg weiter mit drückenden Steuern belegt. Prag verliert daraufhin endgültig seine kulturelle und wirtschaftliche Bedeutung. 1648

Während des Österreichischen Erbfolgekriegs wird Prag von Bayern, Sachsen, Franzosen und Preußen besetzt. 1741–1744

Friedrich der Große schlägt im Siebenjährigen Krieg die Österreicher bei Prag, hebt aber die Belagerung der Stadt nach seiner Niederlage bei Kolin auf. 1757

Joseph II. setzt die Reformen mit dem Leibeigenschafts-Aufhebungspatent, erneuter Glaubensfreiheit und der Einführung der deutschen Volksschule in Böhmen fort.
Der Gebrauch der deutschen Sprache wird weiter gefördert. 1781

Die vier bisher selbständigen Stadtgemeinden Hradschin, Kleinseite, Altstadt und Neustadt werden zu einer Verwaltungseinheit zusammengefaßt. 1784

Einweihung der Eisenbahnlinie Prag – Wien. 1845

Die nationaltschechische Revolution mit Zentrum in Prag schlägt fehl. 1848

Historische Entwicklung des Stadtgebietes von Prag

Alter Stadtkern
- Altstadt (Staré Město) Neustadt (Nové Město) Kleinseite (Malá Strana) Hradschin (Hradčany)

Eingemeindungen
- 1850: Josefstadt (Josefov)
- 1883-1901
- 1920/1922
- 1960
- 1968
- 1974

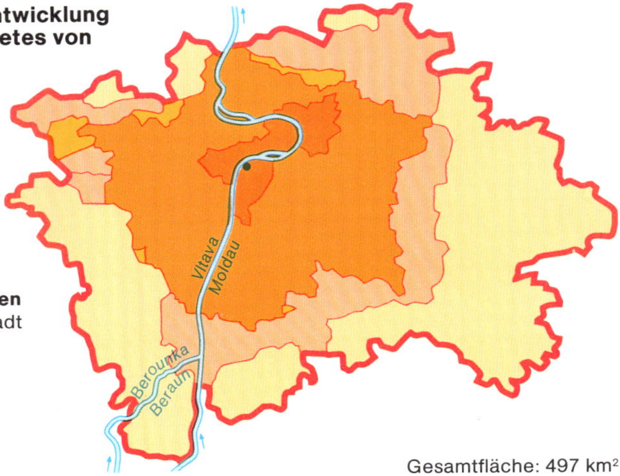

Gesamtfläche: 497 km²

1848 (Fortsetzung) František Palacký lehnt die Teilnahme an der Frankfurter Nationalversammlung ab. Im gleichen Jahr tagt der Slawenkongreß. Die Spannungen zwischen Deutschen und Tschechen verschärfen sich.

1861 Die seit Ende des 18. Jahrunderts allmählich einsetzende neutschechische Bewegung führt, unter leidenschaftlicher Anteilnahme besonders der Intellektuellen und Künstler, nach heftigen parlamentarischen Kämpfen zur Zurückdrängung der deutschen Sprache. Die Deutschen verlieren zum ersten Mal die Mehrheit im Prager Stadtparlament.

1866 Der Prager Frieden beendet den Krieg zwischen Preußen und Österreich um die Vorherrschaft in Deutschland.

1882 Die Prager Universität wird nach Nationalitäten getrennt.

1886 Die deutschen Abgeordneten ziehen aus dem Landtag aus. Die Einwanderung von Tschechen in bisher hauptsächlich von Deutschen besiedelte Städte bewirkt eine ethnische Umgruppierung. Die Deutschen behalten weiterhin ihre wirtschaftliche Vorrangstellung.

1891 Industrieausstellung in Prag. Durch die Industrialisierung vor allem in deutsch besiedelten Gebieten ist Böhmen zu einem industriellen Kernland der Donaumonarchie geworden.

1913 Die nationalen Spannungen führen zur Arbeitsunfähigkeit des Landtags. Im Ersten Weltkrieg wird Böhmen unter dem Gesetz des Ausnahmezustandes verwaltet.

1918 Die Tschechoslowakische Republik (ČSR) wird als slawischer Nachfolgestaat der österreichisch-ungarischen Monarchie gegründet (28.10.). Gründungspräsident ist Tomáš Garrigue Masaryk.
Ständige Spannungen zwischen den nationalen Gruppen (Tschechen, Slowaken, Deutsche, Magyaren, Polen) bedrohen den Vielvölkerstaat.

1922 Das Stadtgebiet von Prag wird durch Eingemeindungen beträchtlich erweitert und in 19 Bezirke aufgeteilt.

Münchener Abkommen: Die deutsch besiedelten Randgebiete Böhmens 1938
und Mährens (Sudetenland) gehen an das nationalsozialistische Deutsche Reich.

Das tschechoslowakische Restgebiet wird als 'Protektorat Böhmen und 1939
Mähren' Hitlers 'Großdeutschland' angegliedert.
Bei einer Demonstration gegen die deutschen Besetzer am 20. Jahrestag der Erlangung der Unabhängigkeit der Tschechoslowakei (28.10.1918) wird der Hochschulstudent Jan Opletal tödlich verletzt.

Gemäß dem von dem Sozialdemokraten Zdeněk Fierlinger verkündeten 1945
'Kaschauer Programm' (22.3.) soll der tschechoslowakische Staat in den Grenzen von 1937 wiedererrichtet und nach sozialistischem Volksfrontmuster regiert werden. Der Aufstand der Prager Bevölkerung (5.5.) dehnt sich über das ganze Land aus; Beginn der Austreibung der Sudetendeutschen. Edvard Beneš kehrt aus dem Londoner Exil nach Prag zurück (25.5.) und wird Staatspräsident (bis zu seinem Rücktritt am 7.6.1948).

Die Kommunistische Partei (KPČ) übernimmt die Macht im Staat: Die 1948
Tschechoslowakei wird 'Volksrepublik'.

Prag wird in 16 Distrikte neu aufgeteilt. 1949

Gründung der Tschechoslowakischen Sozialistischen Republik (ČSSR) 1960
sowie abermalige Neugliederung der Stadt in nunmehr zehn Distrikte.

Den sog. Prager Frühling unter dem Staatspräsidenten Ludvík Svoboda 1968
und dem Ersten Sekretär der KPČ, dem Slowaken Alexander Dubček, beendet am 21. August die Intervention der Truppen des Warschauer Paktes. Die Sowjetunion sichert sich das Recht, für unbestimmte Zeit Truppen in der Tschechoslowakei zu stationieren.
Im gleichen Jahr wird das Prager Stadtgebiet um 21 Randgemeinden vergrößert.

Aus Protest gegen den Einmarsch der Truppen des Warschauer Paktes 1969
übergießt sich am 16. Januar der 20jährige Philosophiestudent Jan Palach auf dem Wenzelsplatz mit Benzin und verbrennt sich. Sechs Wochen später nimmt sich der 18jährige Schüler Jan Zajíc aus denselben Gründen auf dem Wenzelsplatz auf die gleiche Weise das Leben.
Eine neue Verfassung bestimmt die Föderation aus dem tschechischen Bundesstaat (ČSR) und einem slowakischen (SSR) mit eigenen Landesparlamenten und -regierungen in Prag und Bratislava (Preßburg) sowie einem Gesamtparlament am Sitz der Bundesregierung in Prag.

Am 8. Dezember wird ein Vertrag über die gegenseitigen Beziehungen 1973
zwischen der damaligen Bundesrepublik Deutschland und der Tschechoslowakischen Sozialistischen Republik unterzeichnet.

Die Stadt erfährt durch Eingemeindung ländlicher Bodenflächen an der 1974
Peripherie eine erhebliche Gebietserweiterung. Die erste Prager U-Bahn-Linie (Metro) wird in Betrieb genommen.

Eine Bürgerrechtsgruppe unter Führung des ehem. Außenministers Jiří 1977
Hajek, des Dramatikers Václav Havel und des Philosophen Jan Patocka veröffentlicht die "Charta 77", welche u. a. die in der Verfassung gewährten Rechte auf Meinungs- und Bekenntnisfreiheit einfordert (1.1.).
Der Apostolische Administrator František Tomášek wird vom Papst zum Kardinal ernannt (Juni); ein Jahr später folgt seine Berufung zum Erzbischof von Prag.

Der bundesdeutsche Außenminister Hans-Dietrich Genscher hält sich zu 1984
einem kurzen Besuch in Prag auf (Dezember).

1985 Wiederwahl des Slowaken Gustáv Husák (KPČ) als Staatspräsident (Mai).

1986 Nach anderthalbjähriger Bauzeit wird der vollständig restaurierte Altstädter Ring der Öffentlichkeit übergeben. Weitere Sanierungsprojekte sollen helfen, den historischen Prager Stadtkern zu erhalten.

1987 Der sowjetische Parteichef Michail Gorbatschow kommt zu einem Freundschaftsbesuch in die Tschechoslowakei (April).

1988 Staatsbesuch des deutschen Bundeskanzlers Helmut Kohl in Prag (Januar).
Tausende von Demonstranten protestieren am 21. August, dem 20. Jahrestag der Okkupation durch Truppen des Warschauer Paktes und Niederwerfung der Reformbewegung von 1968 gegen die Besetzung, für Freiheit, Bürgerrechte und die Rehabilitation der politisch diskriminierten Anhänger des 'Prager Frühlings'. Der Demonstrationszug durch die Prager Altstadt gilt als größte Kundgebung in der Tschechoslowakei seit 1969.
Regimekritische Demonstrationen am 28. Oktober auf dem Wenzelsplatz zum Gedenken an die Errichtung der ersten tschechoslowakischen Republik (1918) werden durch die Polizei brutal beendet; dem Nationalfeiertag vorangegangen waren Einsätze größeren Ausmaßes gegen angesehene Vertreter der Bürgerrechtsbewegung.
Als Folge der Demission von Ministerpräsident Lubomír Štrougal und Regierungschef Peter Colotka tritt die gesamte föderale Regierung geschlossen zurück (Oktober); neuer Ministerpräsident wird Ladislav Adamec (KPČ).
Ein Menschenrechtssymposium von Prager Bürgerrechtlern im Hotel Paříž wird von Polizeikräften gewaltsam aufgelöst (November).

1989 Mehrere Demonstrationen zur Erinnerung an den 20. Jahrestag der Selbstverbrennung von Jan Palach auf dem Wenzelsplatz werden durch massive Polizeieinsätze beendet, Protestkundgebungen der Bürgerrechtsbewegung "Charta 77" verboten (Januar).
Die wachsende Unzufriedenheit der Bevölkerung beantwortet die Staatsmacht mit noch härteren Repressalien; sie gipfeln in dem rücksichtslosen Vorgehen der Staatssicherheit gegen einen zum Gedenken an den Tod des Studenten Jan Opletal (1939) veranstalteten Umzug von Hochschülern. Dies war der letzte Anstoß für die 'samtene' Revolution, die letztlich zum gewaltlosen Sturz der über vierzigjährigen Herrschaft der Kommunisten führte.
Als die Botschaft der Bundesrepublik Deutschland in Prag nach Aufnahme von etwa 140 DDR-Bürgern geschlossen werden muß, klettern viele hundert weitere Fluchtwillige über den das Botschaftsgebäude umgebenden Zaun (22.8.). Die Schließung der bundesdeutschen Botschaft muß wiederholt werden, als sie nunmehr mit 4500 DDR-Flüchtlingen hoffnungslos überlastet ist (2.10.); die DDR erteilt nun zwar die Ausreiseerlaubnis, verfügt aber gleichzeitig die Visumspflicht für Reisen von DDR-Bürgern in die Tschechoslowakei (Aufhebung bereits am 3.11.!).
Erste Meilensteine auf dem Wege zu einer neuen, demokratischen Staatsordnung der Tschechoslowakei sind die Ernennung einer 'Regierung der nationalen Verständigung' (10.12.) und die Wahl des für die Menschenrechte engagierten Václav Havel zum Präsidenten der Republik (29.12.).

1990 Aus den freien Parlamentswahlen (8.6.) gehen die Bürgerbewegungen 'Bürgerforum' ('Občanské fórum'; in der Tschechischen Republik) und 'Öffentlichkeit gegen Gewalt' ('Verejnosť proti násiliu'; in der Slowakischen Republik) als Sieger hervor. Aus diesen Gruppierungen wird auch der Kern der 'Regierung des nationalen Opfers' gebildet (27.6.), an deren Spitze Marián Čalfa steht. Hauptziele des neuen Regierungsprogramm sind u. a. die Einführung der freien Marktwirtschaft, die Privatisierung der Wirtschaftsträger, die Neustrukturierung der Industrie und die dringend anstehende Lösung der ökologischen Probleme.

Kunstgeschichte

Erste Sakralbauten im Großmährischen Reich

Die frühesten Reste christlicher Kirchen aus Stein in der heutigen Tschechoslowakei stammen aus der Missionszeit der Slawenapostel Konstantin (Kyrill) und Method im Großmährischen Reich: Im südmährischen Mikulčice (Mikultschitz) befand sich eine befestigte Siedlung mit fünf Sakralbauten, die bis in die Zeit vor dem 9. Jh. n. Chr. zurückreicht. In Staré Město u Uherského Hradiště (Altstadt; wohl das 'Veligrad' Großmährens) wurden drei Kirchen aus dem 9. Jahrhundert nachgewiesen.

9. Jahrhundert

Der Přemyslidenfürst Bořivoj (um 850 bis 895), der am Großmährischen Hof getauft worden war, brachte das Christentum nach Böhmen und gründete in der ersten Hälfte des 9. Jahrhunderts die Kirche des hl. Klemens in dem nördlich des heutigen Prag am Moldauufer gelegenen Levý Hradec. Nach der Verlegung des Fürstensitzes nach Prag folgte 894 der Bau der Marienkirche, eines kleinen Rundbaues (Grundmauern in der Burggalerie).

Romanik (10.–12. Jahrhundert)

Unter der Herrschaft Vratislavs (um 905 bis 921) wurde 912 die Georgsbasilika auf dem Hradschin gegründet, die auch nach ihrem Umbau in den Jahren 1142–1150 (Türme, Ost- und Westchor, Krypta) bis heute das besterhaltene Denkmal der Romanik in Prag darstellt.
Ein für die Entwicklung bedeutsamer Sakralbau war die unter Wenzel dem Heiligen von 926 bis 930 erbaute Veitsrotunde, ein ottonischer Rundbau von vier Apsiden an der Stelle der Wenzelskapelle des heutigen Veitsdomes, der später mehrere der für die böhmischen Länder charakteristischen einschiffigen Rundbauten ('böhmische Rotunden') folgten, so beispielsweise die Heiligkreuzkapelle in der Altstadt (um 1100), die Martinskapelle (Abb. s. S. 32) auf dem Vyšehrad (Mitte 11. Jh.; Vorgängerbau wahrscheinlich 10. Jh.) und die Longinuskapelle (12. Jh.) in der Neustadt. Um 1060 wurde die Veitsrotunde durch die Veitsbasilika ersetzt, eine doppelchörige Anlage mit Westquerhaus und zwei Krypten, ähnlich St. Emmeram in Regensburg.
Um die gleiche Zeit befand sich auf der Prager Burg bereits ein romanischer Fürstenpalast, dessen Reste (9.–12. Jh.) unter dem Vladislav-Saal erhalten sind. Auch auf dem Vyšehrad stand in der zweiten Hälfte des 11. Jahrhunderts bereits eine romanische Steinburg mit mehreren Kirchenbauten (Reste der Laurentiusbasilika).
In den seit Ende des 10. Jahrhunderts gegründeten Klöstern (973 Georgskloster der Burg, 993 Břevnov, 1148 Strahov) blühte das Kunsthandwerk, und in ihren Skriptorien wurden wertvolle illuminierte Handschriften geschaffen, deren bekannteste, der Codex Vyšehradiensis von 1086, wahrscheinlich aus dem Kloster Břevnov stammt (heute in der Staatsbibliothek im Clementinum).

Gotik (13. Jahrhundert)

Die Gotik wurde im zweiten Viertel des 13. Jahrhunderts zunächst von den Zisterziensern und den Bettelorden in Böhmen verbreitet. Die neue Bauweise übertrug man bald auch auf profane Bauwerke: Altneusynagoge in der Josefstadt (1273 von Zisterziensern erbaut), gotischer Palast der Burg (um 1250 bis 1400). Das aufstrebende Bürgertum benutzte den neuen Stil für seine Repräsentationsbauten, z. B. das Altstädter Rathaus (ab 1338).

Spätgotik (14. Jahrhundert)

Unter dem kunstsinnigen, polyglotten und weltoffenen Herrscher Karl IV. (1346–1378) stiegen die böhmischen Länder zur Kunstlandschaft in Mitteleuropa auf, und es folgte die Wendung zur Spätgotik, die zunächst noch unter französischem Einfluß stand. So geschah der Umbau des Prager Königspalastes nach dem Vorbild des Palastes der französischen Könige auf der Île de la Cité von Paris, wo Karl aufgewachsen war. Um den Veitsdom neu zu errichten (Grundsteinlegung am 21. November 1344), berief Karl zunächst aus dem päpstlichen Avignon Matthias von Arras, der den

Romanische Martinskapelle

Parlergotik im Veitsdom

Altstädter Brückenturm: Karl IV. · Hl. Veit · Wenzel IV.

Spätgotik (Fortsetzung), Parlergotik

Dom nach dem charakteristischen Muster der französischen Kathedralen (Chor mit Kapellenkreuz) anlegte. Als jedoch nach Matthias Tod (1352) Peter Parler (1330–1399), der mit seinen Söhnen den Bau nach gänzlich neuen, originellen Gesichtspunkten (Betonung der Südseite mit Wenzelskapelle, Querhausportal und Turm) weiterführte, durch seinen nie erlahmenden Erfindungsgeist der Prager Baukunst eigene Impulse gab, stieg diese als 'Parlergotik' zum Vorbild der Architektur und Plastik in ganz Europa auf, deren Fernwirkung bis nach Italien und Spanien reichte. Weitere Kathedralchöre schuf die Parlerhütte in Kolín und Kutná Hora (Kuttenberg). Der erst Anfang des 15. Jahrhunderts vollendete Altstädter Brückenturm in Prag wurde ebenfalls nach Peter Parlers Entwürfen erbaut.

Hofkunst

Im Kunstschaffen der Epoche Karls IV., der sog. Hofkunst, wurden wichtige Merkmale der Renaissance vorausentworfen: die ersten Netzgewölbe und Bildnisse (Triforiumsbüsten im Veitsdom) sowie das erste freiplastische Reiterstandbild (St. Georg auf der Burg, von den Brüdern Martin und Georg Klausenburg).

Prager Malerzeche

In der Malerei bildete sich aus einer Synthese von auswärtigen (besonders italienischen) und spezifisch böhmischen Zügen ein selbständiger Schulcharakter für alle Gattungen aus. Die führenden Künstler dieser 'Prager Malerzeche' waren der um 1350 in Prag tätige Meister von Hohenfurt, Meister Theoderich (1359–1380 erwähnt) und der Meister von Wittingau (1380–1390 erwähnt), die in der Hauptsache Altartafelbilder schufen (⟶ Sehenswürdigkeiten von A bis Z, Hradschin, Sammlung alter Kunst Böhmens in der St.-Georgs-Basilika; Burg Karlstein).
Bezeichnend sind auch die noch byzantische Einflüsse zeigenden 'böhmischen Gnadenbilder', Madonnendarstellungen anonymer Meister in halber Figur mit dem Christuskind. Die bedeutendsten Wandmalereien, deren Zuschreibung meist schwierig ist, finden sich im 1357 gegründeten Prager Emmauskloster und auf der Burg Karlstein (1348–1357), wo der Straßburger Meister Nikolaus Wurmser (1357–1360 erwähnt) und wahrscheinlich auch Tommaso da Modena (um 1325–1379) wirkten. Es entstanden hervorragende illuminierte Handschriften, oft im Auftrag des schlesischen Humanisten Johannes von Neumarkt, unter dem sich in der Prager Reichskanzlei die deutsche Schriftsprache auszubreiten begann. Schon während des nach dem Tod Karls IV. (1378) und Peter Parlers (1399) einsetzenden künstlerischen Niederganges bildete sich im Gegensatz zu der eher realistischen Auffassung der Prager Malerzeche der 'schöne' und 'weiche' Stil heraus, eine raffiniert verfeinerte Malweise, in der um 1400 vornehmlich Madonnenbilder entstanden.
Die Planer- und Stiftertätigkeit Karls IV. ist bis heute vielerorts in Prag sichtbar (Gründung der Neustadt; Karlsbrücke, Karlshof). Manche seiner ehrgeizigen Vorhaben konnte er jedoch zu Lebzeiten nicht mehr zu Ende führen, und da mit dem Ausbruch der hussitischen Revolution (1419, Erster Prager Fenstersturz) diese in der Geschichte Prags beispiellose Blütezeit jäh abbrach, blieben sie für immer (Maria-Schnee-Kirche) oder auf lange Zeit (Veitsdom, Teynkirche) unvollendet.

15. Jahrhundert

Nach den Hussitenkriegen war der Charakter der böhmischen – nunmehr fast rein tschechischen – Kunst bis zum Ende des 15. Jahrhunderts konservativ und eklektisch. Als damals bedeutendster tschechischer Architekt ist Matthias Rejsek (Pulverturm, 1475) zu nennen. Der wichtigste der unter König Vladislav II. (1471–1516) nach Prag berufenen Künstler war Benedikt Ried. Nach seinen Entwürfen entstand der Vladislav-Saal im Königspalast der Prager Burg, einer der großartigsten Profanräume jener Zeit (1493–1502), und das Langhaus der Barbarakirche in Kutná Hora (Kuttenberg; 1512–1547) mit dem vielleicht schönsten Netzgewölbe der Spätgotik überhaupt.
In der Plastik und der Malerei jener Epoche, die wie auch manche ihrer Bauschöpfungen weitgehend schon der Renaissance zuzurechnen sind, spiegeln sich fast alle wichtigen Schulen und Strömungen der Dürerzeit. Der bemerkenswerteste unter den einheimischen Künstlern ist der Meister

15. Jahrhundert (Fortsetzung)

des Leitmeritzer Altars (⟶ Sehenswürdigkeiten von A bis Z, Hradschin, Sammlung alter Kunst Böhmens in der St. Georgsbasilika), der um 1509 an der Ausmalung der Wenzelskapelle im Veitsdom beteiligt war, einem hervorragenden Beispiel mittelalterlicher Wandmalerei.

Renaissance (16. Jahrhundert)

Die Kunst der italienischen Renaissance setzte sich in Prag wahrscheinlich früher durch als sonst in Mitteleuropa, mit Ausnahme von Ungarn. Bereits in den Jahren 1538–1555 entstand nach Plänen von Paolo della Stella der Arkadenbau Belvedere am Königsgarten der Burg, welches Ferdinand I. (1526–1564) als Lustschloß für seine Gemahlin Anna bauen ließ, einem der reinsten Beispiele der Renaissancearchitektur nördlich der Alpen. Auch das originelle Schloß Stern wurde nach einer Idee Erzherzog Ferdinands 1555–1558 über sternförmigem Grundriß von Italienern errichtet. Nach der Mitte des 16. Jahrhunderts war der führende Architekt Böhmens der kaiserliche Hofbaumeister Bonifaz Wohlmut aus Überlingen am Bodensee (Orgelempore im Veitsdom, 1557–1561; Ballhaus im Königsgarten der Burg, 1568; Netzgewölbe im Landtagssaal der Burg, 1559–1563; Sterngewölbekuppel der Karlshofer Marienkirche, 1575). Der neue Stil nahm nun spezifische Prager Formen an.
Nach dem großen Brand von 1541, dem weite Teile der Burg und der Kleinseite zum Opfer fielen, entstanden Adelsresidenzen wie das Palais Martinitz (Ende 16. Jh.) im böhmischen Renaissancestil, der vielfach wie hier Sgraffitoschmuck an den Fassaden verwendete. Solche Sgraffiti zieren auch häufig bürgerliche Renaissancebauten, wie z. B. das Haus Zu den drei Straußen (1585) an der Karlsbrücke oder das Haus Zur Minute (Ende 16. Jh.) neben dem Altstädter Rathaus.

Manierismus

Unter dem Habsburger Rudolf II. (1576–1611), einem eifrigen Kunstsammler, war Prag zum zweiten Mal Kaiserresidenz und Mittelpunkt der Kunst des Manierismus. Der Kaiser zog Künstler verschiedenster Herkunft an seinen Hof, so die Bildhauer und Erzgießer Benedikt Wurzelbauer und

Renaissancepalais Martinitz

Wenzelskapelle im Veitsdom

Barocke Stuckkartuschen in der Kirche Mariä Himmelfahrt

Manierismus (Fortsetzung)

Adriaen de Vries (Vorwegnahme vieler Barockelemente), die Maler Hans von Aachen, Bartholomäus Spranger, Jan Breughel ('Sammet-Breughel'), Guiseppe Arcrimboldi, Roelandt Savery, Joseph Heintz, Hans Rottenhammer und Ägidius Sadeler. Der zuletzt Genannte hinterließ eine aus neun Stichen bestehende Stadtansicht vom Prag des Jahres 1606, die eine anschauliche Übersicht der Baulichkeiten jener Zeit vermittelt (Reproduktion in der Burggalerie).
Die nur den höfischen Interessen verpflichtete manieristische Kunst fand jedoch in Böhmen keinen Widerhall. Ansehen außerhalb des Landes erlangten der Kupferstecher Václav Hollar (1607–1677) und der Stillebenmaler Gottfried Flegel (1563–1638), beide Vertreter einer eher bodenständigen böhmischen Kunst jener Zeit.
Ein Beispiel für die bis in die Spätrenaissance reichenden gotischen Einflüsse liefert die Rochuskapelle im Kloster Strahov.

Barock (17. Jahrhundert)

Die durch den Sieg der katholischen Partei in der Schlacht am Weißen Berg (1621) endgültig triumphierende Gegenreformation brachte das in seinen Anfängen überwiegend italienische Barock nach Prag. Die genossenschaftlich organisierten italienischen, zumeist aus der Gegend von Como stammenden Handwerker (Cosmasken) beherrschten etwa ein halbes Jahrhundert lang fast das gesamte Bauwesen. Für ihre eigene Gemeinde bauten sie bereits 1590–1600 die Welsche Kapelle, den ersten barocken Zentralbau in Prag.
Das Schwergewicht lag im 17. Jahrhundert zunächst auf dem Palast- und Schloßbau. Die bedeutendsten Bauherren unter den Prager Magnaten waren Albrecht von Waldstein (Wallenstein), für dessen gewaltiges Palais Waldstein (1623–1630) ein ganzes Stadtviertel abgerissen werden mußte, und Humprecht Graf v. Czernin (Palais Czernin, 1669–1692). Der Sakralbau stand zunächst in der Nachfolge der römischen Jesuitenkirche 'Il Gesù', nach deren Vorbild 1611–1616 die zuvor protestantische Kirche Maria de Victoria umgestaltet wurde. Die fruchtbarsten Adepten dieses

Dientzenhoferbarock: Kirche St. Niklas in der Altstadt

Barock (Fortsetzung)

Jesuitenstils waren Carlo Lurago (Ignatiuskirche, 1665–1678) und Domenico Orsi de Orsini (Profeßhaus der Kirche St. Niklas auf der Kleinseite, 1673). Einige Sakralbauten setzen jedoch noch ältere einheimische Überlieferungen (Emporenhalle, Wandpfeilerkirche) fort, wie etwa die Salvatorkirche am Kreuzherrenplatz.
Anders als die Architektur wurden Plastik und Malerei weiterhin von einheimischen oder aus Nachbarländern zugewanderten Künstlern beherrscht. Die wichtigsten Bildhauer nach der Mitte des 17. Jahrhunderts waren Johann Georg Bendl (um 1630–1680; Fassadenplastik an der Salvatorkirche, Winzersäule am Kreuzherrenplatz, Hl. Wenzel an der Alten Propstei der Burg) und Hieronymus Kohl (1632–1709; Fassadenplastiken an der Thomaskirche auf der Kleinseite, Brunnen am Zweiten Burghof). Unter den Malern sind an erster Stelle der einer böhmischen Adelsfamilie entstammende Karel Škréta (1610–1674), Begründer der böhmischen Barockmalerei, der aus Glaubensgründen emigrierte und als Konvertit wieder zurückkehrte, sowie der Rembrandt-Schüler Michael Willmann (1630–1706) zu nennen (beider Werke in der Sammlung alter Kunst Böhmens im Kloster St. Georg).

Spätbarock (Ende des 17. bis Mitte des 18. Jahrhunderts)

Das Spätbarock erreichte seinen Höhepunkt in Prag während der ersten Hälfte des 18. Jahrhunderts, der künstlerisch fruchtbarsten Epoche seit der Zeit Karls IV. Den Anschluß an die europäische Entwicklung stellte zunächst der in Rom geschulte Franzose Jean Baptiste Mathey (um 1630–1695) her: in der Sakralarchitektur mit dem Zentralbau der Kreuzherrenkirche (1679–1688), im Profanbau mit dem Schloß Troja (1679 bis 1685). Die Hegemonie der Italiener war damit gebrochen. Bald konnten Einheimische die Führung übernehmen, nachdem der prägende Einfluß der österreichischen und bayerischen Baukunst jener Zeit assimiliert war. Der Wiener Hofbaumeister Johann Bernhard Fischer v. Erlach baute seit 1707 das Palais Clam-Gallas und hinterließ mehrere Schüler in Prag. Christoph Dientzenhofer (1655–1722) aus der weitverzweigten bayeri-

Barock (Fortsetzung), Dientzenhoferbarock

schen Architektenfamilie siedelte ganz nach Prag über. Zusammen mit seinem genialen Sohn Kilian Ignaz Dientzenhofer (1689–1751) schuf er das Dientzenhoferbarock, eine Synthese aus dem altbayerischen Wandpfeilersystem und dem Baldachinprinzip des Guarino Guarini und damit die Voraussetzung für die letzte und höchste Stufe des mitteleuropäischen Sakralbaus. Die oft noch eher konventionell begonnenen Werke des Vaters wurden häufig erst von seinem begabteren Sohn baulich und stilistisch zur Vollendung gebracht. So im Kloster Břevnov, in der Geburt-Christi-Kirche von Loreto und ganz besonders im Falle der Kirche St. Niklas auf der Kleinseite, einem der entwicklungsgeschichtlich und städtebaulich bedeutendsten Kirchenbauten des Spätbarocks in Mitteleuropa überhaupt. Christoph Dientzenhofer hatte hier den Kuppelraum noch im bayerischen Wandpfeilersystem geplant. Sein Sohn fügte das raumgewaltige Motiv der Konchen hinzu und setzte mit der asymmetrischen Kuppelturmgruppe des Außenbaus treffsicher den entscheidenden Akzent in der Silhouette Prags. Von Kilian Ignaz Dientzenhofers weiteren Bauten, ohne die weder das Prager Stadtbild noch die übrige barocke Kulturlandschaft Böhmens zu denken ist, sind zu nennen: die Villa Amerika, die Kirche St. Niklas in der Altstadt, die Kirchen St. Johann von Nepomuk am Felsen, St. Johann von Nepomuk auf dem Hradschin und St. Thomas (Umgestaltung) sowie das Ursulinerinnenkloster in Kutná Hora (Kuttenberg). Auch die Pläne für die Palais Goltz-Kinsky und Sylva-Taroucca, die beide bereits Rokokomerkmale tragen, stammen von ihm. Giovanni Santin-Aichel (1667–1723) entwarf die Palais Morzin und Thun; im Kirchenbau huldigte er, wie auch Octaviano Broggio (1668–1742), einer historisierenden Barockgotik (Marienkirche in Kuttenberg-Sedletz). Andere Architekten jener Periode waren František Maximilian Kaňka (1674–1766), der u. a. die Vrtba-Terrassen und verschiedene Bauabschnitte des Clementinums entwarf, und Giovanni Battista Alliprandi (1665–1720). – Zu der Vielzahl der um 1700 in Prag tätigen Bildhauer gehört als einer der bedeutendsten Wenzel Matthäus Jäckel (1655–1738), der u. a. Statuen für die Karlsbrücke und die ehemalige Kreuzherrenkirche schuf. Von Ferdinand Maximilian Brokoff (1688–1731) stammen u. a. mehrere Figurengruppen für die Karlsbrücke. Matthias Bernhard Braun (1684–1738) brachte die Bernineske nach Böhmen und in seinen Werken gipfelte die böhmische Barockplastik. Ein Teil seiner Plastiken findet man ebenfalls auf der Karlsbrücke, sowie im Vrtba-Garten und am Portal des Palais Thun-Hohenstein.

Rokoko (2. Hälfte des 18. Jahrhunderts)

Auch das Rokoko ist in Prag durch eine Anzahl von Künstlern und ihren Werken vertreten, aber eine selbständige Spielart wie etwa in Bayern, Franken oder Potsdam hat Böhmen so wenig wie Österreich hervorgebracht. Den Ausbau der Prager Burg leitete 1753–1775 Maria Theresias Oberhofarchitekt Freiherr v. Pacassi, den des Erzbischöflichen Palais (Abb. s. S. 38) 1764–1765 Johannn Joseph Wirch. Dem Kavalierarchitekten Graf v. Künigl verdankt Prag den Entwurf des Ständetheaters, des heutigen Tyl-Theaters (ausgeführt 1781–1783 von Anton Haffenecker), in dem 1787 Mozarts "Don Giovanni" uraufgeführt wurde.
Die führenden Bildhauer im dritten Viertel des 18. Jahrhunderts in Prag waren Johann Anton Quittainer (1709–1765), Ignaz Platzer d. Ä. (1717 bis 1787), der u. a. den plastischen Fassadenschmuck des Erzbischöflichen Palais entwarf, und Richard Prachner (1705–1782). Werke der beiden zuletzt genannten Künstler birgt auch die Kirche St. Niklas auf der Kleinseite. Weit über die Grenzen Böhmens hinaus bekannt wurde der Feinmaler Norbert Grund (1717–1767), dessen Arbeiten bereits zu seinen Lebzeiten gefälscht und vielfach durch Stiche reproduziert wurden (⟶ Sehenswürdigkeiten von A bis Z, Hradschin, Sammlung alter Kunst Böhmens in der St.-Georgs-Basilika).

Klassizismus

Anders als das Barock, an dem man in Böhmen länger und leidenschaftlicher festhielt als sonst in Mitteleuropa, war der Klassizismus, zumindest was die bildende Kunst betrifft, eher von untergeordneter Bedeutung. Das ehemalige Zollamt, heute Ausstellungsgebäude 'Zu den Hibernern',

Pestsäule von F. M. Brokoff

Erzbischöfliches Rokokopalais (Detail)

Klassizismus (Fortsetzung)

welches 1808–1811 von Georg Fischer seine Empire-Fassade erhielt, gehört zu den bemerkenswertesten Bauschöpfungen dieser Epoche.

Romantik (19. Jahrhundert)

Erst die Romantik zündete in Böhmen, nachdem die Ideen Herders zur Erweckung der tschechischen Nation beigetragen hatten. Der Aufstieg der Tschechen zu kultureller Selbständigkeit führte allerdings auch umgekehrt zum Untergang der übernationalen 'böhmischen Kunst', die seit der zweiten Hälfte des 19. Jahrhunderts immer entschiedener in eine tschechische und eine deutsche Komponente auseinanderstrebte. Von den romantischen und postromantischen Malern sind an erster Stelle Joseph v. Führich (1800–1876), Joseph Mánes (1820–1871) und Mikuláš Aleš (1852–1913) zu nennen, ferner der Piloty-Schüler Gabriel Max sowie Václav Brožik.

Bedeutende Vertreter der Neugotik waren Joseph Kranner (Hochaltar im Veitsdom, 1868–1873) und Joseph Mocker (Ausbau des Veitsdoms, 1859–1929). Der tschechische Semper-Schüler Josef Zítek entwarf im repräsentativen Stil der tschechischen Neurenaissance den Prunkbau des Nationaltheaters (1868–1881), welches nach einem Großbrand durch den Architekten Josef Schulz (1840–1917) bis 1883 neu errichtet werden mußte. Unter der Leitung von Josef Schulz entstand auch das Künstlerhaus 'Rudolfinum', das wohl bedeutendste Baudenkmal dieser Epoche in Prag.

In der Plastik begründete Josef Václav Myslbek (1848–1922; Reiterbild des hl. Wenzel auf dem Wenzelsplatz, Bronzestatue des Kardinals Schwarzenberg im Veitsdom) unter dem Eindruck der französischen Kunst eine Schule, aus der Bildhauer vom Range eines Jan Štursa (1880–1925), aber auch Bohumil Kafka (1878–1942), zu dessen Werken u.a. das Mánes-Denkmal vor dem Haus der Künstler zählt, und Otto Gutfreund (1889 bis 1927) hervorgingen.

Klassizistisches Hiberner-Haus

Mánes-Denkmal von B. Kafka

20. Jahrhundert

Zu den Vorläufern der modernen Architektur im 20. Jahrhundert gehören Josef Maria Olbrich (1867–1908), Josef Hoffmann (1870–1956) und Adolf Loos (1870–1933), die allerdings nicht in Prag, sondern in Darmstadt (Olbrich) bzw. Wien (Hoffmann und Loos) bauten.
Die Wendung zur modernen Architektur in Prag vollzog Josef Gočár (1880–1945), der 1911–1912 das 'Haus zur schwarzen Mutter Gottes' in der Zeltnergasse errichtete. Das beste Beipiel für den Prager Sezessionsstil liefert das prachtvolle Repräsentationshaus der Hauptstadt, welches 1906–1911 nach Plänen von Osvald Polivka und Antonín Balšanek erbaut wurde.
Konservative Kunstströmungen behaupteten sich jedoch daneben weiter, vertreten etwa durch den Maler und Illustrator Max Švabinský (1873 bis 1962), von dem u.a. schöne Glasmalereien im Veitsdom (1946–1948) stammen, und den Leibl-Schüler Heinrich Hönich.
Auch der Expressionismus und der Kubismus hatten bedeutende Vertreter, der erste mehr unter den deutschsprachigen (Oskar Kokoschka, Alfred Kubin, Josef Hegenbarth), der zweite mehr unter den Tschechen (Emil Filla und Václav Špála). Das 1915 eingeweihte, monumentale Jan Hus-Denkmal auf dem Altstädter Ring ist ein Werk von Ladislav Šaloun, der auch mehrere allegorische Plastiken für verschiedene Gebäude der Stadt entwarf.
Der Kunstpädagoge und Theoretiker Adolf Hölzel (1853–1934) aus Olmütz (Olomouc) gehört zu den Begründern der gegenstandslosen Malerei.

Prag in Zitaten

Franz Grillparzer
Österreichischer Dichter
(1791 – 1872)

Ich kam mit einer Art Vorurteil gegen Prag hier an. Dem ungeachtet aber konnte ich mich des grandiosen Eindrucks nicht erwehren, den diese Stadt auf jeden Beschauenden machen muß. Die Lage im Kessel von schönen und reich bepflanzten Bergen, überall vorteilhafte Linien bildend, der breite Fluß mitten durch die Stadt, das Häusergewühl durch sonderbare Türme und hervorragende Gebäude aller Art wohltuend unterbrochen und in Partien gesondert, der Hradschin das Ganze krönend – alles trägt dazu bei, diese Stadt, recht gemäldehaft, zu einer der schönsten für den Beschauer zu machen. Es ist hier etwas, das an Venedig erinnert, das Fortlebende nämlich, das Altertümliche zwischen und neben dem Neuen.

Jaroslav Hašek
Tschechischer Schriftsteller
(1883 – 1923)
"Die Abenteuer des braven Soldaten Schwejk im Weltkriege"
(1921)

Als Schwejk und Woditschka Abschied nahmen, weil jeder von ihnen zu seinem Truppenteil abgehen sollte, sagte Schwejk: "Bis der Krieg vorbei sein wird, so komm mich besuchen. Du findest mich jeden Abend ab sechs Uhr beim 'Kelch', Na Bojischti."

"Freilich komm ich hin", antwortete Woditschka,"gibts dort Unterhaltung?"

"Jeden Tag kommst dort zu was", versprach Schwejk,"und wenns zu ruhig wär, so wern wir schon aufmischen".

Sie trennten sich, und als sie bereits einige Schritte voneinander entfernt waren, rief der alte Sappeur Woditschka Schwejk nach:" Also schau aber bestimmt, daß Du eine Unterhaltung zustand bringst, bis ich hinkomm!"

Worauf Schwejk zurückrief:" Komm aber bestimmt, bis der Krieg zu Ende is!"

Dann entfernten sie sich voneinander, und nach einer beträchtlichen Pause konnte man hinter der Ecke von der zweiten Reihe der Baracken her abermals Woditschkas Stimme vernehmen:" Schwejk, Schwejk, was für ein Bier ham sie beim 'Kelch'?"

Und wie ein Echo ertönte Schwejks Antwort:" Großpopowitzer."

"Ich hab gedacht Smichover!" rief Sappeur Woditschka von weitem.

"Mädl gibts dort auch!" schrie Schwejk.

"Also nachm Krieg, um sechs Uhr abend!" schrie Woditschka von unten.

"Komm lieber um halb sieben, wenn ich mich irgendwo verspäten möcht", antwortete Schwejk.

Dann ließ sich noch aus weiter Ferne Woditschka vernehmen: "Um sechs Uhr kannst Du nicht kommen?"

"Also komm ich um sechs", erreichte Woditschka die Antwort des sich entfernenden Kameraden.

Und so trennte sich denn der brave Soldat Schwejk vom alten Sappeur Woditschka. "Wenn Menschen auseinandergehn, so sagen sie auf Wiedersehn!"

Christian Friedrich Hebbel
Deutscher Dramatiker
(1813 – 1863)

Rückblickend auf Prag: die großen breiten Straßen, die dennoch nichts Berlinisches haben, die seltsamen Türme und spitzigen Nebentürmchen, die als Auswüchse des Uhrturms erscheinen, die mit den Heiligenstatuen besetzte Brücke, unter der die Moldau schäumt und die zum Hradschin hinaufführt! Alles wirkt auf die Phantasie, und dennoch kommt der Verstand dabei auch nicht zu kurz. Es ist ein Glück, in einer solchen Stadt geboren zu sein, denn wenn sie als ein ungeheures Lebendiges mit ihren Rätseln und Wundern in die früheste Kindheit hineinnickt, so wirkt es durchs ganze Leben fort und fort.

Franz Kafka
Prager Schriftsteller
(1883 – 1924)

Über seine Heimatstadt Prag:
Dieses Mütterchen hat Krallen. Da muß man sich fügen oder –. An zwei Stellen müßten wir es anzünden, am Vyšehrad und am Hradschin, dann wäre es möglich, daß wir loskommen.

Schließlich kamen wir nach elfjähriger Abwesenheit nach Böhmen. Unsere Mutter Elisabeth fanden wir nicht mehr am Leben; sie war einige Jahre zuvor gestorben. So fanden wir bei unserer Ankunft in Böhmen weder Vater noch Mutter, weder Bruder noch Schwester, noch sonst einen Bekannten.
Auch hatten wir die böhmische Sprache ganz verlernt. Doch haben wir uns später ihrer wieder bemächtigt.
Dies Königreich war völlig heruntergekommen. Keine einzige Burg war frei; sie waren sämtlich mit allen Krongütern verpfändet, so daß wir keine Bleibe hatten, es sei denn wie jeder andere Bürger in einem Stadthaus. Die Prager Burg war seit den Zeiten Ottokars so verödet, verfallen und zerstört, daß sie gänzlich dem Boden gleichgemacht war. Dort ordneten wir mit großen Kosten aufs neue den Bau des weiträumigen, stattlichen Palastes an.
Alle ehrlichen Böhmen liebten uns, da sie wußten, daß wir ein Sproß aus dem alten böhmischen Königsgeschlecht waren, und liehen uns ihre Hilfe zur Wiedergewinnung der Burgen und des Königsgutes . . .

Karl IV.
König
von Böhmen,
römischer Kaiser
(1316 – 1378)
"Vita Caroli"

In Prag bin ich entschieden mal geboren,
vielleicht vor tausend Jahren, wer kanns wissen.
So ist mein Herz der alten Stadt verschworen;
dort möcht ich immer meine Fahne hissen.
Du mußt es sehn, wenn sich der volle Mond
in seinen Gassen, Gäßchen eingefangen,
wenn im Barock er auf den Kirchen thront,
wenn seine Lichter den Hradschin umsprangen,
den silbernen Sarg Sankt Nepomuks umfangen,
wenn er in Waldsteins großer Halle wohnt.
Viel hundert Sagen singen und Geschichten;
ganz Praha ist ein Goldnetz von Gedichten.

Detlev v. Liliencron
Deutscher
Dichter
(1844 – 1909)

Prag hat eine besondere Atmosphäre. Es verbindet in wunderbarer Weise Moderne mit einer fast koboldhaften Romantik, beeinflußt ständig in irgendeiner Weise entstehendes dichterisches Schaffen und schuf in dichterisch-geistigem Bereich einzigartige und kostbare Werte. In der Atmosphäre oder im Boden dieser altehrwürdigen Stadt ist wahrscheinlich etwas den Dichter Erregendes und zum Schaffen Inspirierendes enthalten, da es schon viel literarisch Bedeutendes entstehen ließ, etwas Besonderes und malerisch Phantastisches, das sich an der modernen deutschen Literatur in einem derartigen Umfang und in so betonter Weise beteiligte, daß dies eine Seltenheit darstellt (Vortrag im Prager Rundfunk vom 16.10.1936).

Thomas Mann
Deutscher
Schriftsteller
(1875 – 1955)

Es liegt Prag fast mitten in Böheim an der Muldau in einem sehr lustigen und ziemlich weiten Tal zwischen den Hügeln und schönem Weingebirg, über welche ein ebener Bezirk von einem edlen Feldbau etliche Meilen Wegs rings herum sich erstreckt und sehr lustig anzusehen ist. Hat eine gute gesunde Luft und wird vürnehmlich in drei Teile oder Städte, nämlich in die Alte, Neue und Kleine Stadt abgeteilt und hat jede ihr absonderlich Regiment und Obrigkeit, und scheidet gedachter Fluß die kleine Stadt von der Alten und Neuen; die gleichwohl alle drei an seinem Gestade, und zwar die Kleine Seiten gegen Niedergang und die Alte Stadt gegen Aufgang liegen, welche letztere von der Neuen Stadt gleichsam umringet wird, also daß solche über und unter der Alten Stadt gleichfalls an das Wasser reicht.

Matthäus
Merian d. Ä.
Schweizer
Kupferstecher
und Buchhändler
(1593 – 1650)

IM ALTEN HAUSE
Im alten Hause; vor mir frei
seh ich ganz Prag in weiter Runde;
tief unten geht die Dämmerstunde
mit lautlos leisem Schritt vorbei.

Die Stadt verschwimmt wie hinter Glas.
Nur hoch, wie ein behelmter Hüne,

Rainer Maria Rilke
Prager Dichter
(1875 – 1926)
"Larenopfer"
(1896)

Rainer Maria Rilke
(Fortsetzung)

ragt klar vor mir die grünspangrüne
Turmkuppel von Sankt Nikolas.

Schon blinzelt da und dort ein Licht
fern auf dem schwülen Stadtgebrause. –
Mir ist, daß in dem alten Hause
jetzt eine Stimme "Amen" spricht.

Karl Friedrich Schinkel
Deutscher Baumeister
(1781 – 1841)

Einen herrlichen Anblick gewährt Prag von den Höhen, die das reiche Tal der Moldau umschließen. Zu beiden Seiten des Flusses breitet es seine bunten Häusermassen, die von unzähligen Kuppeln und spitzen Türmen überstiegen werden. An der rechten Seite lehnt es sich amphitheatralisch an den Abhang, dessen Höhe die Kaiserburg und ein vortrefflicher gotischer Dom krönen.
Eine kolossale, mit Statuen reich verzierte Brücke verbindet beide Teile der Stadt. Unaufhörliches Getümmel herrscht auf dieser Brücke, von der man auf beide Teile der Stadt und auf den Lauf des Flusses mit seinen schön bepflanzten Inseln und felsigen Ufern eine reizende Aussicht genießt...
Viele hundert Stufen steigt man in verschiedenen Straßen bis zur Höhe des Burgbergs, von dem man eine herrliche Übersicht der Stadt hat. Der schöne gotische Dom im Hofplatz der Burg hat mich häufig gereizt, mit Mühe und Schweiß die Stufen des Bergs zu ersteigen.

Charles Sealsfield
(eigentlich Karl Anton Postl)
Mährischer Schriftsteller
(1793 – 1864)

Alles in allem ist Prag eine der malerischesten und schönsten Städte des Festlandes, weit interessanter als Berlin oder eine sonstige deutsche Hauptstadt. Die außerordentlichen historischen Schätze Prags machen diese Stadt der höchsten Betrachtung wert. Es wäre ein unkluges Beginnen, eine Weltgeschichte zu schreiben, ohne vorher diese uralte Hauptstadt besucht zu haben.

Adalbert Stifter
Österreichischer Schriftsteller
(1805 – 1868)
"Witiko"
(1865–1867)

Da stand auf einem Felsen an der Moldau, ehe ihre Wasser nach Prag kommen, die Burg Wyschehrad. Als noch der anfängliche Wald alle diese Berge an der Moldau bedeckte, ist sie gebaut worden, lange, bevor der Held Zaboy lebte und der Sänger Lumir. Und dann ist Krok gekommen und hat auf der heiligen Burg seinen goldenen Sitz gehabt. Dann ist Libuscha gewesen, die unter allen Schwestern sein liebstes Kind gewesen ist, und sie hat den Ackersmann Prschemysl geheiratet, und sie hat den ersten Holzpflock zu der Burg Prag aushauen lassen. Und von ihr ist ein zahlreiches Geschlecht gekommen, und sie haben über die Völker gewaltet. Einer hat sich taufen lassen, da Christus geboren worden ist und den heiligen Glauben in die Welt gebracht hat. Er hat der Herzog Borschiwoy geheißen. Sein Enkel ist der heilige Wenzel gewesen und seine Hausfrau die heilige Ludmilla. Er hat die erste Kirche in Böhmen gebaut in seiner Burg Hradec. Dann hat er sogleich die Kirche der heiligen Jungfrau Maria in der Burg Prag gebaut. In dieser Kirche hat der Herzog Wladislaw das Abschneiden der Haare seines Sohnes, des heiligen Wenzel, gefeiert, und sie bringt bis heute Heil allen Gläubigen. Dann steht die hohe Kirche des heiligen Veit da. Sie ist mit Mühseligkeiten gebaut worden. Der heilige Wenzel hat sie gebaut, und der Bischof von Regensburg, Tuto, hat es ihm erlaubt. Und dann ist der Bischof Tuto gestorben und der nach ihm gekommen ist, der Bischof Michael, hat sie geweiht. Sie hat von Gold und Silber gestrahlt und war voll von Pracht. Und da sie zu klein war, hat sie der Herzog Splitihnjew wieder niedergerissen und weit größer gebaut, und dann ist sie verbrannt und ist abermals wieder aufgebaut worden, und dann hat ein Blitzschlag den Turm zerstört, und der Turm ist wieder errichtet worden. Die größten Heiligtümer sind in ihr. Der deutsche König hat dem heiligen Wenzel einen Arm des heiligen Veit in sie geschenkt. Dann ist der Leib des heiligen Wenzel selber in ihr begraben worden, und es sind dann seit der Zeit viele Wunder geschehen. Und der Leib des heiligen Märtyrers Adalbert ruht in ihr, und seine Meßgewänder sind in ihrer Schatzkammer aufbewahrt, und der Leib des Märtyrers Podiwen, des treuen Dieners des heiligen Wenzel, ist in ihr begraben und der Leib Radims, des Bruders des

Adalbert Stifter
(Fortsetzung)

heiligen Adalbert. Sie kann die Menge der Menschen gar nicht fassen, wenn das Fest des heiligen Wenzel ist und auch Kranke um Genesung aus fremden Ländern herbeikommen und wenn das Fest des heiligen Adalbert gefeiert wird. Diese Kirche ist die heiligste Kirche in dem ganzen Land Böhmen. Dann ist auch die Kirche des heiligen Georg. Sie ist noch früher gebaut worden als die Kirche des heiligen Veit. Es hat sie schon der Sohn des getauften Herzogs Borschiwoy, der Vater des heiligen Wenzel, der Herzog Wladislaw, gebaut. Er ist sodann in ihr begraben worden, und der Leib seiner Mutter, der heiligen Märtyrerin Ludmilla, ruht auch in ihr. Neben ihr steht das Kloster der frommen Frauen des heiligen Georg, wo jetzt die Verwundeten gepflegt werden. . . .

Johannes Urzidil
Prager
Schriftsteller
(1896 – 1970)
"Prager
Triptychon"
(1960)

Aufregende Ereignisse wie jene Flucht des Winterkönigs waren in der Geschichte der Stadt nichts ungewöhnliches. Die Stadt überlebte sie nicht nur, sondern es war, als bedürfe sie ihrer geradezu zum Leben. Die Kaiserstadt Wien galt als gemütlich, aber die Königs- und Kaiserstadt Prag war dies gewiß nicht, weder äußerlich noch innerlich, sondern sie war zackig, schroff, kämpferisch und unheimlich. Es mochte wunderbar spannend und wundersam sein, dort zu leben, aber gemütlich war es nicht. Seit die mythische Herzogin Libussa vom Hügel des Wyschehrad über die Moldau hinweg die künftige Glorie Prags geweissagt hatte, war dort Kampf und Streit heimisch gewesen. . . .
Mythos, Geschichte und Gegenwart wogten geschäftig durcheinander in dieser Stadt, man konnte sie nie völlig auseinanderhalten, man wußte nie genau, womit man es gerade zu tun hatte, und in der gereizten Atmosphäre konnten sich in jedem Augenblick die gleichgültigsten Gegenstände, Angelegenheiten, ja bloße Worte in heiligste Güter verwandeln, um derentwillen Tschechen und Deutsche einander die Köpfe einschlugen oder irgendeinem unseligen Juden übel mitgespielt wurde. . . . Ich war Spezialist für Märkte, wo immer viel zu sehen war und auch viel vorging. Da war in der Altstadt der Tandelmarkt mit seinen engen Ständen, voll von Stoffresten in allen Farben und Mustern und dem unsinnigsten Kramuriwerk, gebraucht und ungebraucht, von zugrunde gegangenen Haushalten oder pleite gegangenen Läden, Händler und Käufer voll Mißtrauen und verachtender Feindseligkeit einander groß anredend wie die Helden der Ilias vor dem entscheidenden Zweikampf. Nahebei war der Kohlmarkt, wo weder Kohl noch Kohlen feilgehalten wurden, sondern hauptsächlich Blumen, nichts Pompöses, sondern die rührenden Blumen böhmischer Landgärten, Reseden und Hahnenkämme, Levkojen und Goldlack. . . .

Übersichtsplan der inneren Stadt

Prag · Praha
500 m
© Baedeker
Letohrádek Trója
Mělník, Kokořín
Stromovka, Výstaviště
Poděbrady, Mladá Boleslav
Kolín
Kutná Hora
Benešov, Konopiště
Vltava
Nár. technické muzeum
Praha Expo 58
Zimní stadión
Ostrov Štvanice
Klášter Anežsky
Kostel sv. Klimenta
STARÉ
Kostel sv. Jakuba
Týnský kostel
Obecní dům
U hybernů
Prašná brána
Muzeum hlavního města Prahy
Autobusové nádr. Praha Florenc
Praha Masarykovo nádraží
Lidový dům
Čedok
Sv. Cyril a Metoděj
Žižkov (Vítkov)
Národní památník na Žižkově
Vojenské muzeum
Praha hlavní nádraží
Stadión TJ Victoria Žižkov
ŽIŽKOV
Pomník sv. Václava
Smetanovo div.
A. b. Fed. shr. ČSFR
Nádrodní muzeum
Riegrovy sady
Fernmeldeturm
Olšanské hřbitovy
VINOHRADY
Kostel Lucemburská
Nejsv. srdce Páně
Kostel sv. Štěpána
nám. Míru
Villa Amerika
U kalicha
Kostel P. Marie a Karla Velikého
Havlíčkovy sady
Kostel sv. Václava
VRŠOVICE
Praha Vršovice nádraží
Palác kultury
Hotel Forum
NUSLE
Nuselský most
Hlávkův most
Švermův most
Kostelní
Pobřežní
Sokolovská
Křižíkova
Pernerova
Husitská
Koněvova
Seifertova
Jeseniova
Prokopova
Kubelíkova
Vinohradská
Slezská
Korunní
Francouzská
Hradešínská
Ruská
Kodaňská
Moskevská
Bělehradská
Legerova
Sokolská
Anglická
Polská
Italská
Wilsonova
Opletalova
Jindřišská
Na příkopě
Revoluční
Truhlářská
Dlouhá
Šrobárova
28. pluku
Sboru
národní bezpečnosti
Bartoškova
Bohdalecká
Jana Masaryka
Rybalkova
Perucká
Apolinářská
Ke Karlovu
Ondříčkova
Bořivojova
Baranova
Orlická
Chodská
Cimburkova
Vozová
Karlínské nám.
Lyčkovo nám.
nám. Republiky
Vitkova
Thámova
Vlasimská
Žitomírská
Lublaňská
Štěpánská
Krakovská
Mezibranská
Vinohradská
Spálená
Vrchlického sady
U Rajské zahrady

Sehenswürdigkeiten von A bis Z

Hinweise

Vorschläge für die Gestaltung eines Kurzaufenthaltes in Prag findet man unter dem Stichwort 'Besichtigungsprogramm' bei den Praktischen Informationen von A bis Z im hinteren Teil des Reiseführers.
Übersichtsplan der inneren Stadt s. S. 44/45.

Adria-Gebäude

⟶ Haus des Stoffes

*Agneskloster (Anežský klášter) D 4

Lage
Praha 1,
Staré Město,
Anežská ulice 12

Buslinien
125, 207

Straßenbahnlinien
5, 14, 26

Öffnungszeiten
Di.–So.
10.00 – 18.00

Das ehemalige Agneskloster dient heute als Ausstellungsort für Sammlungen der Nationalgalerie und des Kunstgewerbemuseums (Grundriß s. S. 48).
Das Kloster gehört zu den historisch bedeutsamsten Bauwerken Prags und wurde zum nationalen Kulturdenkmal erklärt. Nach dem Vorbild der Ordensgründung der hl. Clara von Assisi wurde das Agneskloster 1234 für den Orden der Klarissinnen (Franziskanerinnen) von Prinzessin Agnes, einer Schwester König Wenzels I., gegründet. Agnes trat später in den Orden ein und wirkte seit 1235 als erste Äbtissin des Klosters.
Gleichzeitig entstand bis 1240 das Männerkloster der Minoriten, welches dem Frauenkloster angeschlossen wurde.
In der Folgezeit wurden im Stil der burgundischen Zisterziensergotik die Kirchen St. Barbara (1250–1280), St. Franziskus (um 1250) und das Franziskanerkloster errichtet. Die Salvatorkirche (1275–1280) gilt als bedeutendstes Beispiel der böhmischen Frühgotik. Jüngste Untersuchungen belegen, daß die Kirche wahrscheinlich als Grablege der Přemyslidendynastie diente (Kapitellplastiken der Přemyslidenherrscher). Aus dem 14. Jh. stammen das Presbyterium und die St.-Barbara-Kirche, die 1689 barock umgestaltet wurde. Bei archäologischen Forschungsarbeiten fand man im Presbyterium das Grab König Wenzels I., der Klostergründerin Agnes († 1282) und mehrere Přemyslidengrabmäler.
Nach der Aufhebung der Klöster unter Kaiser Josef II. (1782) verfielen die Gebäude. Umfangreiche Vorarbeiten ermöglichten bis 1980 die Rekonstruktion des Konvents. In einer weiteren Etappe wurden bis 1986 die anderen Kirchen und das ehemalige Minoritenkloster restauriert. Auch die neuen Räume dienen hier für Ausstellungen der Nationalgalerie.

Im Erdgeschoß befinden sich Ausstellungen des böhmischen Kunsthandwerks sowie tschechischer historischer Malerei des 19. Jahrhunderts.
Die Ausstellung des böhmischen Kunsthandwerks zeigt wunderschöne Exponate vom Empire über das Rokoko, den Opera-Stil bis hin zur Neorenaissance, Folklore und Jugendstil. Besondere Erwähnung verdienen die Werke der böhmischen Glasherstellung.
In Saal 16 (Erster Stock) wird tschechische Malerei des 19. Jh.s vorgestellt. Vor allem beachtenswert sind die Portraits Antonín Macheks (1775–1844), die Landschaften August Piepenhagens (1791–1868), die Stilleben Josef Navrátils (1798–1865) und das umfangreiche Werk des bedeutendsten Künstlers jener Epoche, die Gemälde von Josef Mánes (⟶ Berühmte Persönlichkeiten), u.a. "Luise Bělská" (1857) und "Die Näherin" (1857/1859).

◀ *Agneskloster – Kleinod der Frühgotik*

Ehemaliges Agneskloster
Bývalý Anežský klášter

Nationalgalerie Tschechische Malerei des 19. Jahrhunderts

Kunstgewerbemuseum Böhmisches Kunstgewerbe des 19. Jahrhunderts

ERSTER STOCK

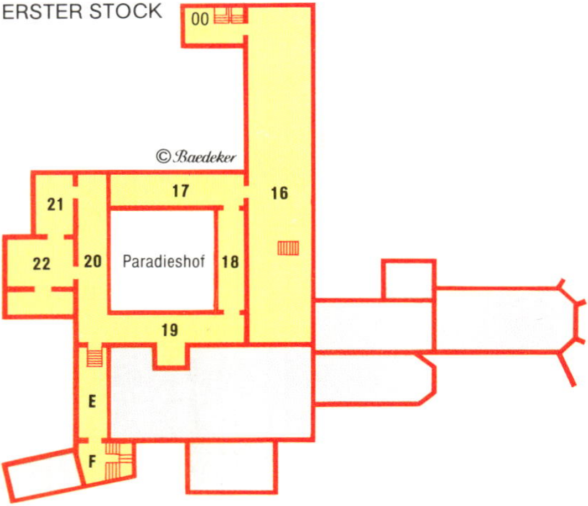

ERSTER STOCK

16 Tschechische Malerei des 19. Jahrhunderts (Klassizismus, Romantik, Realismus)

17–20 Generation des Nationaltheaters (Landschaften, Historienbilder

21, 22 Tschechische Malerei des ausgehenden 19. Jahrhunderts

E Verkauf von Publikationen

F Ausgang

00 Toiletten

ERDGESCHOSS

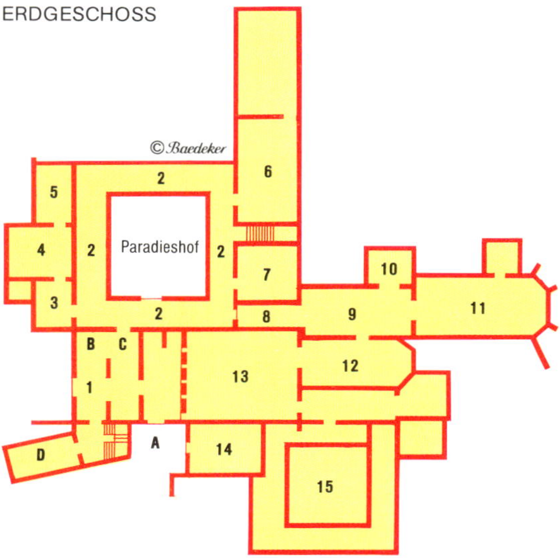

ERDGESCHOSS

A Eingang (Anežská)

B Kasse

C Garderobe

D Buffet

1 Vorhalle

2 Kunstgewerbe des 19. Jahrhunderts

3–5 Wechselnde Ausstellungen

6, 7 Kunstgewerbe des 19. Jahrhunderts

8–12 Tschechische Malerei des 19. Jahrhunderts

9 Salvatorkirche

10 Kapitelsaal

11 Maria-Magdalena-Kapelle

12 Presbyterium

13 Josef-Mánes-Halle (ehem. Schiff der St.-Franziskus-Kirche; jetzt Konzertsaal)

14 Konzertraum (ehem. St.-Barbara-Kirche)

15 Ausgrabungsfunde Přemyslidengräber (Kreuzgang des ehem. Minoritenkonvents)

Agneskloster (Fortsetzung)

Ansehen sollte man sich auch die "Generation des Nationaltheaters" (Säle 17–20) mit realistischen Landschaften von Antonín Chittussi (1847–1891) sowie Historiengemälden von Václav Brožík (1851–1901) und Mikoláš Aleš (1852–1913), der die dekorative "Sage vom Vaterland" für das Nationaltheater entwarf.
Die Säle 21–22 zeigen Werke von Künstlern des ausklingenden 19. Jahrhunderts: Genrebilder von Hanuš Schwaiger (1854–1912), beispielsweise der "Fischmarkt in Brügge" (1889), gefühlvolle Darstellungen von Maximilian Pirner (1854–1924), u.a. "Das Liebespaar" (1885), und die in ihrem Halbdunkel poetischen Stilleben Jakub Schikaneders (1855–1924), wie der "Herbst" aus dem Jahre 1884.

Alter Jüdischer Friedhof

→ Josefstadt

Altneusynagoge (Altneuschul)

→ Josefstadt

**Altstadt (Staré Město) D/E 4/5

Altstadtplan s. S. 50/51

Den Mittelpunkt der Prager Altstadt bildet der historisch bedeutsame → Altstädter Ring mit dem gewaltigen Jan-Hus-Denkmal für Böhmens größten Reformator. Bis Ende 1987 wurden der riesige Platz und seine alten Gebäude vollständig restauriert. Wunderschöne Häuserfassaden in leuchtenden Farben zieren Nord- und Südseite, die Ostflanke wird von der gotischen → Teynkirche, einst Hauptkirche der Prager Utraquisten, und dem spätbarocken → Palais Goltz-Kinsky beherrscht. Ein hervorragendes Beispiel für den Dientzenhoferbarock liefert am Nordwestende des Platzes → St. Niklas in der Altstadt. In der Südwestecke steht das → Altstädter Rathaus, vor dessen Turm sich zu jeder vollen Stunde eine Menschenmenge versammelt, um den Figurenzug der berühmten Astronomischen Uhr zu bewundern.
Die ebenfalls liebevoll restaurierte Fußgängerzone der → Zeltnergasse (Celetna) stellt in östlicher Richtung die Verbindung zum → Pulverturm her, dessen Vorgängerbau zu den 13 Toren der befestigten Prager Altstadt gehörte. Direkt daneben liegen das prunkvolle → Repräsentationshaus der Hauptstadt, im Sezessionsstil der Jahrhundertwende erbaut, und das stets überfüllte Kaufhaus Kotva. Gegenüber im → Hiberner-Haus werden interessante Wechselausstellungen gezeigt. Von hier führt die belebte Straße Na příkopě (→ Am Graben), an der sich die Hauptvertretung des Tschechoslowakischen Fremdenverkehrsbüros Čedok befindet, weiter zum → Wenzelsplatz.
Südlich des Altstädter Ringes laufen verwinkelte Gassen, die Franz Kafka in seinen Romanen so eindrücklich beschrieben hat, zur Karlsuniversität (→ Carolinum), Europas ältester Hochschule. Wenige Schritte entfernt, im → Tyl-Theater, wurde vor über 200 Jahren Mozarts "Don Giovanni" uraufgeführt. Die Fortsetzung des legendären 'Königsweges' vom Altstädter Ring hinauf zur Prager Burg ist ebenfalls Fußgängern vorbehalten. Er folgt zunächst der → Karlsgasse (Karlova) zum ehemaligen Jesuitenkolleg des → Clementinums und führt dann zum → Kreuzherrenplatz an der sechzehnbogigen → Karlsbrücke, der ältesten Moldaubrücke hinüber zur → Kleinseite.
Vom Nordende des Altstädter Rings verläuft die Jugendstilstraße Pařížská zur → Josefstadt, dem nach Joseph II. benannten, ehemaligen Prager

Plan der Altstadt

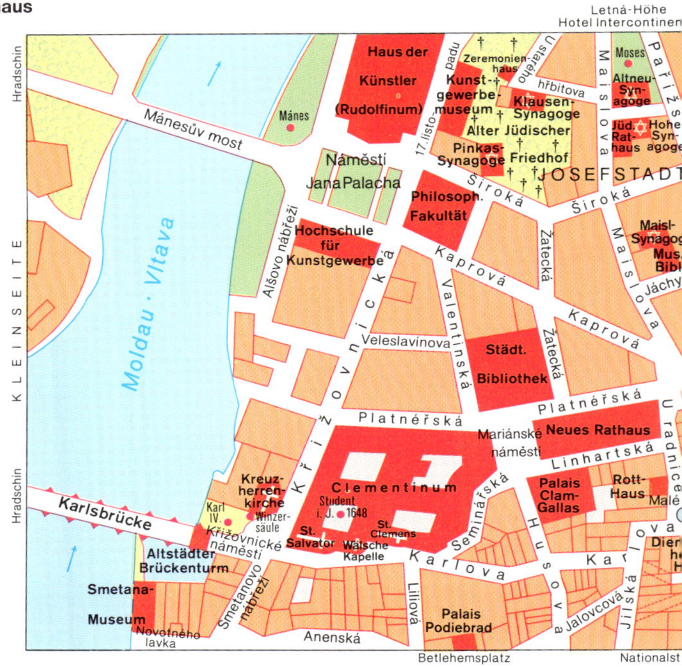

Altstadt (Fortsetzung)

Judenviertel, welches Ende des 19. Jh.s abgerissen wurde. Erhalten blieben nur das Rathaus, sechs Synagogen und der alte jüdische Friedhof, die heute als Staatliches Jüdisches Museum zugänglich sind.
Unweit westlich am Moldauufer befindet sich das repräsentative ⟶ Haus der Künstler (derzeit in Restaurierung).
Hier stellt die Mánesbrücke die Verbindung zur gegenüberliegenden ⟶ Kleinseite her, die sich zu Füßen der mächtigen Burganlage des ⟶ Hradschin erstreckt.

Altstädter Brückenturm

⟶ Karlsbrücke

**Altstädter Rathaus (Staroměstská radnice) E 4

Lage
Praha 1, Staré Město, Staroměstské náměstí

U-Bahn-Stationen
Staroměstská, Můstek

Das ehemalige Rathaus der Altstadt (Abb. s. S. 8) dient heute kulturellen und gesellschaftlichen Veranstaltungen (z.B. Hochzeiten), seinen Namen 'Altstädter Rathaus' hat es jedoch behalten. Die Geschichte dieses Rathauses – seine ältesten Teile gehen bis auf das 11. Jh. zurück – ist eine Geschichte einzelner Bürgerhäuser und fortwährender Bautätigkeit.
Im Jahre 1338 erteilte König Johann von Luxemburg den Altstädtern die Genehmigung zum Bau eines Rathauses als eigenes Verwaltungszentrum. Stammhaus wurde das Steinsche Eckgebäude, an das 1364 ein viereckiger Turm angebaut wurde. Die Erkerkapelle an der Nordostseite des

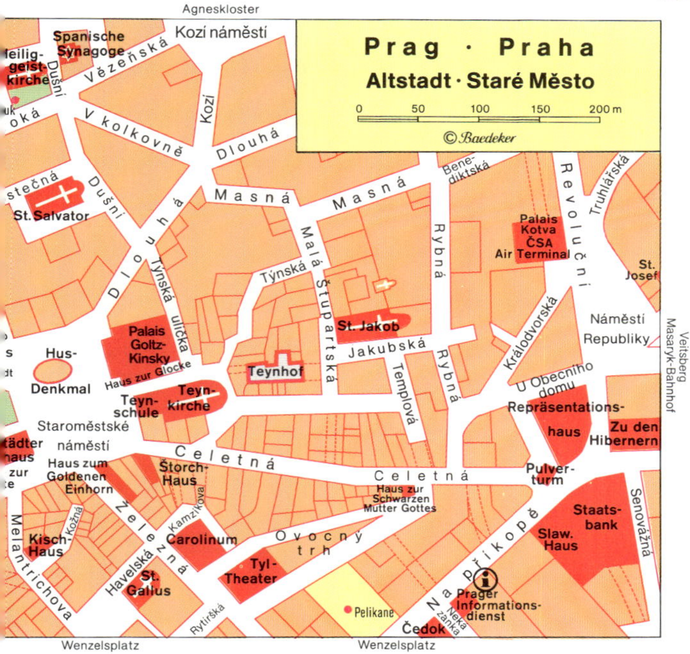

Öffnungszeiten
März – Mitte Okt.
tägl. 8.00–18.00
Mitte Okt. – Febr.
tägl. 8.00–17.00

Turmes wurde 1381 eingeweiht, 1945 erheblich beschädigt, aber wieder instandgesetzt. Die in das Mauerwerk eingelassene Kassette enthält Erde vom Dukla-Paß, wo Tschechen und Russen 1944 die deutschen Truppen zurückdrängten. Vor der Ostseite im Pflaster ist eine bronzene Gedenktafel für die 1621 hingerichteten Anführer des tschechisch-protestantischen Aufstandes eingelassen: zwei gekreuzte weiße Schwerter mit Dornenkranz, das Datum der Hinrichtung und 27 kleine Kreuze. Ferner erinnert hier eine Büste von K. Lidický an den hussitischen Prediger Jan Želivský, der 1422 hingerichtet wurde.

Anfang des 15. Jh.s entstand auf der Südseite des Turmes die Astronomische Uhr. Bis 1480 war das gotische Portal auf der Südfront als Haupteingang fertiggestellt.

Um 1360 wurde das Kříž-Haus hinzugekauft. Die Aufschrift "Praga Caput Regni" (= "Prag, Hauptstadt des Königreiches") über dem Renaissancefenster (s. Abb. S. 52) stammt aus dem Jahre 1520. Als drittes Gebäude kam 1458 das Mikeš-Haus dazu (1878 im Neorenaissancestil umgebaut).

Im 'Haus zum Hahn' ('U kohouta'), das ab 1830 in den Rathauskomplex einbezogen wurde, ist im Keller noch ein romanischer Saal erhalten. Beachtenswert sind auch die Renaissancedecken und Wandgemälde im ersten Stock.

Zum Stillstand kam die bauliche Weiterentwicklung erst Ende des 19. Jahrhunderts. Stark beschädigt wurde das Rathaus am vorletzten Tage des Zweiten Weltkrieges, als Reste der deutschen Wehrmacht den Turm unter Beschuß nahmen: Die neugotischen Erweiterungsbauten (Ost- und Nordflügel) und das Stadtarchiv wurden vernichtet. Heute erstreckt sich an dieser Stelle eine kleine Parkanlage.

Der Südflügel wurde in den Jahren 1978–1981 vollkommen restauriert. Der Ratssaal im zweiten Stock ist noch in seiner ursprünglichen gotischen

"Praga Caput Regni" (am Kříž-Haus)

Astronomische Uhr: Apostelumzug

Baugeschichte (Fortsetzung)

Gestalt (1470) erhalten. Im großen Sitzungssaal hängen zwei Gemälde des tschechischen Historienmalers Václav Brožik: "Jan Hus vor dem Konstanzer Konzil" und "Die Wahl Georgs von Poděbrady zum böhmischen König". Den Trauungssaal zieren Malereien von C. Bouda. Im Kreuzgang ist die Galerie der Stadt Prag untergebracht.

Vom 3. Stock kann man den 69 m hohen Rathausturm (Aufzug) besteigen, der 1984–1989 restauriert worden ist. Den Rundblick von der Aussichtsgalerie über die Prager Altstadt sollte man sich nicht entgehen lassen.

Haus zur Minute (U minuty)

Das südwestlich anschließende 'Haus zur Minute' ('U minuty') mit Figurensgraffiti biblischer sowie mythologischer Szenen entstand um 1600 und wurde in der Renaissancezeit umgebaut. Die an der Ecke angebrachte Löwenfigur geht auf das 18. Jh. zurück. In den Arkaden befindet sich ein Durchgang zum Kleinen Ring.

** Astronomische Uhr (Orloj)

"An dieser Uhr waren zu sehen des Himmels Lauf durch das ganze Jahr mit der Zahl der Monate, Tage und Stunden. Auf- und Niedergang der Sterne, der längste und der kürzeste Tag, die Aequinoctia, die Feste durchs ganze Jahr, die Länge der Nacht und des Tags, der Neu- und Vollmond neben den Vierteln, die drei unterschiedlichen Schlagstunden nach der ganzen und halben Uhr." So beschrieb 1650 der Maler, Kupferstecher und Kunstverleger Merian die Uhrenscheibe des Horologiums auf der Südseite des Altstädter Rathausturmes. Seit 500 Jahren hat sich fast nichts verändert. Die ursprüngliche Fassung der Uhr wird auf 1410 datiert. Im Jahre 1490 baute der Magister Hanuš von der Karlsuniversität die Uhr um. Es geht die Sage, daß die Ratsherren Hanuš blenden ließen, damit er für keine andere Stadt ein derartiges Kunstwerk bauen könne. Kurz vor seinem Tod stieg der Blinde auf den Turm und hielt das Uhrwerk an, bevor sich der Apostelumzug in Bewegung gesetzt hatte.

Die Uhr stand still, bis Jan Táborský – und hier endet die Sage – in den Jahren 1552–1572 den Mechanismus wiederherstellte und ausbaute.
Die Uhr besteht aus drei Teilen: Apostelumzug, Uhrenscheibe und Kalendarium. Hauptattraktion ist der zu jeder vollen Stunde stattfindende Apostelumzug: Der Knochenmann Tod reißt mit einem Arm am Seil der Sterbeglocke, mit dem anderen hebt er die Sanduhr hoch. Die Fenster öffnen sich, Christus und die zwölf Apostel ziehen vorbei. Sind die Fenster wieder geschlossen, flattert und kräht in der Nische ein Hahn, und die volle Stunde wird geschlagen. Dieses allegorische Spiel ergänzen ein kopfschüttelnder Türke neben der Uhr, ein Geiziger, der auf seinen Säckel starrt, und ein Eitler, der sich im Spiegel betrachtet.
Die Szenen für das Kalendarium schuf der Historienmaler Josef Mánes. Die Originale hängen im Treppenaufgang zum → Museum der Hauptstadt Prag.

Altstädter Rathaus, Astronomische Uhr (Fortsetzung)

**Altstädter Ring (Staroměstské náměstí) E 4

Der Altstädter Ring ist neben dem → Hradschin die historisch bedeutendste Stelle Prags. Der 9000 m² große Platz, in dessen Mitte heute das monumentale Denkmal für den großen Reformer Jan Hus steht (Abbildung s. S. 54), war im 11. und 12. Jh. Markt der Altstadt und eine Station auf dem traditionellen Krönungsweg der böhmischen Könige vom → Vyšehrad zum → Hradschin. Im Verlauf der Jahrhunderte erlebte der Platz aber nicht nur ruhmvolle, sondern auch sehr tragische Augenblicke.

Lage
Praha 1,
Staré Město
(Fußgängerzone)

U-Bahn-Stationen
Staroměstská,
Můstek

1422: Der radikale hussitische Prediger Jan Želivský, der mit seinen Anhängern aus den Armenvierteln 1419 das Neustädter Rathaus gestürmt und mit dem Ersten Prager Fenstersturz das Signal für die Hussitenkriege gegeben hatte, wird hingerichtet (Gedenktafel und Büste an der Rathaus-Ostseite).
1437: Der hussitische Offizier Jan Roháč von Dubá und 56 weitere Hussiten werden hingerichtet.
1458: Georg von Poděbrady wird im Rathaus zum König von Böhmen gewählt (Gemälde von V. Brožik im Rathaus). Seine Herrschaft bildete den Höhepunkt böhmischer Unabhängigkeit während des 15. Jahrhunderts.
1621: "Altstädter Exekution 27 böhmischer Vertreter des Aufstandes gegen die Habsburger": Ferdinand II. läßt die Anführer der protestantischen Adelsrevolte hinrichten (Gedenktafel an der Rathaus-Ostseite).
1915: 500. Todestag von Jan Hus: In der Mitte des Platzes wird ein von Ladislav Šaloun geschaffenes Jan-Hus-Denkmal enthüllt. Aufschrift: "Die Wahrheit wird siegen".
1918: Ende der Monarchie: Die Prager demonstrieren auf dem Altstädter Ring für eine eigenständige Tschechoslowakei.
1945: Ende des Zweiten Weltkrieges: Die Menge empfängt die siegreiche Rote Armee der Sowjets mit frenetischem Jubel.
1948: Klement Gottwald hält eine Rede auf dem Balkon des → Palais Goltz-Kinsky, die den kommunistischen Putsch ankündigt.
1968: Ende des 'Prager Frühlings': Die Menge empfängt die Panzer des Warschauer Pakts mit Molotowcocktails, das Jan-Hus-Denkmal wird mit Trauerfloren umhüllt.
In den Kellern der Gebäude am Altstädter Ring (→ Altstädter Rathaus, → Palais Goltz-Kinsky) und in mehr als 50 weiteren Bauwerken der Altstadt finden sich Reste romanischer Häuser. Als während des 11. und 12. Jh.s die Moldau-Überschwemmungen starke Verwüstungen anrichteten, schütteten die Siedler das Altstadtgebiet auf; die neuen Häuser wurden über den alten errichet.
1988: Tausende protestieren am 20. Jahrestag des 'Prager Frühlings' auf einem gewaltigen Demonstrationszug durch die Altstadt gegen die Okkupation durch Truppen des Warschauer Paktes und die Niederwerfung der Reformbewegung, für Freiheit und Bürgerrechte.

Jan-Hus-Denkmal auf dem Altstädter Ring

Bebauung

Ende 1987 wurde die großangelegte Restaurierung des Altstädter Ringes und seiner prachtvollen Gebäude beendet, zu denen das ⟶ Altstädter Rathaus, die ⟶ Teynkirche (noch im Umbau) und die ⟶ Teynschule, das ⟶ Palais Goltz-Kinsky und ⟶ St. Niklas in der Altstadt gehören.
Rund um den Platz zeigen die wieder hergestellten Fassaden nun vornehmlich Pastelltöne. Das bis 1987 in seiner gotischen Form rekonstruierte Turmhaus 'Zur steinernen Glocke' ('U kamenného zvonu'; Nr. 13), neben dem Palais Goltz-Kinsky, wurde Mitte des 14. Jh.s wahrscheinlich durch die Gemahlin Johanns von Luxemburg zu einem städtischen Palais umgestaltet; im 17. und 18. Jh. erfolgte der Barockumbau. Drei der ursprünglichen Statuen, die der Monarchie und ihren Trägern huldigten, sind erhalten geblieben bzw. nachgebildet worden.
Am Ende der prachtvollen Barockhäuser an der Südseite des Platzes steht das Štorch-Haus (Nr. 16) im Stil der Neorenaissance. Ursprünglich befand sich dort ein Gebäude aus gotischer Zeit (14./15. Jh.), welches 1897 durch den heutigen Bau nach Entwürfen von B. Ohmanns ersetzt wurde. Das Fassadengemälde des hl. Wenzel zu Pferde stammt von M. Aleš. Das 'Haus zum goldenen Einhorn' ('U zlatého jednorožce'; Nr. 20) wuchs im 14. Jh. über seinen romanischen Kern hinaus und wurde 1496 spätgotisch umgestaltet; dem 18. Jh. entstammt die spätbarocke Fassade. Eine Gedenktafel am Hause erinnert an den berühmten Komponisten Bedřich Smetana, der hier seine erste Musikschule gründete. Im frühbarocken 'Haus Zum Blauen Stern' ('U modré hvězdy'; Nr. 25) ist die Weinstube 'U Bindrů' untergebracht, deren Tradition bis ins 16. Jh. zurückreicht. Das benachbarte Haus 'Na Kamenci' geht ebenfalls auf einen romanischen Bau mit gotischen Erweiterungen zurück; sein spätgotisches Portal stammt aus dem 16. Jh., die Frühbarockfassade aus dem 17. Jahrhundert.

Eine Messingplatte mit lateinischer und tschechischer Aufschrift kennzeichnet auf dem Altstädter Ring den Verlauf des einst für die Zeitrechnung in Prag verwendeten Meridians (Mittagslinie; Abb. s. S. 221).

Štorch-Haus

Barocker Fassadenschmuck

Am Graben (Na příkopě) E 4/5

Die Straße 'Na příkopě' (= 'Am Graben') gilt als die belebteste der Stadt. Sie verbindet das untere Ende vom ⟶ Wenzelsplatz mit dem Platz der Republik (Náměstí Republiky). Am Graben, Wenzelsplatz und Národní třída mit ihren Nebenstraßen und -gassen bilden das 'Goldenes Kreuz' genannte Prager Geschäftszentrum mit Verwaltungs-, Bank- und Bürogebäuden, Passagen, Läden, Hotels, Restaurants und Kaffeehäusern. In der Fluchtlinie des heutigen Fußgängerbereiches 'Am Graben' (ursprünglich ein Bachtal) verlief einst der bereits 1760 zugeschüttete Stadtgraben zwischen den Befestigungen von Altstadt und Neustadt.

Lage
Praha 1,
Staré Město
(Fußgängerzone)

U-Bahn-Stationen
Můstek,
Namesti Republiky

Vom Wenzelsplatz gesehen erstreckt sich linker Hand die Altstadt, rechts die Neustadt. An der Ecke Na příkopě / Na můstku liegt das markante, 1983 eingeweihte Verwaltungsgebäude der Maschinenfabrik 'ČKD Praha'. Den Giebel des modernen Stahlbaus krönt eine große Uhr des Vorgängerbaues. Auch mehrere öffentliche Gastronomiebetriebe sind hier untergebracht, u.a. im 5. Stock ein Kaffeehaus, von dem sich ein schöner Blick über die Altstadt bietet.

ČKD Praha

Schräg gegenüber steht das älteste Prager Kaufhaus (Nr. 4), das heutige Textilgeschäft 'Dům elegance'. Erbaut wurde das Gebäude, dessen Steinfassade im Stil der italienischen Spätrenaissance gehalten ist, Ende des 19. Jh.s nach Plänen des Wiener Architekten T. Hansen.

Textilhaus
Dům elegance

Nur wenige Schritte entfernt (Nr. 10) liegt das Palais Sylva-Tarouccca. In diesem Kleinod des böhmischen Spätbarock sind heute Gesellschaftsräume und eine Gaststätte (im Sommer mit Gartenrestaurant) untergebracht. Anselmo Lurago baute den Barockpalast 1743–1751 (nach Plänen von K.I. Dientzenhofer) für Fürst Ottavio Piccolomini. In Anlehnung an

Palais
Sylva-Taroucca

Palais Sylva-Taroucca (Fortsetzung)

den französischen Klassizismus entstanden zwei Höfe, ein Garten mit Reitschule und eine Säulendurchfahrt. Das Dekor der architektonisch reich gegliederten Fassade mit mythologischen Plastiken und prachtvollen Vasen sowie der Schmuck des Rokokotreppenaufgangs stammen von Ignaz Platzer d. Ä., das Stuckwerk im Inneren von Carlo Bassi. Die Fresken am Treppengewölbe (Wagen des Helios und Allegorien der vier Jahreszeiten) schuf V. B. Ambrozzi.

Haus zur Schwarzen Rose (U černé růže)

Das benachbarte neuromantische Haus zur Schwarzen Rose (U černé růže) gehörte früher der Prager Universität. Hier trafen sich seit 1411 deutsche Anhänger des großen Reformators Johannes (Jan) Hus. Schüler dieser Schwarzen Rose (u. a. J. Draendorf und P. Turnow) trugen wesentlich zur Verbreitung des Hussitentums in Deutschland bei.

Kaufhaus für Kinder (Dětský dům)

Den Entwurf für das konstruktivistische Kinderkaufhaus (Dětský dům; Am Graben Nr. 15) lieferte Ende der dreißiger Jahre L. Kysela; 1950 wurde das Gebäude umgestaltet.

Heiligkreuzkirche (Kostel svatého Kříže)

Die einzige Empirekirche Prags, die Heiligkreuzkirche, wurde 1816–1824 von J. Fischer für den Piaristen-Lehrorden erbaut. Die ehemaligen Schulgebäude des Piaristenkonvents befinden sich an der Panská ulice.

Reisebüro Čedok

In dem im Jahre 1912 vollendeten Gebäude der früheren Zemská banka (Am Graben Nr. 18) ist heute die Hauptvertretung des Tschechoslowakischen Reisebüros Čedok untergebracht.

Prager Informationsdienst

Das Haus Am Graben Nr. 20, im Stil der böhmischen Renaissance gehalten, schmücken allegorische Mosaike nach Entwürfen von M. Aleš und Reliefs aus den Werkstätten von C. Klouček und S. Sucharda. Hier liefert der Prager Informations- und Dokumentationsdienst (Pražská informační služba) Auskünfte über die Landeshauptstadt.

Na příkopě im Goldenen Kreuz

Čedok-Hauptvertretung

Das 1695–1700 von Graf Jean B. Vernier de Rougemont erbaute Barockpalais Příchovských, als 'Deutsches Haus' von 1875 bis 1945 Treffpunkt der Prager Deutschen, wurde nach dem Zweiten Weltkrieg in 'Slawisches Haus' ('Slovanský dům') umbenannt, das heute für kulturelle Veranstaltungen genutzt wird. Sein klassizistisches Aussehen verdankt das Gebäude einer Umgestaltung gegen Ende des 19. Jh.s durch die Familie Tuskany.

Am Graben (Fortsetzung), Slawisches Haus (Slovanský dům)

Das Haus Am Graben Nr. 24 ist der 1938 errichtete Palast der Tschechoslowakischen Staatsbank. An seiner Stelle befanden sich einst die berühmten Hotels Zum Blauen Stern und Zum Schwarzen Roß, wo im 19. Jh. Europas Prominenz logierte (u. a. F. Liszt und F. Chopin). Im Hotel Zum Blauen Stern wurde 1866 der Prager Frieden zwischen Österreich und Preußen unterzeichnet.

Palast der Staatsbank

Die Gaststätte 'Moskva' (= 'Moskau') mit empfehlenswerter russischer Küche findet man ebenso wie die Weinstube 'Arbat' im Haus Moskva (Nr. 29), welches 1960 nach Plänen von E. Linharts umgestaltet wurde.

Haus Moskva

Baumgarten (Stromovka) — B 3 – 5

Nördlich von der Letná-Höhe (⟶ Letná-Anlagen) erstreckt sich bis zur Moldau der Baumgarten (Stromovka), ein prächtiger Park, mit einem ursprünglich aus dem 15. Jh. stammenden, 1804 in neugotischem Stil umgebauten Jagdschloß (jetzt Zeitungs- und Zeitschriftenabteilung des ⟶ Nationalmuseums) an seiner Südwestseite.

Lage
Praha 7, Holešovice, U sjezdového paláce

Ausstellungsgelände (Výstaviště)

An der Südostseite des Parkes wurde für die Jubiläumsausstellung 1891 und die Ethnographische Ausstellung 1895 nach Plänen von A. Wiehls Ende des 19. Jh.s ein Ausstellungsgelände angelegt; seit 1918 fanden hier die Prager Mustermessen statt. Anfang der fünfziger Jahre des 20. Jh.s wurde das Gelände zu einem Erholungspark ausgestaltet.

Straßenbahnlinien
5, 12, 17

Öffnungszeiten
Di.–Sa.

Den Parkeingang flankieren zwölf Springbrunnen, deren Tiergruppenmotive aus der Werkstatt von J. Kavans stammen. Sehr eindrucksvoll wirkt die Eisenkonstruktion des um die Jahrhundertwende von B. Münzenberger und J. Fantas entworfenen Kongreßpalastes (Sjezdový palác). Bauliche Veränderungen führte P. Smetana in den Jahren 1952–1955 durch. Bis zur Eröffnung des ⟶ Kulturpalastes fand hier der Großteil wichtiger Kongresse und Tagungen statt.

Kongreßpalast

Ebenfalls von der letzten Jahrhundertwende stammt der Pavillon der Hauptstadt Prag, dessen Fassade historische Persönlichkeiten der böhmischen Geschichte von G. Zoula sowie allegorische Plastiken von F. Hergesell zeigt. Heute birgt der Pavillon das Lapidarium des ⟶ Nationalmuseums mit sehenswerten Sammlungen aus Architektur und Bildhauerei vom 11. bis zum 19. Jahrhundert.

Lapidarium

Der kreisförmige 'Pavillon mit dem Panorama der Schlacht bei Lipany' wurde 1908 von J. Koulas entworfen. Im Inneren stellt ein Gemälde von L. Marolds (1898) die Hussitenschlacht vom 30. Mai 1434 dar.

Lipany-Pavillon

Das Planetarium wurde 1960–1962 nach einem Entwurf von J. Fragner auf kreisrundem Grundriß erbaut. In der Kuppel des Hauptsaales befindet sich eine Projektionsfläche, auf welcher der nächtliche Sternenhimmel erscheint. Hier finden auch regelmäßig Vorträge und Ausstellungen zu verschiedenen Themen aus der Astronomie sowie literarische und musikalische Veranstaltungen statt.

Planetarium

Kongreßpalast im Ausstellungsgelände

Baumgarten, Ausstellungsgelände (Fortsetzung), Sporthalle

Um dieselbe Zeit wie das Planetarium entstand aus dem ehemaligen Maschinenbau-Ausstellungspavillon (1907) die Sporthalle, die 18500 Zuschauern Platz bietet. Hier werden neben sportlichen Wettkämpfen auch Konzerte veranstaltet.
Das große Schwimmstadion wurde 1976 fertiggestellt.

Ausstellungspavillon

Der von F. Cubr, J. Hrubý und Z.H. Pokorný gestaltete Ausstellungspavillon gewann auf der Weltausstellung 'Expo 58', die 1958 in Brüssel stattfand, den ersten goldenen Stern und zwei Architekturpreise.

Weitere Einrichtungen des Erholungsparkes sind die Große und Kleine Szene, ein Freilichttheater und ein Panoramakino.

Schloß Belvedere (Královský letohrádek) D 3

Lage
Praha 1,
Hradčany

U-Bahn-Stationen
Malostranská,
Hradčanská

Straßenbahnlinie
22

Ferdinand I. ließ das Lusthaus gleichzeitig mit dem Königsgarten für seine Gemahlin Anna erbauen (1538–1563).
Den Entwurf für den Arkadenbau im Stil der italienischen Renaissance mit fein geschwungenem Längsdach lieferte Paolo delle Stelle. Das Obergeschoß wurde 1564 von dem Architekten Bonifaz Wohlmut vollendet.
Die Säulenhalle des Erdgeschosses zieren ein Rankenfries und Reliefs mit Szenen aus der griechischen Mythologie, ferner ein Bildnis Ferdinands I., der seiner Frau eine Blüte überreicht. Die Götterskulpturen vor dem Eingang stammen von Matthias Braun (um 1730).
Der große Saal ist mit Fresken des Historienmalers Christian Ruben († 1875) geschmückt. Vom Altan bietet sich eine prächtige Aussicht auf den Hradschin und die Stadt.
Westlich vom Schloß Belvedere steht der Singende Brunnen. Er wurde 1564 von Tomáš Jaroš in Bronze gegossen.

Südlich vom Schloß Belvedere breiten sich die Chotek-Anlagen (Chotkovy sady) aus. Die Schloßanlage ist derzeit wegen Restaurierungsarbeiten geschlossen.

Schloß Belvedere (Fortsetzung)

Benátky nad Jizerou (Benatek an der Iser)

Ausflugsziel

Über die N 10 (E 14) erreicht man die nordöstlich von Prag an der Jizera (Iser) gelegene Stadt Benátky (Benatek), die 1349 gegründet wurde.
Das dortige prachtvolle Barockschloß besitzt schöne Renaissance-Sgraffiti und einen sehenswerten Röhrenbrunnen im Hofe der Anlage. Das Schloßmuseum bietet interessante Ausstellungen über die Musikerfamilie Benda, den Komponisten Bedřich Smetana und den dänischen Astronomen Tycho Brahe (⟶ Berühmte Persönlichkeiten).

Lage
40 km nordöstlich von Prag

Öffnungszeiten
April–Sept.
Di.–So.
8.00–15.30

Bertramka

⟶ Villa Bertramka mit Mozart-Museum

Bethlehemskapelle (Betlémská kaple)

E 4

Die schlichte Bethlehemskapelle wurde 1950–1954 anhand alter Drucke, Beschreibungen und Veduten orginalgetreu nach Entwürfen des Architekten Jaroslav Fragner wiederaufgebaut. Der Sakralbau, 1962 zum Nationalen Kulturdenkmal erklärt, gehört zu den bedeutendsten religiösen Denkmälern der tschechischen Geschichte.

Lage
Praha 1,
Staré Město,
Betlémské náměstí

In der Bethlehemskapelle predigte der Reformator Jan Hus

Bethlehemskapelle (Fortsetzung)

U-Bahn-Stationen
Staroměstská, Můstek

Straßenbahnlinien
6, 9, 17, 18, 22

Öffnungszeiten
Apr.–Sept. tägl. 9.00–18.00
Okt. 9.00–17.00

Im Jahre 1391 wollten Prager Bürger eine Kirche gründen, in der die Messe auf tschechisch gelesen werden sollte. Die katholische Obrigkeit gestattete jedoch nur den Bau einer gotischen Kapelle – diese Kapelle allerdings faßte 3000 Menschen, und nicht der Altar war das Zentrum, sondern die Kanzel. Von 1402 bis 1413 predigte hier der tschechische Reformator Jan Hus, für den ein Gedenkhaus (Predigerhaus, s. unten) neben der Kapelle eingerichtet wurde. Auch nach dem Tode Hus' blieb die Kapelle geistiger Mittelpunkt der Hussitenbewegung. Im Jahre 1521 setzte sich der deutsche Bauernführer Thomas Müntzer von der Kanzel für einen auf Gleichheit und Gütergemeinschaft beruhenden Gottesstaat ein und gab sein Prager Manifest heraus. Zwischen 1609 und 1620 gehörte die Kapelle der Gemeinde der Böhmischen Brüder. Hier wirkte u.a. Senior Jan Cyrillus, der spätere Schwiegervater des großen Volkserziehers Jan Amos Comenius. Nachdem Ferdinand II. 1620 in der Schlacht am Weißen Berg den 'Winterkönig' Friedrich V. von der Pfalz besiegt hatte und ab 1627 nur noch der katholische Glaube erlaubt war, kauften die Jesuiten die Kapelle. Im Jahre 1773 wurde der Orden aufgelöst und die Kapelle 1786 bis auf die Grundmauern abgerissen.

Inneres der Bethlehemskapelle

An den Kirchenwänden im Inneren sind Fragmente von Traktaten der Magister Jan Hus und Jakoubek ze Stříbra zu sehen. Nach Miniaturen des Jenaer Codex, der Richenthalschen Chronik und der Velislav-Bibel wurden die Wände von Schülern der Akademie der bildenden Künste mit Wandgemälden ausgestattet. Neueren Datums sind auch die rekonstruierte hölzerne Kanzel, der Chor und das Oratorium.

Predigerhaus

Im Predigerhaus von Jan Hus sind Dokumente über Leben und Werk des Reformators sowie über die Baugeschichte der Kapelle ausgestellt.

Bílá Hora

→ Weißer Berg mit Schloß Stern

Botanischer Garten (Botanická zahrada) G 4

Lage
Prahe 1, Nové Město, Ulice Na slupi

Der Botanische Garten hat eine 600jährige Tradition und bietet eine entsprechende Vielfalt einheimischer und exotischer Pflanzen.
Der florentinische Apotheker Angelo legte ihn unter der Herrschaft Karls IV. an. Der 1775 in Smíchov gegründete Universitätsgarten wurde im Jahre 1897 hierher verlegt.

Kloster Břevnov (Bývalý benediktinský klášter Břevnov) **Ausflugsziel im Stadtgebiet**

Lage
Praha 6, Břevnov, Markétská ulice

Buslinien
108, 174, 180

Straßenbahnlinien
8, 22, 23

Fährt man von der Stadtmitte in Richtung Karlovy Vary (Karlsbad; Straße Nr. 6), so erreicht man nach rund 5 km den Stadtteil Břevnov, in dem sich das gleichnamige ehem. Benediktinerkloster befindet, welches 993 von Fürst Boreslav II. und dem hl. Adalbert (später Bischof von Prag) gegründet wurde und das älteste böhmische Mönchskloster ist.
Von der ursprünglichen romanischen Klosterkirche, die im 11. Jh. erbaut wurde, blieb nur die Krypta im Chor erhalten. Der heutige Barockkomplex entstand erst Anfang des 18. Jahrhunderts.

Klosterhof
Man betritt den Klosterhof durch ein schönes Portal (1740), das Kilian Ignaz Dientzenhofer schuf. Es ist mit einer Statue des hl. Benedikt (von K.J. Hiernle) geschmückt.

Kloster Břevnov (Fortsetzung)

Klosterbauten
Die barocken Klosterbauten wurden 1708 von Paul Ignaz Bayer begonnen und bis etwa 1715 von Christoph Dientzenhofer vollendet. Im Inneren, heute Prager Zentralarchiv, ist der Prälatensaal beachtenswert, dessen Deckenfresko (Pfauenwunder des hl. Günther, 1727) von Cosmas Damian Asam stammt; die Stukkaturen entwarf B. Spinetti. Schöne Malereien von A. Tuvora findet man im Empfangssaal und im Chinesischen Salon.

Margaretenkirche
Mittelpunkt der Klosteranlage ist die Margaretenkirche (Kostel svaté Markéty). Sie wurde ebenfalls von Christoph Dientzenhofer (bis ca. 1720) erbaut. Ihre Deckenfresken schuf Johann Jakob Steinfels, ihre Altarbilder Peter Brandl. Die Hl. Margarete auf dem Hauptaltar ist eine Arbeit von Matthias Wenzel Jäckel. Vor der Kirche erinnert ein Johannes-von-Nepomuk-Standbild (von K. J. Hiernle) an den böhmischen Landespatron.

Burg ...

⟶ Hauptname

Carolinum (Karolinum) E 4

Lage
Praha 1,
Staré Město,
Železná 9
(Fußgängerzone)

Am 7. April 1348 gründete Karl IV. das nach ihm benannte Carolinum – die erste Universität Mitteleuropas. Als Kernstück des Kollegiums stiftete Wenzel IV. 1383 das Rothlevsche Haus (1370) mit dem heute noch erhaltenen gotischen Prunkerker. Die Architektur der anderen Gebäude der Karlsuniversität reicht von der Gotik bis zum 20. Jahrhundert.

Gotischer Prunkerker am Carolinum

Carolinum (Fortsetzung)

U-Bahn-Station
Můstek

Bereits 1409 schien die Geschichte des Karlskollegiums als universale Universität – Angehörige des Lehrkörpers und Studierende kamen aus ganz Europa – zu Ende zu sein:
König Wenzel beschnitt auf Betreiben von Magister Jan Hus die Rechte der Deutschen. Rund 2000 Studenten und viele Professoren wanderten aus. Von nun an wirkte der Reformator Hus als Rektor (Bronzestatue von K. Lidický im Ehrenhof), bis sich 1412 die katholische Fakultät gegen ihn aussprach und er nach Südböhmen fliehen mußte. Nach der Zerschlagung der böhmischen Adelsrevolte übernahmen die Jesuiten die Leitung der Universität.

Von dem ursprünglichen Gebäude sind außer dem Erker noch der Bodengang und einige erst in jüngerer Zeit freigelegte gotische Elemente erhalten. Die Barockisierung der Anlage wurde 1718 von František Maximilian Kaňka durchgeführt.

Aula

Das Herz des Carolinumgebäudes, heute ältestes seiner Art auf dem europäischen Kontinent, bildet die durch zwei Stockwerke gehende große Aula (Besichtigung nicht möglich) aus dem 17. Jh., die 1946–1950 durch Jaroslav Fragner erweitert wurde.

Böhmisch Sternberg

→ Český Šternberk

Český Šternberk (Böhmisch Sternberg)

Ausflugsziel

Lage
45 km südöstlich von Prag

Öffnungszeiten
April–Okt.
Sa., So.
9.00–16.00
Mai–Aug.
Di.–So.
8.00–17.00
Sept. Di.–So.
9.00–17.00

Die mächtige Burg von Český Šternberk (Böhmisch Sternberg) gehört zu den besterhaltenen Festungsanlagen in der Tschechoslowakei. Durch die Lagegunst am Rande ausgedehnter Waldungen auf einem schmalen Felsvorsprung über der Sázava (Sazau) blieb die Burg lange uneinnehmbar.
Als privater Herrschaftssitz wurde sie während der Regierungszeit von König Wenzel I. um 1240 von Zdeslav von Divišov und Šternberk erbaut und verblieb mit Ausnahme eines kurzen Intervalls im 18. und 19. Jh. bis zur Mitte des 20. Jh.s im Besitz der Adelsfamilie. Ihr entstammte u. a. der Naturwissenschaftler Kašpar Maria Šternberk, der 1818 das Nationalmuseum in Prag mitbegründete.
Unter der Regierung von König Georg wurde die Anlage erobert und stark beschädigt, 1479 dann im spätgotischen Stil erneuert und durch wuchtige Bastionen ergänzt. Nach dem Dreißigjährigen Kriege erfolgte der Umbau nach architektonischen Leitlinien des Frühbarocks, auf den auch die bis heute erhaltenen Interieurs zurückgehen. Aus dieser Epoche stammen die Ausstattungen des Großen Saales, reich verzierte Barockkamine und die dekorativen Stuckreliefs. Im Sommer ist die Burg Treffpunkt von Freunden alter Musik. Der gleichnamige Ort unterhalb der Festung ist eine beliebte Sommerfrische.

Celetná ulice

→ Zeltnergasse

Chrám svatého Víta

→ Hradschin, St.-Veits-Dom

Christi Geburt (Kirche)

⟶ Loreto

Clementinum (Klementinum) E 4

Das ehemalige Jesuitenkolleg ist heute Sitz der Staatlichen Bibliothek der Tschechoslowakei mit über 5 Mio. Bänden, 6000 Handschriften (darunter der Codex Vyšehradiensis) und mehr als 4000 Inkunabeln.
Nachdem Ferdinand I. 1526 über seine Frau zum Herrscher von Böhmen und Ungarn geworden war, versuchte er seine Erblande ohne allzu rigorose Maßnahmen zu rekatholisieren; 1556 rief er die Jesuiten nach Prag. Sie übernahmen das Kloster und die Kirche ⟶ St. Clemens der seit 1232 ansässigen Dominikaner. Ein ganzes Altstadtviertel von über 30 Bürgerhäusern, drei Kirchen und mehreren Gärten wurden niedergerissen und ab 1578 unter der Leitung von Francesco Caratti und später von František Maximilian Kaňka durch die Bauten des Clementinums ersetzt, das neben dem ⟶ Hradschin den größten Gebäudekomplex Prags darstellt. Im Jahre 1622 wurde die Karlsuniversität (⟶ Carolinum) angeschlossen.
Der Bereich des Clementinums umfaßt fünf durch Zwischentrakte getrennte Innenhöfe, die Kirchen St. Clemens und St. Salvator (⟶ Kreuzherrenplatz), die der italienischen Gemeinde gehörende Wälsche Kapelle und eine Sternwarte (1751).
Die Hauptfassade des Kollegiengebäudes gegenüber der Franziskuskirche wurde Mitte des 17. Jh.s errichtet. Sie schmücken reich gegliederte Stukkaturen in Form von Muscheln, Lorbeer, Teufelsfratzen und Büsten römischer Kaiser.
Sehenswerte Innenräume sind der Bibliothekssaal ('Barocksaal') der Jesuiten in der ersten Etage, der nach Entwürfen von F. M. Kaňka gebaut wurde und mit Deckenfresken von Johann Hiebl ausgestattet ist, auf denen die Musen und biblische Themen dargestellt sind (derzeit nicht zu besichtigen). Sehenswert ist ferner der Mozartsaal mit Rokokomalereien und Bücherschränken aus derselben Epoche. Die ehemalige Spiegelkapelle wurde ebenfalls 1724 von F. M. Kaňka eingerichtet und mit einem Deckengemälde (Marienbilder) von J. Heibl ausgeschmückt. Heute finden hier Kammerkonzerte und Ausstellungen statt. Interessant ist auch der Mathematische Saal mit seiner Globen- und Tischuhrensammlung.
Im Südwesthof erinnert die Statue "Prager Student" an den Einsatz der Studenten, als am Ende des Dreißigjährigen Krieges (1648) die Karlsbrücke gegen die anstürmenden Schweden verteidigt wurde.

Lage
Praha 1,
Staré Město,
Náměstí primátora dr. V. Vacka

U-Bahn-Station
Staroměstská

Straßenbahnlinien
17, 18

Emmauskloster · Kloster bei den Slawen (Emauzy · Klášter na Slovanech) G 4

Im ehemaligen Emmauskloster (die Benediktinerabtei wurde 1949 aufgehoben) sind heute Institute der Tschechoslowakischen Akademie der Wissenschaften untergebracht.
Karl IV. gründete das Kloster 1347 (mit Genehmigung des Papstes) für die Benediktiner des slawischen Ritus. Durch die altslawisch gelesene Messe suchte die Kirche Zugriff auf den wenig erschlossenen Osten zu gewinnen. Das Kloster war im 14. Jh. ein bedeutendes Kultur- und Bildungszentrum; bis 1546 wurde hier der glagolitische Teil des sog. Reimser Evangelienbuches aufbewahrt, auf das die Könige Frankreichs bei der Krönung ihren Eid leisteten. Im Jahre 1945 brannte das Gebäude bei einem US-amerikanischen Luftangriff aus. Erst 1967 konnte die Wiederherstellung der gotischen Klosterkirche beendet werden, als sie anstelle der ursprünglichen Türme ihre zwei modernen, sich durchdringenden Betontürme erhielt, die wie ein Flügelpaar gen Himmel streben.

Lage
Praha 1,
Nové Město,
Vyšehradská

U-Bahn-Station
Karlovo náměstí

Straßenbahnlinien
3, 4, 7, 14, 16, 17, 18, 21, 24

Ehemaliges Emmauskloster

Emmauskloster (Fortsetzung), Fresken

Die Fresken des mehrfach restaurierten gotischen Kreuzganges zählen zu den Hauptdenkmälern der alten Prager Malerschule: In Art der spätmittelalterlichen Armenbibeln sind wichtige Heilstatsachen des Neuen und Ereignisse aus dem Alten Testament auf 26 Wandtafeln dargestellt (datiert: ca. 1360).

Marienkirche

Die Marienkirche des ehem. Emmausklosters dient heute v. a. als Konzertsaal. In den Jahren 1348–1372 wurde sie im gotischen Stil erbaut. Sie besteht aus drei gleich großen Schiffen. Der Barockisierung im 17. Jh. folgte eine neugotische Umgestaltung. Die konkaven Spitztürme von 1967sind ein Werk des Architekten František M. Černý und stellen einen Kompromiß zwischen Barocktürmen und gotischem Hochgiebel dar.

Erzbischöfliches Palais

⟶ Hradschiner Platz

Ethnographisches Museum (Národopisné muzeum) F 2

Lage
Praha 5, Smíchov, Petřinské sady 98

Südlich der Hungermauer (⟶ Laurenziberg) dehnen sich die Kinsky-Gärten aus. In der ehemaligen Villa Kinsky ist das Ethnographische Museum, eine Abteilung des ⟶ Nationalmuseums, untergebracht. Zu den Exponaten gehören u. a. Bauernhausmodelle, Keramik und Volkstrachten. Bis zum Ende der Umbauarbeiten sind die Sammlungen unzugänglich.
Hinter dem Museum befinden sich ein malerisches mährisch-walachisches Glockentürmchen sowie ein ukrainisches Holzkirchlein aus dem 18. Jahrhundert.

Gebäude der Föderativen Nationalversammlung der ČSFR

Fausthaus

⟶ Karlsplatz

Föderative Nationalversammlung der ČSFR

(Areál budovy Federálního shromáždění ČSFR)

F 5

Der moderne Gebäudekomplex für die Föderative Nationalversammlung der ČSFR entstand 1967–1973 nach Entwürfen von K. Prager, J. Albrecht und J. Kadeřábek als Symbol der künftigen Stadtplanung um die Nord-Süd-Magistrate. Einbezogen in das Bauwerk ist die ehemalige Börse (1936–1938). Als Wahrzeichen steht vor dem Gebäude die Statuengruppe "Atomzeitalter" von Vincenc Makovský und ein Pylon als Symbol des tschechoslowakischen Staates. Das Gebäudeinnere ist mit Werken zeitgenössischer Künstler ausgestaltet.
Zum Smetana-Theater (⟶ Praktische Informationen, Theater) bestehen unterirdische Verbindungen.

Lage
Praha 1,
Nové Město,
Vinohradská 1

U-Bahn-Station
Muzeum

Straßenbahnlinie
11

Franziskanergarten

⟶ Maria Schnee, Kirche

Gemeindehaus

⟶ Repräsentationshaus der Hauptstadt Prag

Museum für Musikinstrumente ...

... im Großpriorpalais

Großpriorpalais (Palác maltézského velkopřevora) E 3

Lage
Praha 1,
Malá Velkopřevorské náměstí 4

Straßenbahnlinien
12, 22

Öffnungszeiten
Mai–Sept.
Di.–So.
10.00–16.00

Das ehemalige Großpriorpalais des Malteserordens auf der → Kleinseite ist heute Sitz der Musikabteilung des → Nationalmuseums (Hudební oddělení Národního muzea) mit einer wertvollen Musikinstrumentensammlung (Muzeum české hudby; u.a. Klaviere, Orgeln, Harfen und Zupfinstrumente) und einem Musikarchiv. Die eindrucksvollen Barocksäle des Museums sind mit Holzsockeltäfelungen, kunstvollen Barocköfen und schönen Intarsienfußböden ausgestattet.
Im Garten finden während der Sommermonate häufig Konzerte und Theateraufführungen statt.
Der italienische Architekt Bartolomeo Scotti errichtete dieses zweiflügelige Eckpalais 1724–1728, indem er das ursprüngliche Renaissancegebäude umbaute und ein neues Ordensportal, Ziersimse und Erkerfenster anfügte. Die Vasen und Lichtträgerstatuen im Stiegenhaus gehen auf die Werkstatt von Matthias Braun zurück.

Haus der Künstler (Dům umělců) D 4

Lage
Praha 1,
Staré Město,
Náměstí
Jana Palacha

U-Bahn-Station
Staroměstská

Das Haus der Künstler (Abb. s. S. 13), der Sitz der Tschechischen Philharmonie (Česká Filharmonie), befindet sich derzeit in einer Phase der Renovierung und des Umbaues. Bisher fanden hier Konzerte statt, vor allem während der international bekannten Veranstaltung 'Prager Frühling'.
Das Haus der Künstler wurde 1876–1884 von den Architekten des → Nationaltheaters, Josef Zítek und Josef Schulz, entworfen und war ursprünglich nach dem österreichischen Kronprinzen Rudolf benannt worden: 'Rudolfinum' ist daher noch heute eine gängige Bezeichnung für dieses Gebäude und seine Einrichtungen.

Zusammen mit dem → Nationaltheater und dem → Nationalmuseum gehört es zu den wichtigsten Prager Neorenaissancebauten. In den Jahren 1919 bis 1939 befand sich hier der Sitz des Parlamentes der Tschechoslowakischen Republik sowie eine Gemäldegalerie, die in das Palais Sternberg auf dem → Hradschin verlegt wurde.
Die Ausstattung des Dvořák-Saals wurde nach Gabriels Theaterinterieur von Schloß Versailles gestaltet. Den Haupteingang schmückt eine Allegorie der Musik von A. Wagner aus dem Jahre 1885, die Löwen- und Sphinxstatuen stammen von B. Schnirch. Auf der Attika sieht man Plastiken von berühmten Künstlern und Komponisten.

Haus der Künstler (Fortsetzung)

Buslinien
133, 207

Straßenbahnlinien
17, 18

Nur wenige Schritte vom Moldauufer entfernt steht Bohumil Kafkas 1951 entworfene Statue des tschechischen Malers Josef Mánes (Abb. s. S. 39), nach dem auch die hier beginnende Brücke zur → Kleinseite benannt ist.

Mánes-Denkmal

Haus des Stoffes (Dům látek) E 4

Das Haus des Stoffes (Dům latek) wurde 1925–1931 von den Architekten J. Zasch und P. Janák im Stil der venezianischen Renaissancepaläste für die ehemalige Adria-Versicherungsgesellschaft erbaut. Es enthält die Statuengruppe "Adria" von Jan Štursa und Plastiken von Otto Gutfreund, Bohumil Kafka und Karel Dvořák.
Im Untergeschoß befindet sich die bekannte Experimentierbühne 'Laterna Magica', die durch Verbindung von Theater, Musik und Film besondere optische Effekte erzeugt. Die meisten dieser Aufführungen werden jedoch im → Kulturpalast gezeigt (→ Praktische Informationen, Theater).

Lage
Praha 1,
Staré Město,
Národní 40
(Fußgängerzone)

U-Bahn-Station
Můstek

Hauszeichen

allenthalben im alten Prag

Die phantasielosen Hausnummern wurden – nach französischem Vorbild – erst 1770 unter Kaiserin Maria Theresia eingeführt.
Im 13.–14. Jh. hatten sich die Familiennamen allgemein durchgesetzt. In dieser Zeit ging man auch dazu über, ein Haus durch einen Namen kenntlich zu machen, der in bildlicher Ausgestaltung auf der Außenseite angebracht wurde. Diese Hauszeichen bezogen sich in frühester Zeit meist auf die Umgebung (Zum Kastanienbaum, Zur Brücke) oder auf den Beruf des Besitzers (Zum Salzhaus, Zur Mühle), kamen aber ebensooft aus dem Bereich der Religion (Zur Schwarzen Mutter Gottes, Zum Goldenen Engel, Maria auf dem Goldenen Felsen), der Pflanzen (Zu den drei Kleeblättern, Zur Schwarzen Rose, Zum Grünen Baum, Zur Goldenen Lilie, Zur Goldenen Melone, Zu den Drei Roten Rosen) und der Tiere (Zum Grünen Frosch, Zum Schwarzen Pferdchen, Zum Steinernen Lamm, Zu den Kleinen Bären, Zum Großen Bienenstock, Zum Weißen Einhorn, Zu den Drei Goldenen Löwen, Zum Pelikan) oder der Himmelskörper (Zu den Zwei Sonnen, Zum Blauen Stern). Diesen Namen behielt ein Haus auch, wenn der Besitzer wechselte.

Bildhafte Bezeichnungen

Die Prager Hauszeichen – man begegnet ihnen auf Schritt und Tritt – sind aus Stein, Metall oder Holz, zuweilen auch in Stuck ausgeführt, auf Putz oder Blech gemalt und gelegentlich mit Inschriften versehen. Sie waren so beliebt, daß sie vielfach auch nach 1770 entstanden, zur Zeit des Empire (z.B. Melantrichova Nr. 11: Zu den Fünf Kronen) und des Klassizismus (z.B. auf der Kleinseite: Zum Weißen Hemd). Heute werden Hauszeichen vor allem für Weinstuben und Gasthäuser gefertigt.
Die Hauszeichen in Prag sind so zahlreich, daß es den Rahmen dieses Reiseführers sprengen würde, wollte man alle mit Zeichen versehenen Häuser besprechen. Man findet sie hauptsächlich in den verwinkelten Gassen der Altstadt, so in der jüngst restaurierten → Zeltnergasse (Celetná; z.B. Nr. 21, Zum Goldenen Geier; Nr. 34, Zur Schwarzen Mutter

Beispiele
s. Abb. S. 68

Hauszeichen: Schmuck vieler Prager Bürgerhäuser

Hauszeichen (Fortsetzung)

→ Gottes), am → Altstädter Ring (z. B. Nr. 24, Madonna mit dem Jesuskind) oder in der → Karlsgasse (Karlova; z. B. Nr. 18, Zur Goldenen Schlange) sowie auf der → Kleinseite (z. B. → Zu den Drei Straußen), wo die malerische → Nerudagasse zum → Hradschin hinaufführt (Nerudova; z. B. Nr. 6, Zum Roten Adler; Nr. 12, Zu den Drei Kleinen Geigen; Nr. 16, Zum Goldenen Kelch; Nr. 34, Zum Goldenen Hufeisen; Nr. 36, Zur Hilfreichen Jungfrau Maria; Nr. 49, Zum Weißen Schwan).

Heiligkreuzkapelle in der Altstadt (Rotunda svatého Kříže) E 4

Lage
Praha 1,
Staré Město,
Ulice Karoliny Světlé /
Ecke Konviktská

Straßenbahnlinien
6, 9, 17, 18, 21, 22

Die Heiligkreuzkapelle, nur wenige Schritte vom Moldauufer entfernt, ist eine der drei einzigen noch bestehenden Rotunden (Rundkapellen) Prags aus romanischer Zeit. Sie wurde um 1100 errichtet.
Ein geplanter Abriß der Kapelle scheiterte am Einspruch des Tschechischen Künstlervereins; statt dessen erfolgte in den Jahren 1863–1865 die Renovierung durch den Architekten V. I. Ullmann und den Maler Bedřich Wachsmann, der auch den Entwurf für den neuen Altar lieferte. Reste gotischer Wandfresken im Inneren der Kapelle, welche die Krönung Marias darstellen, wurden durch Sobislav Pinkas und František Sequenz ergänzt.

Das Eisengitter stammt von Josef Mánes, die Malereien für den Triumphbogen und die Apsis sind von Peter Maixner.

Heiligkreuzkapelle, in der Altstadt (Fortsetzung)

Heiligkreuzkapelle auf dem Hradschin

→ Hradschin

Heiligkreuzkirche

→ Am Graben

Hiberner-Haus (U hybernů) E 5

Das jetzige Ausstellungs- und Marktgebäude U hybernů (Abb. s. S. 39) war ursprünglich eine Spätbarockkirche, die 1652–1659 von dem hier seit 1629 ansässigen Kloster der irischen Franziskaner erbaut wurde, den sog. Hibernern (Hybernia = Irland). Im 18. Jh. kamen der Ost- und Nordflügel des Klosters hinzu.
Nach der Aufhebung des Klosters (1786) und Schließung der Kirche (1790) baute J. Zobel die Kirche 1808–1811 nach Entwürfen von J. Fischer zu einem Zollamtsgebäude mit klassizistischer Fassade um; der plastische Schmuck stammt von F.X. Lederer (1811). Anfang der vierziger Jahre hat J.K. Řiha das Innere des Hiberner-Hauses für Ausstellungszwecke und kulturelle Veranstaltungen neu gestaltet.

Lage
Praha 1,
Staré Město
Náměstí Republiky

U-Bahn-Station
Náměstí Republiky

Straßenbahnlinien
5, 14, 26

Hohe Synagoge

→ Josefstadt

**Hradschin (Hradčany; Burg) D 2/3

Die Prager Burg, der Hradschin (Hradčany), ist seit 1918 Amtssitz des Präsidenten der Republik.
Der Hradschin wurde Ende des 9. Jh.s von den Přemysliden als eine hölzerne, dreiteilige Burgstatt gegründet, die ein Lehmwall umgab. Zu Ehren des hl. Veit ließ Wenzel der Heilige zwischen 926 und 929 an der Stelle der heutigen Wenzelskapelle eine romanische Rotunde erbauen. Ab 973 residierte auf dem Hradschin außer dem Fürsten auch der Bischof der neugegründeten Diözese Prag. Unter Břetislav I. wurde die Burg 1042 mit einer 2 m dicken Ringmauer umgeben, im Osten und Westen wurden Türme angefügt, im Süden kam später ein Tor hinzu. Nach 1135 baute Sobieslav I. die Burg zu einer fürstlichen Pfalz im romanischen Stil aus. Der 30 m hohe 'Schwarze Turm' diente als Gefängnis. Unter Ottokar II. begannen erste Arbeiten am Mittelteil des ehemaligen Königspalastes. 1303 verwüstete ein Brand den Großteil der bis dahin entstandenen Bauten. Rund dreißig Jahre später wurde die Bautätigkeit unter Karl IV. wieder aufgenommen. Nach Ende der Hussitenkriege erfolgten weitere Umbauten unter den Jagiellonen sowie unter den Königen Vladislav (ab 1471) und Ludwig II. (ab 1516). In diesen Phasen zeigten sich erste Renaissance-Elemente in Verbindung mit der Spätgotik. Sowohl Ferdinand I. (ab 1556 deutscher Kaiser), der Künstler aus Italien, den Niederlanden und Deutschland nach Prag berief, als auch Rudolf II. (ab 1575) bereicherten

Lage
Nordwestlich oberhalb der Moldau

U-Bahn-Stationen
Malostranská, Hradčanská

Straßenbahnlinien
22, 23

Öffnungszeiten
April–Sept.
Di.–So.
9.00–17.00
Okt.–März
Di.–So.
9.00–16.00

Führungen

Baugeschichte (Fortsetzung)

Burg und nächste Umgebung durch prachtvolle Renaissancebauten. Ein Großbrand im Jahre 1541 machte weitere Erneuerungen notwendig. 1614 ließ Kaiser Matthias den ersten profanen Barockbau Prags errichten, das freistehende Tor im Westen. Auf Wunsch Maria Theresias wurde dieser Turm im 18. Jh. in die Stirnseite des neu angelegten ersten Burghofes einbezogen. Durch diesen Umbau wuchs der Hradschin zu einer baulichen Einheit, die im Prager Stadtbild als bestimmendes Element verankert ist. Nach dem Umsturz 1918 und der Befreiung 1945 wurde der Hradschin für Repräsentationszwecke und kulturelle Veranstaltungen hergerichtet.

Empfehlung

Um von der Größe und Vielfältigkeit der Anlage einen Eindruck zu bekommen, sei empfohlen, sich zuerst einmal bei einem Rundgang durch die Außenanlagen einen Überblick zu verschaffen und sich danach den Sehenswürdigkeiten in und an den einzelnen Gebäuden zuzuwenden.

Außenanlage

Erster Burghof (První nádvoří)

Den auch als Ehrenhof bezeichneten ersten und jüngsten der drei Burghöfe erreicht man vom ⟶ Hradschiner Platz (Hradčanské náměstí) her durch ein Gittertor, auf dem die "Kämpfenden Giganten" (1786; seit 1912 Kopien) von Ignaz Platzer d. Ä. thronen.

Der erste Burghof entstand 1756–1774 unter Maria Theresia nach Plänen des Wiener Oberhofarchitekten Nikolaus Pacassi. Die bauliche Leitung hatte Anselmo Lurago inne. Originalarbeiten Platzers sind die Trophäenskulpturen an den Attiken der Gebäude. Letzte Umgestaltungen in diesem Burghof nahm 1920–1922 der slowenische Architekt Josip Plećnik vor.

Matthiastor (Matyášova brána)

Kaiser Matthias ließ dieses nach ihm benannte Tor 1614 als freistehenden Westeingang zum Hradschin von Giovanni Maria Philippi bauen. Im Jahr 1760 wurde der Turm von N. Pacassi mit der neu errichteten Stirnseite der Burg verbunden.
Von dem Tor führt ein Treppenaufgang (1765/1766, von Pacassi) zu den Repräsentationssälen der Burg: Thronsaal, Saal mit Gemälden von Václav Brožík, Spiegel-, Musik- und Gesellschaftssaal. In diesem Trakt befindet sich auch die Wohnung des Präsidenten der Republik.
Die Flaggenmasten vor dem Matthiastor (Abb. s. S. 72) sind Föhrenstämme aus den tschechoslowakischen Grenzwäldern – eine Idee des Architekten Josip Plećnik.

Zweiter Burghof (Druhé nádvoří)

Durch das Matthiastor betritt man den zweiten Burghof. In seiner Mitte steht ein Barockbrunnen, der von Francesco della Torre 1686 erbaut und mit Plastiken von Hieronymus Kohl geschmückt wurde. Das schmiedeeiserne Ziergitter für den Ziehbrunnen stammt aus dem Jahre 1702.
Die Nüchternheit dieses Burghofes suchte man 1967 durch einen modernen Löwenbrunnen (V. Makovský) und das schimmernde Granitpflaster (J. Fragner) zu beleben.
An der Nordfront des zweiten Burghofes entstand 1927–1931 durch Umbau älterer Gebäudeteile der Plećnik-Saal, der zusammen mit dem sog. Treppensaal in eine Eingangshalle zum Spanischen Saal und zur Rudolfsgalerie umgewandelt wurde.
Vom zweiten Burghof gelangt man über die Staubbrücke (darunter der Hirschgraben) durch die Marienschanze (Mariánské hradby) am Königsgarten (nur im Frühjahr zugänglich) und dem ehemaligen Ballhaus vorbei zum Schloß ⟶ Belvedere.

Dritter Burghof (Třetí nádvoří)

Der dritte Burghof war früher das Zentrum des Burglebens. Von hier ging der Hauptverkehrsweg der alten slawischen Siedlung aus.
Im Norden begrenzt der St.-Veits-Dom den dritten Burghof. Auf der Südseite des Domes sind die 1920–1928 freigelegten Grundmauern einer romanischen Bischofskapelle zu besichtigen. Zwischen 1750 und 1770

Blick auf Kleinseite und Hradschin

Prager Burg – Residenz seit tausend Jahren

Westeingang Matthiastor

Goldenes Gäßchen

Dritter Burghof (Fortsetzung)

wurden die älteren Bauten der Königssiedlung von Nikolaus Pacassi mit einer einheitlichen Fassade versehen (der ehemalige Renaissancepalast Rudolfs II., der frühbarocke Königinnenpalast und der Palast Maximilians II.). Unter dem Balkon mit den Lichtträgerstatuen von Ignaz Platzer liegt der Eingang zur Kanzlei des Präsidenten der Republik.

Goldenes Gäßchen (Zlatá ulička)

Das Goldene Gäßchen – auch Goldmachergäßchen genannt – verläuft zwischen den von Vladislav Jagiello angelegten Burgmauern und dem Alten Burggrafenamt; einst reichte es bis zum St.-Georgs-Kloster. Ein Wehrgang verband den Weißen Turm mit dem Daliborka-Turm. Die erhalten gebliebene nördliche Front besteht aus pittoresken, winzigen Häusern, die in die Bogen des Wehrganges eingelassen wurden. Rudolf II. teilte sie seinen 24 Burgschützen zu, die in ihrer freien Zeit ein Handwerk betrieben. Der Name 'Goldmachergäßchen' oder 'Alchimistengäßchen' bezieht sich auf die Alchimisten Rudolfs II., die der Überlieferung zufolge hier gewohnt und versucht haben sollen, Gold herzustellen; ihre Laboratorien befanden sich aber nachweislich im Mihulka-Turm (Alchimistenstube). Später bewohnten Handwerker und arme Leute die Häuserzeile. Im Hause Nr. 22 arbeitete Franz Kafka (⟶ Berühmte Persönlichkeiten) zwischen 1912 und 1914 an seinen Prosatexten. Heute befinden sich kleine Souvenirläden in den bunten Häuschen des Goldenen Gäßchens.

Südöstlicher Teil der Außenanlagen

Das Alte Burggrafenamt ist jetzt das Haus der Tschechoslowakischen Kinder. In den Räumen des jüngst renovierten Palais Lobkowitz finden Ausstellungen, Vorträge und Konzerte statt.

Von der Bastei, die eine schöne Aussicht bietet, erreicht man den großen Wallgarten. Zwei Obelisken markieren die Stellen, wo die kaiserlichen Statthalter im Jahr 1618 beim Zweiten Prager Fenstersturz in den damaligen Burggraben fielen. Oberhalb der Neuen Schloßstiege liegt der Paradiesgarten mit dem Matthiaspavillon und einem Musikpavillon.

*Burggalerie (Hradní galerie)

Durch den Umbau der zuvor im Nordflügel untergebrachten Marställe und des Erdgeschosses im Westflügel wurde 1965 die Burggalerie geschaffen. In sechs Sälen hängen hier insgesamt 70 Gemälde der einstigen Rudolfgalerie und der später entstandenen, dann wieder aufgelösten Burggalerie Ferdinands II. Zu den hervorragendsten Werken dieser Sammlung europäischer und tschechischer Kunst zählen: das um 1612 von Hans von Aachen gemalte Portrait des Kaisers Matthias, Tizians "Junge Frau bei der Toilette", Tintorettos "Ehebrecherin vor Jesus" und Veroneses "Hl. Katharina mit dem Engel" sowie Peter Paul Rubens' "Die Versammlung der olympischen Götter" (um 1602). Ferner sind hier Bilder der böhmischen Barockkunst (Jan Kupecký, Johann Peter Brandl) und Plastiken von Adriaen de Vries ("Anbetung der Könige") und Matthias Braun ausgestellt.
Im Raum der Gemäldegalerie wurden von dem Archäologen I. Borkovský Überreste einer Marienkirche aus dem 9. Jh. gefunden, des ersten Sakralbaues auf der Prager Burg.

Heiligkreuzkapelle (Kaple svatého Kříže)

In der Südecke des zweiten Burghofes befindet sich die Heiligkreuzkapelle. Sie dient seit 1961 als Schatzkammer des St.-Veits-Domes. Hier sind kostbare liturgische Geräte aufbewahrt, so u.a. Meßgewänder, Monstranzen und Reliquien sowie das Kettenhemd des hl. Wenzel und das Schwert des hl. Stephan.
Die Heiligkreuzkapelle entstand in den Jahren 1756–1763 unter der Leitung von Anselmo Lurago. Die klassizistische Strenge versuchte man in der Zeit des Biedermeiers durch einen Umbau aufzulockern (1852–1858). E. Max entwarf 1854 die Statue des hl. Johannes von Nepomuk im Inneren sowie die Statuen der hll. Petrus und Paulus in den Nischen. Um dieselbe Zeit schufen J. Navrátil und V. Kandler die Wand- und Deckenmalereien, die Fenster sind von J.Z. Quast. Aus der Werkstatt von I.F. Platzer stammen die Skulpturen am Hoch- und an den Seitenaltären, das mittlere Gemälde des Gekreuzigten am Hochaltar ist ein Werk von F.X. Balko.

Alte Propstei (Staré proboštství)

An die Westseite des St.-Veits-Domes schließt die Alte Propstei an. Ursprünglich eine romanische Bischofspfalz, erhielt sie ihre jetzige Barockgestalt nach einem Umbau im 17. Jahrhundert. Die Statue des hl. Wenzel lieferte Johann Georg Bendl (1662).
Der von Josip Plećnik 1928 entworfene Obelisk aus Mrákotín-Granit an der Südseite der Alten Propstei erinnert an die Opfer des Ersten Weltkrieges. Die Reiterstatue des hl. Georg (Kopie; Original im St.-Georgs-Kloster) ist ein Werk der Bildhauer Georg und Martin von Klausenburg (1373). Tomáš Jaroš restaurierte die frühgotische Skulptur nach dem Burgbrand von 1541. Den jetzigen Sockel schuf Josip Plećnik (1928).

**St.-Veits-Dom (Chrám svatého Víta)

Der St.-Veits-Dom ist die Metropolitankirche des Erzbistums Prag. Er erhebt sich an der Stelle einer Rundkapelle, die Herzog Wenzel der Heilige im Jahre 925 dem hl. Veit gewidmet hatte.
Herzog Spytihněv II. stiftete 135 Jahre später eine romanische Basilika mit Doppelchor. 1344 begann Karl IV. mit dem Bau der gotischen Kathedrale.
Den Ostteil entwarf der französische Baumeister Matthias von Arras in Anlehnung an den älteren Stil der Gotik in Südfrankreich (Kathedralen von Narbonne und Toulouse). Von ihm stammt der 47 m lange und 39 m hohe Chor, welcher bei seinem Tod (1352) erst in den unteren Teilen

St.-Veits-Dom, Baugeschichte (Fortsetzung)

fertiggestellt war. Peter Parler bereicherte den Dom als Nachfolger des Matthias von Arras um die frei aufstrebenden Formen der deutschen Gotik. Danach leiteten Parlers Söhne Wenzel und Johann die Bauarbeiten (1399–1420); in dieser Zeit entstand der gesamte Chor mit dem Kapellenkranz und dem Grundstock des Hauptturmes. Nach den Hussitenkriegen setzten Bonifaz Wohlmut und Hans von Tirol 1560–1562 diesem 99 m hohen Turm eine Renaissancehaube mit Brüstung auf; 1770 erhielt er das barocke Zwiebeldach (Entwurf von N. Pacassi).
Erst Anfang des 20. Jh.s konnte der Veitsdom vollendet werden. Ab 1872 leitete Josef Mocker in Anlehnung an die Pläne von Peter Parler die Arbeiten am Dom und begann am neugotischen Westteil mit dem Hauptportal, welches 1929 unter Kamil Hilbert fertiggestellt wurde.
Der St.-Veits-Dom ist nicht nur die imposanteste Kirche Prags und der prachtvollste Bau auf dem Hradschin, sondern mit seiner Außenlänge von 124 m, seiner Breite von 60 m im Querschiff und seiner Höhe von 33 m im Mittelschiff auch die größte Kirche in Prag. Der Südturm – mit gotischen, barocken und Renaissance-Elementen eine architektonische Seltenheit – besitzt neben den drei Renaissanceglocken die größte Kirchenglocke Böhmens: die aus Bronze gegossene Sigismundglocke (1549).

Inneres des Veitsdomes

Man betritt den Dom gewöhnlich durch das Westportal. Den oberen Teil des Südportales, das auch 'Goldene Pforte' ('Zlatá brána') genannt wird, zieren Porträts Karls IV. und der Elisabeth von Pommern sowie ein Mosaikbild aus dem 14. Jh. ("Das Jüngste Gericht"). Darüber befindet sich ein aus 40000 Einzelgläsern zusammengesetztes Maßwerkfenster von Max Švabinský (1934), ebenfalls eine Darstellung des Jüngsten Gerichtes.

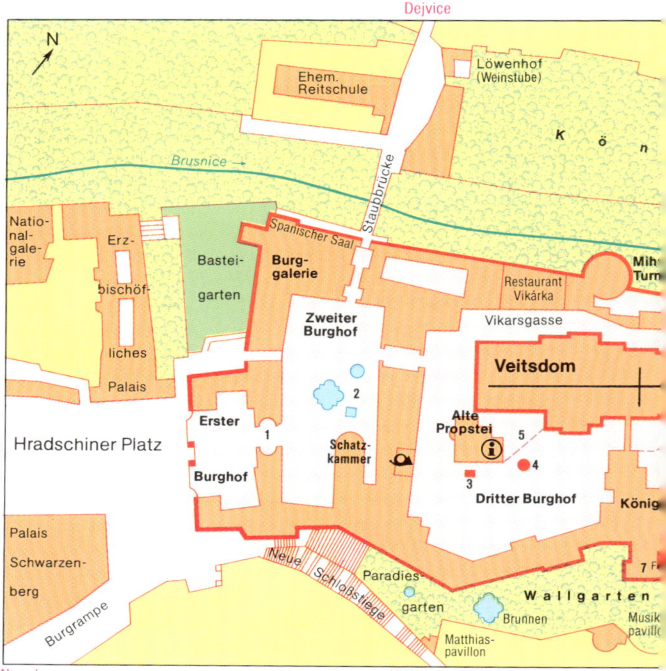

St.-Veits-Dom (Fortsetzung)

Triforiumsgalerie
Ratsam ist es, die rechts und links liegenden Kapellen zunächst nicht zu beachten und von der Mitte des Domes her einen Eindruck von diesem Riesenbauwerk mit seinen 28 Pfeilern und 21 Kapellen zu gewinnen (s. Abb. S. 32).
Über den Pfeilerarkaden verläuft unter den Chorfenstern die Triforiumsgalerie. Im inneren Triforium – vor allem über der Orgelempore – stehen Büsten der Dombaumeister, der Familie Karls IV. und anderer berühmter Persönlichkeiten. Diese zum größten Teil in der Parlerschen Dombauhütte gefertigte Porträtgalerie war die erste Porträtgalerie historischer Persönlichkeiten vor der Renaissance in Europa. Das Triforium selbst ist nicht zugänglich, doch befinden sich Abgüsse der Büsten im Königspalast des Hradschin (s. S. 81) und auf der Burg ⟶ Karlstein.

Orgelempore
Gegenüber dem Südportal liegt die zweigeschossige Orgelempore Bonifaz Wohlmuts aus den Jahren 1557–1561. Nach der Fertigstellung des Domes wurde sie von ihrem ursprünglichen Platz an der Westfassade an ihren jetzigen Standort ins nördliche Querschiff versetzt. Die gewaltige Orgel (1757) besitzt 6500 Pfeifen.

Kaisergrabmal
In der Mitte des Chores steht vor dem Hochaltar das von einem Renaissancegitter (von J. Schmidthammer, 1589) umgebene Kaisergrabmal aus weißem Marmor. Es wurde 1564 in Innsbruck als Denkmal Ferdinands I. und seiner Frau Anna Jagiello begonnen und unter Rudolf II. bis 1589 umgestaltet. Die Figuren auf der Deckplatte stellen dar: Anna Jagiello,

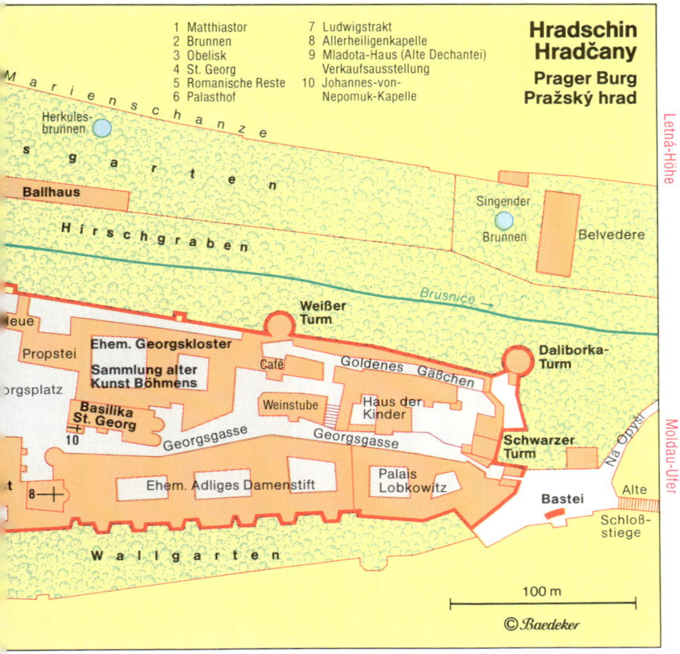

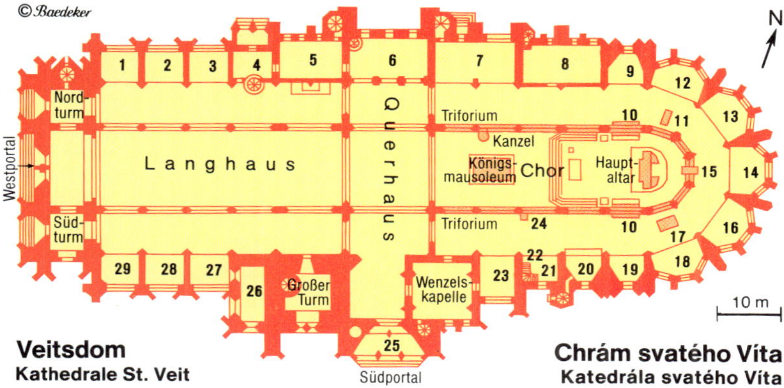

Veitsdom
Kathedrale St. Veit

Chrám svatého Víta
Katedrála svatého Víta

1 Bartoň-Dobenín-Kapelle
2 Schwarzenberg-Kapelle
3 Neue erzbischöfliche Kapelle (Hora-Kapelle)
4 Alte Schatzkammer (Domschatz jetzt in der Heiligkreuz-kapelle im 2. Burghof)
5 Neue Sakristei
6 Wohlmut-Chor (Orgelempore)
7 St.-Sigismund-Kapelle (Czernin-Kapelle)
8 Alte Sakristei (ehem. St.-Michael-Kapelle)
9 St.-Anna-Kapelle (Nostitz-Kapelle)
10 Holzreliefs (historische Motive)
11 Bronzefigur des Kardinals Friedrich von Schwarzenberg
12 Alte erzbischöfliche Kapelle
13 Kapelle Johannes' des Täufers (Pernstein-Kapelle)
14 Marienkapelle (Kapelle der Heiligen Dreifaltigkeit / Kaiserkapelle)
15 Grab des hl. Veit
16 Reliquienkapelle (Sächsische Kapelle / Sternberg-Kapelle)
17 Grabmal des hl. Johannes von Nepomuk
18 Kapelle des hl. Johannes von Nepomuk (St.-Adalbert-Kapelle)
19 Waldstein-Kapelle (Maria-Magdalena-Kapelle)
20 Königliches Oratorium (Vladislav-Oratorium)
21 Kreuzkapelle (Heiligkreuzkapelle)
22 Zugang zur Königsgruft
23 Martinitz-Kapelle (St.-Andreas-Kapelle)
24 Grabmal des Grafen Schlick
25 Kronkammer
26 Kapitelbibliothek
27 Thun-Kapelle
28 Heiliggrabkapelle
29 Ludmilla-Kapelle (Taufkapelle)

St.-Veits-Dom, Kaisergrabmal (Fortsetzung)

Ferdinand I. (Mitte) und Maximilian II. – Auf den seitlich angebrachten Medaillons werden die böhmischen Herrscher und ihre Frauen gezeigt, die in der Gruft unter dem Grabmal beigesetzt sind.

Königsgruft

Der Eingang zur Königsgruft befindet sich neben der Kreuzkapelle. In den Gängen sind archäologische Funde aus der romanischen Zeit ausgestellt. An der Wand hängt ein Grundriß der alten romanischen Kirche.
In der Gruft ruhen in der oberen Reihe Georg von Poděbrady (Jiří z Poděbrady, 1420–1471, links), Karl IV. (1316–1378, Mitte) und Ladislav Postumus (1440–1457, rechts). In der zweiten Reihe befinden sich die Särge Wenzels IV. (1361–1419), seines Bruders Johann von Görlitz († 1396) und der gemeinsame Sarkophag der vier Frauen Karls IV.; im Hintergrund der Sarg Maria Amalias, der Tochter Maria Theresias. In dem Renaissancezinnsarg ist Rudolf II. beigesetzt (1552–1612), in dem niederen Granitsarkophag ruhen die Kinder Karls IV.
In den Jahren 1928–1935 wurde die Königskrypta neu gestaltet.

Alte Sakristei

Man verläßt die Gruft über eine Treppe, die vor die Chorschranken führt. Geht man links in den Chorraum hinein, stößt man auf die Alte Sakristei, in der früher die Domschatzkammer untergebracht war (jetzt in der Heiligkreuzkapelle im zweiten Burghof). Bemerkenswert ist das Sterngewölbe der Alten Sakristei.

◀ *Veitsdom und Alte Propstei (links)*

Hochgrab des hl. Johannes von Nepomuk

Bischofsstuhl

St.-Veits-Dom (Fortsetzung)

St.-Anna-Kapelle
Hinter der Alten Sakristei liegt die Kapelle der hl. Anna. Ihr gegenüber sieht man den ersten Teil eines Holzreliefs, das Caspar Bechterel aus Niedersonthofen zugeschrieben wird (vgl. S. 79). Es zeigt den 1619 erfolgten Bildersturm im Dom und (auf der Südseite des Chorumganges) die Flucht des 'Winterkönigs' Friedrich V. von der Pfalz nach der Schlacht am Weißen Berg (1620). Beachtenswert ist ferner die Prager Stadtansicht aus jener Zeit (entstanden um 1630).
Daneben zeigt eine Bronzestatue von Josef Václav Mylsbek aus dem Jahre 1895 den knienden Kardinal Friedrich v. Schwarzenberg († 1885).

Erzbischöfliche Kapelle
Gegenüber der Bronzestatue befindet sich die Erzbischöfliche Kapelle mit den Grüften der Prager Erzbischöfe.

Kapelle Johannes' des Täufers
Daran schließt sich die Kapelle Johannes' des Täufers an. Hier befinden sich rechts und links die Grabmäler von Břetislav II. († 1100) und Bořivoj II. († 1124). Der Bronzeleuchter links neben dem Altar soll aus dem Anteil Vladislavs II. an der Mailänder Kriegsbeute Friedrich Barbarossas stammen. Der romanische Leuchterfuß ist eine Arbeit aus dem Rheinland.

Marienkapelle
Die Grabmäler der aufeinanderfolgenden Herzöge Břetislav I. (1034–1055) und Spytihiněv II. (1055–1061) in der Marienkapelle stammen auch aus der Parlerschen Bauhütte. Josef Max schuf das Standbild für das Grab des hl. Veit gegenüber der Marienkapelle auf der Rückseite des Hochaltares.

Reliquienkapelle
Wie die beiden zuvor genannten Kapellen enthält die Reliquienkapelle oder Sächsische Kapelle, welche auf Anordnung von Karl IV. entstand,

Glasmalerei von Max Švabinský

Jugendstilfenster

St.-Veits-Dom, Reliquienkapelle (Fortsetzung)

Grabmäler von Přemysliden: rechts König Přemysl Ottokar (Otakar) I. (1192–1193 und 1197–1230), links König Přemysl Ottokar (Otakar) II. (1253–1278). Beide Grabmäler stammen aus der Parlerschen Hütte.

Hochgrab des hl. Johannes von Nepomuk
Schräg links befindet sich das prunkvolle silberne Hochgrab des hl. Johannes von Nepomuk, welches 1733–1736 in Wien nach einem Entwurf von Joseph Emanuel Fischer v. Erlach durch A. Corradini und J. J. Würth ausgeführt wurde.

St.-Johannes-von-Nepomuk-Kapelle
Auf dem Altar der gegenüberliegenden St.-Johannes-von-Nepomuk-Kapelle bzw. St.-Adalbert-Kapelle stehen Silberbüsten der hll. Adalbert, Wenzel, Veit und Kyrill (um 1699).

Holzrelief
Gegenüber der benachbarten Waldsteinkapelle bzw. Maria-Magdalena-Kapelle mit der Waldsteinschen Familiengruft befindet sich der zweite Teil des Holzreliefs von Caspar Bechterel (vgl. St.-Anna-Kapelle, S. 78).

Vladislav-Oratorium
Das königliche Vladislav-Oratorium wird nach jüngsten Forschungsergebnissen dem Frankfurter Hans Spieß zugeschrieben. Es ist ein reicher spätgotischer Einbau, an der Frontseite von naturalistisch durchflochtenem Astwerk geziert. Der Grundriß beruht auf zwei gekreuzten Bogen mit einem herabhängenden Schlußstein.

Kreuzkapelle
In der Kreuzkapelle links hängt das Gemälde "Das Schweißtuch der hl. Veronika" (1396); auf dem Rahmen sind die sechs böhmischen Landesheiligen abgebildet. Hier befindet sich auch der Zugang zur Königsgruft.

St.-Veits-Dom (Fortsetzung)

St.-Andreas-Kapelle
In der St.-Andreas-Kapelle oder Martinitz-Kapelle befindet sich unter dem Fenster links der Grabstein des kaiserlichen Statthalters Jaroslav von Martinitz († 1649), gegen den sich der Zweite Prager Fenstersturz richtete.

Grabmal des Grafen Schlick
Am ersten Pfeiler gegenüber der Wenzelskapelle liegt das Barockgrabmal des Feldmarschalls Graf Schlick († 1723); es wurde von Matthias Braun nach einem Entwurf J. E. Fischer v. Erlachs ausgeführt.

St.-Wenzels-Kapelle
Die schönste der Chorkapellen ist die bis in den Südteil des Querschiffes reichende gotische St.-Wenzels-Kapelle (Abb. s. S. 34). Peter Parler errichtete sie 1358–1367 anstelle des ursprünglichen romanischen Rundbaues, in dem der hl. Wenzel beigesetzt war. Sie enthält den Reliquienschrein des 929 von seinem Bruder Boleslav I. in Altbunzlau (Stará Boleslav) ermordeten Herzogs Wenzel, des Schutzpatrons von Böhmen. Wenzel soll der Legende nach bei seiner Ermordung den hier angebrachten Türgriff mit dem Löwenkopf umklammert haben.
Das untere Viertel dieser Kapelle schmücken 1300 böhmische Halbedelsteine. Von den Wandgemälden stammt die untere Reihe (Passionszyklus) von dem Prager Meister Oswald (1373), die obere Reihe mit der Wenzelslegende aus der Werkstatt des Meisters des Leitmeritzer Altars (um 1509). Die Polychromie zur Wenzelsstatue an der Ostwand zwischen zwei Engeln (Heinrich Parler, 1373) stammt vom Meister Oswald. Den Bronzeleuchter in der linken Ecke schuf 1532 Hans Vischer aus Nürnberg.

Kronkammer
Von der Wenzelskapelle gelangt man zur Kronkammer über dem Südportal, in welcher die böhmischen Kroninsignien aufbewahrt werden. Die Kronkammer ist dem Publikumsverkehr nur zu den jeweils bekanntgegebenen Ausstellungsterminen zugänglich.

**Königspalast (Královský palác)

Der Fürsten- und Königspalast, an dem schichtenweise die historische Entwicklung abgelesen werden kann, steht an der Ostseite des dritten Burghofes. Anstelle eines ersten Fürstenhofes aus dem 9. Jh. wurde hier im 11. Jh. ein romanischer Palast erbaut, der 1135 im Rahmen der gesamten Umbauten der Burganlage neu gestaltet wurde. Ab Mitte des 13. Jh.s fand eine umfassende Vergrößerung während der Regierungszeit von Ottokar II. statt; unter Kaiser Karl IV. erfolgten weitere bauliche Umgestaltungen. Ende des 15. Jh.s führte B. Ried die letzten großen Veränderungen am Palast unter Vladislav Jagiello durch. Bis zum Ende des 16. Jh.s diente der Königspalast als Herrschersitz. Als sich unter den Habsburgern die eigentliche Residenz nach Westen vorschob, wurden seine Räume zu Kanzleistuben bzw. Magazinen umfunktioniert.
Unter dem jetzigen Vladislav-Saal sind im Erd- und im Untergeschoß Teile des romanischen Palastes erhalten. Darüber liegen die unter Přemysl Ottokar II., Karl IV. und Wenzel IV. erbauten neuen Palastanlagen. Den Mittelpunkt des von Vladislav Jagiello durch Umbau und Erweiterung neu errichteten zweiten Stockwerkes bildet der Vladislav-Saal (s. S. 81) als Prunkstück der profanen Burgbauten.

Grüne Stube
Durch den mittleren Eingang unter dem Balkon und rechts vom Adlerbrunnen (von Francesco della Torre, 1664) erreicht man über einen Vorraum links die Grüne Stube. Sie diente Karl IV. als Gerichtssaal und war seit dem 16. Jh. Sitz des Kammer- und Hofgerichtes. An der Ostseite zieren Wappen der Ober- und Niederlausitz die Wände, zudem erinnern mehrere Wappen an die ehemaligen Beisitzer aus dem 18. Jahrhundert.

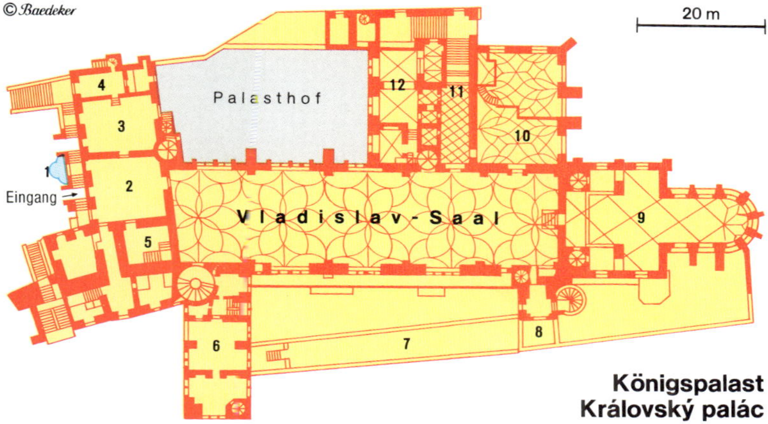

Königspalast
Královský palác

1 Adlerbrunnen
2 Vorsaal (Kleiner Saal)
3 Grüne Stube
4 Vladislav-Schlafstube
5 Romanischer Turm
6 Böhmische Kanzlei
7 Theresianischer Trakt
8 Aussichtsterrasse
9 Allerheiligenkapelle
10 Landtagssaal
11 Reitertreppe
12 Neues Appellationsgericht

Königspalast, Grüne Stube (Fortsetzung)

Im Jahre 1963 wurde die Kopie des barocken Deckenfreskos "Salomonisches Urteil" aus dem ehemaligen Burggrafenamt (heute Haus der Tschechoslowakischen Kinder, s. S. 72) hierher übertragen.
Mit der Grünen Stube sind das Vladislavsche Schlafgemach und das Landtafeldepositorium verbunden. In dem zuerst genannten findet man die Wappen Böhmens, Mährens, Schlesiens und Luxemburgs sowie das königliche Monogramm von Vladislav Jagiello über dem Fenster. Im Depositorium sind die Wappen der Obersten Kämmerer zu sehen.

Vladislav-Saal

Der auch als Huldigungssaal bezeichnete Vladislav-Saal (Abb. s. S. 82) ist 62 m lang, 16 m breit und 13 m hoch. Er wurde in den Jahren 1493–1503 von Benedikt Ried aus Piesting erbaut und ist mit dem spätgotischen Netzgewölbe eines der Prunkstücke des Hradschin.
Hier wurden die böhmischen Könige gewählt, fanden Landtagssitzungen und Reiterturniere statt. Seit 1934 wird in diesem Saal der Präsident der Republik gewählt.

Eine Treppe führt hinauf zu einer Empore, von der man das Innere der Allerheiligenkapelle (s. S. 84) besichtigen kann.

Landtagssaal

Die Tür an der östlichen Stirnwand des Saales führt zum Landtagssaal (auch Landrechtsstube; Abb. s. S. 82), ebenfalls von Benedikt Ried erbaut (um 1500). Nach der Verwüstung durch eine Feuersbrunst wurde er 1559 bis 1563 von Bonifaz Wohlmut in Nachahmung eines spätgotischen Rippengewölbes erneuert. Büsten erinnern an den Baumeister und seinen Bauherrn Kaiser Ferdinand I.
In der Nordwestecke befindet sich die in der Renaissance eingebaute Tribüne des Landesschreibers. Die Wände schmücken Portraits habsburgischer Herrscher. Der Kachelofen dicht beim Eingang wurde 1836 im Stil der Neugotik angefertigt.
Zwischen den Fenstern steht der neugotische Königsthron (19. Jh.); das Löwenwappen darüber stammt aus dem 17. Jahrhundert. Rechts vom Thron saßen einst die geistlichen Würdenträger und Obersten Landes-

Vladislav-Saal

Allerheiligenkapelle

Landtagssaal

Königspalast, Landtagssaal (Fortsetzung)

beamten, gegenüber dem Thron nahmen Adel und Ritterstand ihre Plätze ein. Die Balustrade rechts beim Fenster war den Vertretern der königlichen Städte vorbehalten. Bis 1847 wurden hier die Sitzungen des Obersten Landgerichts und die der Ständetage abgehalten. Heute unterzeichnet der Präsident der Republik nach seiner Wahl in diesem Raum sein Gelöbnis. Zudem tagt hier der Tschechische Nationalrat bei feierlichen Anlässen.

Neue Landtafelstube
Links vom Eingang zum Landtagssaal befindet sich der Zugang zur Stube der Neuen Landtafeln. Die Einrichtung stammt aus dem 17. Jahrhundert. An den Wänden sind die Wappen der Landtafelbeamten aufgehängt.

Reitertreppe
Für die im Vladislav-Saal veranstalteten Reitturniere wurde eine Reitertreppe mit gotischen Rippengewölben errichtet. Über diese Treppe konnten die Teilnehmer zu Pferde den Saal erreichen.

Palasthof
Am Fuße der Reitertreppe liegt rechts der Ausgang zum St.-Georgs-Platz; links gelangt man zu dem auf zwei Seiten von Arkaden umgebenen Palasthof. Eine weitere Treppe führt zum Gotischen Palast (derzeit unzugänglich).

Weitere Räumlichkeiten
Es folgen der Raum der Alten Landtafeln mit von zwei niedrigen Pfeilern getragenen mächtigen Gewölben, ein Arkadengang aus der Zeit Přemysl Ottokars (Otakar) II., der Karlssaal mit Abgüssen der Triforiumsbüsten aus dem Veitsdom, die Alte Registratur (auch Palastküche) und der Säulensaal Wenzels IV. mit einem gotischen Gewölbe vom Ende des 15. Jahrhunderts.

Untergeschoß
Über eine weitere Treppe gelangt man vom Palasthof in das Untergeschoß. Hier sind Reste der Burgbefestigungen zu sehen, die teilweise bis ins 9. Jh. zurückgehen. Dieses Untergeschoß ist ebenso wie der angrenzende romanische Soběslav-Palast derzeit nicht zugänglich.

Ludwigspalast

Der an den Vladislav-Saal angrenzende Ludwigspalast wurde 1502–1509 von Benedikt Ried im Auftrag der Jagiellonen errichtet. Hier liegen in Höhe des Vladislav-Saals die Räume der Böhmischen Kanzlei. Der größere Raum mit dem gotischen Gewölbe war früher Amtssitz der böhmischen Statthalter. Der kleinere Sitzungsraum ist durch ein Renaissanceportal aus dem Jahre 1509, auf dem das Monogramm Ludwigs zu sehen ist, mit dem großen Raum verbunden.
Aus dem Ostfenster des Turmgemaches wurden am 23. Mai 1618 die kaiserlichen Statthalter Jaroslav Bořita von Martinitz und Wilhelm Slavata von Chlum mit dem Schreiber Ph. Fabricius 15 m tief in den Schloßgraben gestürzt (kamen aber "mit der Todesangst, dem Leben und ein paar Schrammen davon"). Dieser Zweite Prager Fenstersturz gab das Signal zum Ausbruch des böhmischen Aufstandes gegen die Habsburger und führte zum Dreißigjährigen Krieg.

Böhmische Kanzlei
Über eine Wendeltreppe erreicht man die ehemalige Kanzlei des Reichshofrates. Hier wurde am 19. Juni 1621 den Vertretern des Ständeaufstandes gegen die Habsburger das Todesurteil verlesen. Die Eingangstür zieren Intarsienarbeiten aus dem 17. Jahrhundert; die Kanzleieinrichtung stammt aus der Zeit der Spätrenaissance. Über der Tür zeigt das Bild von I. Raab die Belagerung Prags durch die Preußen im Jahre 1757. Das Porträt des spanischen Königs Philipp IV. links an der Wand ist die Kopie eines Gemäldes von Velázquez. Die beiden hölzernen Zeremonienschilder über dem Kachelofen aus dem 17. Jh. stellen die Begräbnisse von Maxi-

Königspalast, Böhmische Kanzlei (Fortsetzung)

milian II. und Rudolf II. dar. – Über eine zweite, derzeit gesperrte Wendeltreppe kann man in den Vladislav-Saal zurückkehren.

Allerheiligenkapelle
Auf der östlichen Stirnseite des Vladislav-Saales führt eine kurze Treppe zu der von Peter Parler 1370–1387 errichteten Allerheiligenkapelle (Abb. s. S. 82). Nach einem Brand im Jahre 1541 ließ Königin Elisabeth, die Tochter Maximilians II., die Kapelle 1579–1580 umbauen, vergrößern und mit dem Vladislav-Saal verbinden. Durch ein Renaissanceportal betritt man das Innere der Kapelle, deren Hochaltar (von P. Prachner, um 1750) ein Allerheiligenbild von W. L. Reiner schmückt. Die Kreuzabnahme am rechten Seitenaltar ist eine Spätrenaissancearbeit der rudolfinischen Schule. Ende des 16. Jh.s entwarf Hans von Aachen das Engeltriptychon unter der Empore. Die geschnitzte Tumba (1739) mit den Reliquien des hl. Prokop stammt von F. I. Weiss. Ein Gemäldezyklus (von Christian Dittmann, 1669) aus dem Leben dieses Heiligen schmückt die Wände des Chores.
Die Kapelle war ursprünglich dem ehemaligen Theresianischen Adligen Damenstift (östlich anstoßendes Gebäude) angegliedert.

St.-Georgs-Basilika (Bazilika svatého Jiří)

An der Ostseite des Georgsplatzes, gegenüber dem Chorabschluß des Veitsdomes, erhebt sich die zweitürmige romanische St.-Georgs-Basilika (heute Konzertsaal), der älteste erhaltene Kirchenbau auf der Prager Burg.
Die Basilika wurde 912 von Herzog Vratislav I. begonnen und um 925 geweiht. In den Jahren 1142 und 1541 durch Brände verwüstet, wurde sie danach mehrmals umgebaut. Die jetzige Barockfassade erhielt sie um 1670.
Bei den Renovierungen von 1897–1907 und 1959–1962 wurde das romanische Gepräge der Kirche wiederhergestellt: weiße schlanke Türme im

Fassade der St.-Georgs-Basilika

St.-Georgs-Basilika (Fortsetzung)

äußeren Panorama, Wechsel von Stützpfeilern und Säulen im Inneren sowie dreibogige Emporen in den dicken Mauern über den Arkaden.

Südportal
Das Südportal (um 1500) im Frührenaissancestil stammt aus der Werkstatt des Benedikt Ried; es ist geschmückt mit der Kopie eines spätgotischen St.-Georg-Reliefs, dessen Original sich im Kloster befindet.

Hauptschiff, Chor und Krypta
Das Hauptschiff besitzt Tribünenfenster aus dem 12. Jh. sowie die ursprünglichen Arkaden aus dem 10./11. Jahrhundert. Im erhöhten Chor befinden sich Reste romanischer Deckenmalereien ("Himmlisches Jerusalem", nach 1200). Spätrenaissancefresken (16. Jh.) an der Apsisdecke stellen die Krönung der Jungfrau Maria dar. Vor dem Eingang zur Krypta umgibt ein schmiedeeisernes Barockgitter (um 1730) das Grabmal Herzog Boleslavs II. (†999); rechts davon sieht man die bemalte Holztumba Vratislavs I. (†921). Mitte des 12. Jh.s wurde die Krypta angelegt; die Figur der hl. Brigitte ist ein Werk von B. Spinetti.

Die Kapelle der hl. Ludmilla
Im 13. Jh. erbaut, wurde die Kapelle der hl. Ludmilla im 14. Jh. für die Reliquien umgestaltet. Im Renaissancegewölbe befindet sich das von Peter Parler um 1380 geschaffene Grabmal der Landesheiligen Ludmilla (921 ermordet), deren Leben an der Westwand der Kapelle auf einem Fresko (1858) von J.V. Hellich dargestellt ist. Weitere Malereien vom Ende des 16. Jh.s zeigen Christusbilder, die Jungfrau Maria, die Evangelisten und böhmische Landesväter.

Johannes-von-Nepomuk-Kapelle
An die Südmauer der Basilika baute F.M. Kaňka 1718–1722 die Johannes-von- Nepomuk-Kapelle. Die Statue des Heiligen an der Fassade schuf F.M. Brokoff. Im Inneren sind beachtenswert die Kuppelfresken – Apotheose des Heiligen – und das Altarbild von W. L. Reiner. Um 1730 entstanden die Statuen des hl. Adalbert und des hl. Norbert, die in den Nischen der Kapelle aufgestellt sind.

*Sammlung alter Kunst Böhmens der Nationalgalerie
(Sbírka starého českého umění · Národní galerie)

Öffnungszeiten
Di.–So.
10.00–18.00

An die St.-Georgs-Basilika stößt das Benediktinerinnenkloster zum hl. Georg an, 973 von Herzog Boleslav II. und seiner Schwester Mlada, die auch erste Äbtissin des Klosters wurde, gegründet. Der vorromanische, ottonische Bau ist der älteste Klosterbau in Böhmen. Nach Schäden durch Feuersbrünste 1142 und 1541 wurde das Kloster mehrmals umgebaut, vergrößert, barockisiert (1657–1680) und 1782 aufgehoben. Heute beherbergt es die Sammlung alter Kunst Böhmens der Nationalgalerie.

Untergeschoß

Die Sammlung ist chronologisch geordnet und beginnt mit der Gotik (Untergeschoß). Die Plastiken und Tafelbilder stammen größtenteils aus böhmischen Kirchen. Die Künstler, deren Namen unbekannt sind, werden jeweils nach ihrem Werk und nach dem Ort benannt, an dem ihre Arbeit gefunden wurde. Die Mutter Gottes erscheint in der mittelalterlichen Kunst Böhmens als häufigstes Motiv.
Durch das Mäzenatentum Karls IV. wurde das künstlerische Schaffen während der Gotik gefördert, setzte sich aber auch über Karl hinaus fort, so in den Werken der Prager Malerschule, die hier mit ihren schönsten Werken vertreten ist.

Nordgang
Den langen Nordgang beherrschen das monumentale Tympanon aus der Kirche ⟶ Maria Schnee (1346) und frühgotische Madonnenfiguren.

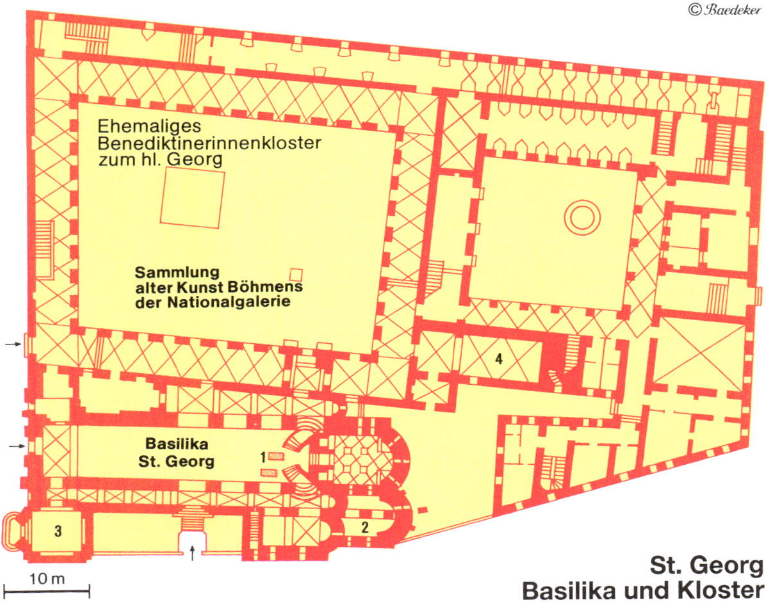

1 Grabmäler der Přemyslidenfürsten
2 Kapelle der hl. Ludmilla
3 Kapelle des hl. Johannes von Nepomuk
4 Kapelle der hl. Anna

St. Georg Basilika und Kloster

Bazilika a klášter svatého Jiří

St.-Georgs-Kloster, Sammlung alter Kunst Böhmens der Nationalgalerie (Fortsetzung)

Saal des Zyklus des Meisters von Hohenfurth

Ein eigener Saal ist dem Zyklus des Meisters von Hohenfurth (Mistr vyšebrodského oltáře) gewidmet, einem um 1330–1350 entstandenen, aus neun Tafeln bestehenden Altar des ehemaligen Zisterzienserstiftes von Hohenfurth: Verkündigung, Geburt Christi, Kreuzigung, Beweinung, Auferstehung, Christi Himmelfahrt, Christus auf dem Ölberg, Anbetung der Weisen, Ausgießung des Heiligen Geistes.

Reiterstatue des hl. Georg

Weiter im Nordgang steht das Original der Reiterstatue des hl. Georg aus dem dritten Burghof. Diese 1373 von Martin und Georg von Klausenburg in Bronze gegossene Figur ist die erste freie Plastik, die nördlich der Alpen geschaffen wurde.

Saal des Meisters Theoderich

Es schließt sich der Saal des Meisters Theoderich an. Theoderich, der einzige namentlich bekannte Künstler der hier mit Werken vertretenen Maler dieser Zeit, ist ein Repräsentant des sog. schönen oder weichen Stils der gotischen Malerei Böhmens. Er schuf für Karl IV. auf der Burg ⟶ Karlstein Wandgemälde und 128 Tafelbilder, von denen hier fünf (Hl. Elisabeth, Hl. Veit, Hl. Hieronymus, Hl. Matthäus, Papst Gregor; Mitte 14. Jh.) zu sehen sind.

Über diesen 'weichen' Stil hinaus gehen das Votivbild des Prager Erzbischofs Johann Očko von Vlašim (um 1370) mit porträtähnlichen Darstellungen von Karl IV. und Wenzel IV. sowie die "Kreuzigung" (Ende 14. Jh.) aus dem ⟶ Emmauskloster.

Sammlung alter Kunst Böhmens (Fortsetzung)

Korridor
Der lange Korridor zeigt wertvolle Statuen aus dem späten 14. Jh., kleinere Exponate sind in Vitrinen ausgestellt.

Erdgeschoß

Saal des Zyklus des Meisters von Wittingau
Der erste Saal im Erdgeschoß ist dem nur fragmentarisch erhaltenen Zyklus des Meisters von Wittingau (Mistr třeboňského oltáře) gewidmet. Die drei beidseitig bemalten Tafeln des Flügelaltars (nur an Feiertagen geöffnet) stellen auf der freistehenden Seite Christus am Ölberg, die Auferstehung und die Grablegung Christi dar, auf der Rückseite einen Zyklus von Heiligenbildern ("Hl. Katharina, Hl. Maria Magdalena, Hl. Margaretha"; "Hl. Ägidius, Hl. Gregor, Hl. Hieronymus"; "Apostel Jakobus d. J., Apostel Bartholomäus, Apostel Philippus"), der ebenfalls aus der Werkstatt des Meisters von Wittingau stammt (er selbst malte nur die Köpfe).

Tympanon der Teynkirche
Einen eigenen Raum – zugänglich vom Nordkorridor – hat das Tympanon vom Nordportal der ⟶ Teynkirche, ein 1402–1410 von Peter Parlers Bauhütte geschaffenes Werk, das drei Szenen aus der Leidensgeschichte Christi darstellt: Geißelung, Kalvarienberg und Dornenkrönung.

Nordgang
Der Nordgang enthält Bilder und Skulpturen, welche die Entwicklung der spätgotischen Kunst in Böhmen unter besonderer Berücksichtigung des 'weichen' Stils belegen. Von den Madonnen sind vor allem die Stillende Madonna aus Konopiště (um 1380), die besonders kindhaft wirkende Madonna von Český Krumlov (Krumau; um 1400) und die Madonna von Zlatá Koruna (Goldenkron; 1410) zu erwähnen.
Die Kreuzigung des Meisters von Raigern (Anfang 15. Jh.) stellt mit ihrer fast karikaturistischen Verzerrung der Typen eine Wende in der Malerei Böhmens dar.

Renaissancewerke
Unter den Renaissancewerken sind beachtenswert die "Heimsuchung Mariä" des Meisters von Leitmeritz (Litoměřice; 1505), die "Beweinung Christi" von Žebrák und der holzgeschnitzte Altarschrein des Meisters IP (Monogrammist; um 1520), eines unbekannten Künstlers, der den Einfluß Albrecht Dürers erkennen läßt. Die zuletzt genannte Reliefarbeit befindet sich im Raum vor dem Aufgang zum ersten Stock.

Erster Stock

Die Exponate im ersten Stock zeigen die Entwicklung vom Manierismus (Ende 16. Jh.) über Barock und Rokoko bis zum Ende des 18. Jahrhunderts.

Manierismus
Am Anfang dieser Abteilung stehen die Künstler des nordischen Manierismus am Hofe Rudolfs II. (1576–1611): der niederländische Maler Bartholomäus Spranger (1546–1611; "Auferstehung Christi", 1576; "Epitaph des Goldschmieds Nikolaus Müller", um 1590), der Prager Hofmaler Hans von Aachen (1552–1615; "Kreuztragung", 1587), der Schweizer Maler Josef Heintz Roelandt Savery (1564–1609; "Jüngstes Gericht", 1607) sowie der niederländische Bildhauer Adriaen de Vries (1560–1627; Bronzebild des Herkules).

Barock
Unter den Gemälden aus dem Barock seien hervorgehoben die Werke von Karel Škréta (1610–1674; "Vestalin Tuscia", um 1603; "Taufe Christi", um 1660), von Johann Peter Brandl (1669–1735; "Heilung des blinden Tobias", um 1795; "Portrait eines älteren Mannes", um 1720) und des Porträtisten Johannes Kupecký (1667–1740; "Bildnis seiner Frau", 1711; Porträt einer jungen Pragerin", 1716; eigener Saal) sowie von Wenzel Lorenz Reiner (1689–1743; "Türkenschlacht", 1708; "Landschaft mit

Hradschin, St.-Georgs-Kloster, Sammlung alter Kunst Böhmens der Nationalgalerie, Erster Stock, Barock (Fortsetzung)

Wasserfall und Fischern", um 1740) hervor, ferner die Arbeiten von Michael Leopold Willmann (1630–1706; "Befreiung der Andromeda", um 1695; "Kreuzigung", um 1700), dem Hofmaler des Großen Kurfürsten von Preußen.
Mit bedeutenden Skulpturen vertreten sind daneben die Bildhauer Ignaz Franz Platzer (1717–1787; "Hl. Barbara", um 1750), der gebürtige Tiroler Matthias Bernhard Braun (1684–1738; Attika-Statuen vom ⟶ Palais Clam-Gallas: "Jupiter", "Vulkan", "Venus", "Merkur", 1714 bis 1716), Ferdinand Maximilian Brokoff (1688–1731; "Erzengel Raphael", um 1724) und Johann Georg Bendl (1630–1680; "Erzengel Raphael", um 1650).

Rokoko
Die Entwicklung zum Rokoko verdeutlichen Bilder von Anton Kern (1709–1747; "Hl. Johannes auf Patmos", "Erziehung der Jungfrau Maria") und dem Genremaler Norbert Grund (1717–1767; "Die Ernste", "Die Malerwerkstatt").

*Hradschiner Platz (Hradčanské náměstí) D 2

Lage
Praha 1, Hradčany,

U-Bahn-Stationen
Hradčanská, Malostranská

Straßenbahnlinien
22, 23

Stadt Hradschin
Die Stadt Hradschin, um 1320 als dritte Prager Stadt gegründet, war keine königliche Freistadt, sondern unterstand dem Burggrafen des Hradschin. Sie nahm anfangs nur den Raum um den Hradschiner Platz ein, bis Karl IV. sie erweiterte und mit einem Mauerring umgab.

Hradschiner Platz
Der Hradschiner Platz mit der barocken Pestsäule (Marienstatue mit den acht Landespatronen) von Ferdinand Maximilian Brokoff (1725; Abb. s. S. 38) und einem sehenswerten gußeisernen Kandelaber aus der Zeit der Gasbeleuchtung im 19. Jh., bildet den Zugang zur Prager Burg (⟶ Hradschin) und war Zentrum der ehemaligen Stadt Hradschin. Über ihn führte der Krönungsweg der böhmischen Könige, der seinen Anfang beim ⟶ Vyšehrad nahm. Auf dem Hradschiner Platz wurden 1547 die Führer der mißlungenen Ständeerhebung gegen den Habsburger Ferdinand I. hingerichtet. Er besitzt heute noch Umfang und Grundriß eines mittelalterlichen Marktplatzes, hat diese Rolle jedoch nie gespielt.
Nach dem Brand von 1541 wurde der Platz gänzlich umgestaltet. Alle bürgerlichen Häuser wurden abgetragen, um Palästen für Adel und Domherren Platz zu machen.

Parler-Haus

Im sächsisch-lauenburgische Residenz genannten Hause Nr. 10 wohnte 1372 der berühmte Baumeister des Veitsdoms, Peter Parler, dem auch einst das Palais Hrzán an der ⟶ Loretogasse gehörte. Im 18. Jh. erhielt das Haus zusammen mit dem Nachbargebäude (Nr. 9), ehemals im Besitz der Familie Rosenberger, eine gemeinsame Fassadenverkleidung.

Palais Toscana (Toskánský palác)

Das zweistöckige, vierflügelige Palais (Nr. 5) wurde 1689–1691 von dem französischen Architekten Jean Baptiste Mathey für Michael Oswald Thun-Hohenstein erbaut. Von 1718 bis 1918 war es im Besitz der Herzöge von Toscana; heute gehört es zum Außenministerium der ČSFR.
Die Ausgewogenheit der Proportionen erwächst aus der kühlen Distanziertheit von der Umgebung. Die frühbarocke Stirnwand ist mit zwei Säulenportalen und mit Wappen der toskanischen Herzöge auf der breiten Front über den Balkonen geschmückt; die Gebäudeattika trägt sechs Barockstatuen der freien Künste von Johann Brokoff. Die Eckplastik des hl. Michael im Kampf mit dem Drachen stammt von Ottavio Mosto aus dem Jahre 1693.

Kandelaber der Jahrhundertwende

Palais Hrzán (Detail)

Erzbischöfliches Palais (Arcibiskupský palác)

Das jüngst restaurierte Erzbischöfliche Palais (Abb. s. S. 38) an der Nordseite des Platzes war ursprünglich ein Renaissancehaus, welches Ferdinand I. dem königlichen Sekretär Florian von Gryspek abkaufte und dem ersten katholischen nachhussitischen Erzbischof übergab. In den Jahren 1562–1564 wurde es nach Plänen von H. Tirol umgebaut, um 1600 vergrößert und 1675–1684 von dem französischen Architekten Jean Baptiste Mathey barockisiert und mit einem prunkvollen Hauptportal (1676) versehen. Die heutige Rokokogestalt mit der Marmorverblendung der Fassade geht auf Johann Joseph Wirch zurück (1763–1764), das Familienwappen des Fürsterzbischofes Anton Peter Graf von Přichowitz (Wurzelsdorf) krönen Plastiken des Bildhauers I. F. Platzer, von denen "Glaube" und "Hoffnung" 1888 durch neue Arbeiten von T. Seidan ersetzt wurden.
Unter J. J. Wirch wurde auch die prachtvolle spätbarocke Innenausstattung gefertigt. Neun von A. Desportes im Pariser Atelier Neilson gefertigte Gobelins behandeln hier die Themen "Das alte und das neue Indien". Besondere Erwähnung verdienen zudem die reichen Holzschnitzarbeiten, Stuckverzierungen, zwei gotische Reliquienbüsten der Apostel Petrus und Paulus in der Kapelle sowie die Glas- und Porzellansammlung.

Palais Martinitz (Martinický palác)

An der Nordwestecke des Hradschiner Platzes steht das Palais Martinitz (Abb. s. S. 34), heute Sitz des Obersten Architekten der Hauptstadt. In den Palastsälen werden Ausstellungen, Konzerte und literarische Vorträge veranstaltet.
Dieser schöne Renaissancebau wurde ursprünglich am Ende des 16. Jh.s als schlichtes Gebäude mit vier Flügeln für Andreas Teyfl errichtet; 1624 übernahm es Jaroslav Bořita von Martinitz, der durch seinen Hinauswurf

Palais Schwarzenberg

Palais Martinitz (Fortsetzung)

beim Zweiten Prager Fenstersturz in die Geschichte eingegangen ist. J.B. von Martinitz erhöhte das Gebäude um ein Stockwerk und ließ die Renaissancegiebel und die Wappen anbringen. Die östliche Hausfront schmücken figurale Renaissance-Sgraffiti mit Szenen aus dem Leben Samsons (nach deutschen Holzschnitten des 15. Jh.s) und Szenen aus dem Leben des Herakles (um 1634). Bei einer in neuerer Zeit durchgeführten Restaurierung entdeckte man ähnliche Sgraffiti aus dem 16. Jh. und der ersten Hälfte des 17. Jh.s mit biblischen Szenen auf der dem Platz zugewandten Palastfront (u.a. Josefs Flucht vor Potiphars Frau).

Palais Schwarzenberg mit Museum für Heeresgeschichte

(Vojenské muzeum · historicka expozice)

Öffnungszeiten
Mai–Okt.
Di.–So.
9.30–16.30

Das ehemalige Palais Schwarzenberg, in dem heute neben der Schweizer Botschaft das Museum für Heeresgeschichte untergebracht ist, bildet zusammen mit der Burg und dem Erzbischöflichen Palais die Dominante des Hradschinpanoramas. Mit den reich verzierten Giebeln, dem weit vorgeschobenen Lünettengesims nach lombardischem Vorbild, dem kunstvollen Sgraffitodektor in Diamantquadermanier, das 1567 nach norditalienischen, vor allem venezianischen Graphikmustern geschaffen und Ende des 19. sowie Mitte des 20. Jh.s rekonstruiert wurde, und den Darstellungen antiker Götter sowie allegorischer Figuren im Inneren ist das einstige Palais Schwarzenberg ein Musterbeispiel der Renaissance nördlicher Prägung.

Der Eckpalast an der Südfront des Platzes entstand durch einen Umbau zweier Renaissancepaläste, der 1800–1810 von F. Pavíček für den Erzbischof Salm – daher die Initiale 'S' über dem Portal – im Empirestil durchgeführt wurde.

Im rechten Gebäudeteil ist das Museum für Heeresgeschichte eingerichtet. Dieser Bau ist ein Werk von Agostino Gali aus den Jahren 1545–1563.

Hradschiner Platz, Palais Schwarzenberg (Fortsetzung)

Das Museum stellt in seiner historischen Exposition die Entwicklung der Kriegskunst bis 1918 vor.
Temperafresken (um1580) eines unbekannten Künstlers zieren die Decke im Hauptsaal der zweiten Etage. Sie zeigen Personifikationen und Allegorien zu Homers berühmten Dichtungen (Das Urteil des Paris, Helenas Entführung, Szenen aus dem Trojanischen Krieg und die Flucht des Äneas aus dem brennenden Troja). Im Nachbarraum ist die Phaeton-Sage dargestellt. Zwei weitere Säle sind mit Gemälden von Chronos und Persephone sowie von Jupiter und Juno ausgeschmückt.
Im Innenhof sind Land- und Seegeschütze aus dem 16.–20. Jh. zu sehen.
Die historischen Sammlungen enthalten neben prähistorischen Waffengeräten alle in der Geschichte der Kriegskunst bekannt gewordenen Waffen der europäischen Heere.
Hier befindet sich auch eine große Ausstellung von Heeresuniformen aller Dienstgrade aus verschiedenen Ländern, eine Orden- und Auszeichnungensammlung, Militärfahnen, Banner, Karten und Pläne bedeutender Schlachten.

Palais Sternberg

⟶ Sammlung europäischer Kunst der Nationalgalerie

**Josefstadt (Josefov; ehemalige Judenstadt) D 4

Lage
Praha 1,
Staré Město,
Jáchymova

U-Bahn-Station
Staroměstská

Straßenbahnlinien
17, 18

Buslinie
207

Eingeschlossen in den nördlichen Altstadtkern liegt die einstige Judenstadt, die zu den ältesten und bedeutendsten jüdischen Gemeinden des ganzen Abendlandes zählte, später zum Andenken an Kaiser Joseph II. Josefstadt (Josefov) genannt. Mehrere Komplexe der ehemaligen Judenstadt, darunter das Rathaus, die Synagogen und der Friedhof sind als Staatliches Jüdisches Museum zugänglich.

Historische Entwicklung
Der Sage nach erschien bereits Fürstin Libussa einst im Traum ein kleines Volk Vertriebener, das ihrem Land viel Gutes bringen sollte. Eingedenk dieses Traumes seiner Mutter, nahm Nezamysl eine Gruppe von jüdischen Flüchtlingen aus Litauen auf und erlaubte ihnen, sich am linken Moldau-Ufer anzusiedeln. Als dieser Platz unter Bořivoj nicht mehr ausreichte, wies der Fürst den Juden ein neues Wohngebiet am rechten Flußufer zu, aus dem das spätere Judenviertel entstand.

Eine erste schriftliche Erwähnung von Prag um 965 durch den jüdischen Kaufmann Ibrahim Ibn Jakub weist ebenfalls darauf hin, daß die Juden wahrscheinlich schon vor dem 10. Jh. in Prag auf der Kleinseite und unter dem Vyšehrad ansässig waren, vor allem als Händler, da ihnen eine Betätigung als Landwirte oder Handwerker untersagt war. Seit Ende des 12. Jh.s bewohnten sie in der Umgebung der heutigen Altneusynagoge eine selbständige, durch eine Mauer mit sieben Toren umfriedete Siedlung, deren Abgrenzung auf dem Dritten Laterankonzil (1179) beschlossen worden war, dem zufolge die Juden von den Wohnungen der Christen durch einen Zaun, eine Mauer oder einen Graben getrennt leben mußten. Dieses Ghetto wurde im 17. Jh. wesentlich erweitert. Unter den Habsburgern Maximilian und Rudolf II. gab es zeitweise über 7000 Juden in dem kleinen, immer enger und lichtloser werdenden Bezirk.
Der Finanzchef Rudolfs II., Mordechaj Markus Maisl, ließ die Gassen pflastern, das Jüdische Rathaus, die Maislsynagoge errichten und den heute vielbesuchten Alten Jüdischen Friedhof anlegen.
Im Jahre 1512 wurde in der Judenstadt die erste hebräische Druckerei Mitteleuropas eingerichtet. Es entstanden Schulen, Synagogen, Bäder, ein Kranken- und ein Armenhaus sowie eine Begräbnisbruderschaft. Ab 1573 wirkte hier auch der Hohe Rabbi Löw, ein Theologe und Kabbalist, der im Mittelpunkt zahlreicher Legenden steht und den Golem erschaffen haben soll. Brände (1378, 1754), häufige Pogrome, u.a. 1389, bei dem

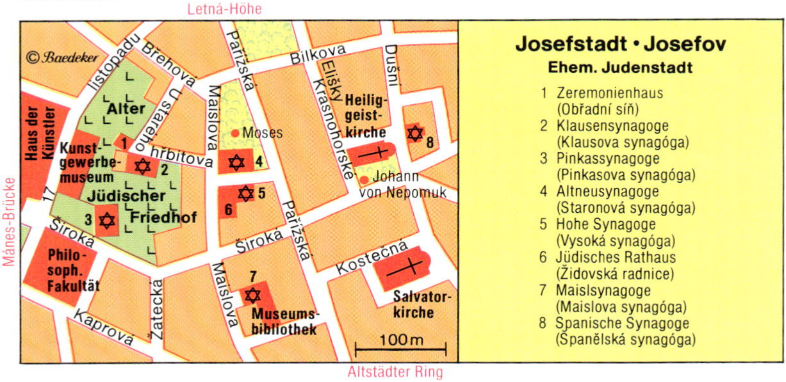

Historische Entwicklung (Fortsetzung)

über 4000 Juden im Ghetto getötet wurden, Plünderungen und gewaltsame Vertreibungen verwüsteten die Judenstadt mehrmals im Laufe der Jahrhunderte.
Nachdem Kaiserin Maria Theresia (1740–1780) im Dezember 1744 ein Dekret verfügt hatte, welches die Ausweisung aller Juden aus Böhmen vorsah, verließen die letzten Einwohner des Ghettos im Frühjahr 1745 ihre Häuser. Erst drei Jahre später bewirkten die wirtschaftlichen Konsequenzen und der Druck ausländischer Mächte eine Rücknahme des Dekretes und die Rückkehr der Juden. Kaiser Joseph II. (1780–1790) ließ die Ghettomauern abreißen und machte die einstige Judenstadt zum fünften Prager Verwaltungsbezirk. Ihm verdankt das Viertel seinen Namen Josefstadt.
Erst nach der Revolution von 1848 erhielten die Juden Bürgerrechte. Durch die Liberalisierung der Wohnungswahl kam es zu beträchtlichen Verschiebungen in der Bevölkerungsstruktur der Josefstadt. Während bessergestellte Juden zunehmend in andere Stadtviertel umzogen, blieben in den alten Häusern und Kleinstwohnungen ohne Wasseranschluß und Kanalisation schließlich die ärmsten Bevölkerungsschichten der Juden und Christen zurück. Bei der 1893 durchgeführten Sanierung wurden alle Häuser abgerissen – bis auf die historisch wertvollsten Gebäude, welche heute als Staatliches Jüdisches Museum zusammengefaßt sind. Die Prager deutschsprachige Literatur mit Franz Kafka, Franz Werfel, Egon Erwin Kisch, Max Brod u.a. bildete in der Zeit zwischen den beiden Weltkriegen einen Höhepunkt in der deutschen Literatur. Bis 1939 bekannte sich ein großer Teil der Prager Juden zur deutschen Sprache und Kultur. Der nationalsozialistische Rassenwahn in den Besatzungsjahren 1939 bis 1945 versetzte der lebhaften Prager Judengemeinde den Todesstoß. Während des Zweiten Weltkrieges kamen 90% der Juden aus Böhmen und Mähren ums Leben. Ihre Namen wurden auf der "Gedenktafel der 77297" verzeichnet, die man in der Pinkassynagoge aufstellte. Das jüngst durch einen Wasserschaden zerstörte Mahnmal wird nach Umbau und Restaurierung der Pinkassynagoge im Inneren durch entsprechende Wandtafeln mit den Namen der Opfer des Nationalsozialismus ersetzt.

**Staatliches Jüdisches Museum (Státní Židovské muzeum)

Lage
Jáchymova 3

Das Jüdische Museum, seit 1950 unter staatlicher Obhut, verwaltet nicht nur Objekte der ehemaligen Judenstadt. Die nationalsozialistischen Machthaber wollten während ihrer Vernichtungsaktion aus den 1939 nur geringen Beständen des damaligen Jüdischen Museums ein 'Exotisches

Altneusynagoge und Jüdisches Rathaus ▸

ADI 40-05

Staatliches Jüdisches Museum (Fortsetzung)

Museum einer ausgestorbenen Rasse' machen. Während der deutschen Besatzungszeit wuchs die Sammlung auf fast 200000 Stücke an. Unfreiwillig haben dabei böhmische, mährische und andere europäische Synagogen das Material für eine einzigartige Dokumentation jüdischen Glaubens und kulturellen Lebens geliefert.

Öffnungszeiten

April – Oktober: So. – Fr. 9.00 – 17.00 Uhr,
November – März: So. – Fr. 9.00 – 16.30 Uhr.
Führungen werden regelmäßig während der Öffnungszeiten angeboten.

Jüdisches Rathaus (Židovská radnice)

Lage
Maislova 18 / Ecke Pařížská

Im ehemaligen Jüdischen Rathaus haben heute die Prager Jüdische Gemeinde und der Rat der Jüdischen Gemeinden der ČSFR ihren Sitz. Mordechaj Markus Maisl, der Bürgermeister der Judenstadt unter Kaiser Rudolf II., stiftete dieses Rathaus der jüdischen Gemeinde. Der Bau wurde 1586 im Renaissancestil aufgeführt (Pankraz Roder) und 1765 von Josef Schlesinger barockisiert. Der südliche Anbau stammt aus dem ersten Jahrzehnt des 20. Jahrhunderts. Der Nordgiebel unter dem hölzernen Uhrturm besitzt eine Uhr mit hebräischen Ziffern. Die Zeiger laufen links herum, da auch das Hebräische von rechts nach links gelesen wird.

Hohe Synagoge (Vysoká synagóga)

Lage
Červená 4

In der ursprünglich zum Jüdischen Rathaus gehörenden Hohen Synagoge veranstaltet das Staatliche Jüdische Museum Ausstellungen über Synagogentextilien, ergänzt durch Handschriften und silberne Geräte.
Der wesentliche Teil der Textilsammlung war früher in der Spanischen Synagoge untergebracht. Anfang der achtziger Jahre entstand nach Entwürfen von Zdeněk Rossmann eine neue repräsentative Ausstellung, die eine chronologische Entwicklungsreihe vom Ende des 16. Jh.s bis zu den dreißiger Jahren unseres Jahrhunderts vorstellt. In erster Linie handelt es sich um böhmische Stickereien und Synagogentextilien, aber auch nach Böhmen importierte Stoffe aus Mitteleuropa und dem Nahen Osten gehören dazu. Der erste Saal stellt Arbeiten aus dem häuslichen Bereich vor (Sabbat- und Pessachdecken, Brauthauben, Hochzeitspokal); der zweite Saal birgt die einmalige Sammlung der Thorawickel, die rund 1570 Exemplare umfaßt. Ein Wickel wurde zur Geburt eines Sohnes im Hause hergestellt und beim ersten Besuch des Kindes in der Synagoge dieser geweiht. Dort diente er zum Einwickeln des Pentateuch, genannt Thora, aus welcher der Junge bei seiner Mündigkeitsfeier im dreizehnten Lebensjahr vorlaß. Vier zusammengenähte Leinenstücke bilden den Wickel, dessen Inschriften und Ornamente gute Wüsche für die Zukunft des Knaben bedeuten. Meist jüngeren Datums (19. Jh.) sind die Polster und Decken für das Pult beim Thoraschrein. Besondere Beachtung verdient zudem der Mantel des Schlomo Molcho (um 1500 – 1530) aus Portugal. Der dritte Saal ist Vorhängen, Draperien und Thoramäntelchen gewidmet, die zum großen Teil aus Prag stammen. Zu den bemerkenswertesten Arbeiten zählen die Thoravorhänge der Applikationstechnik mit Renaissanceornamentik, u.a. der Vorhang des Mordechaj Maisl aus dem Jahre 1593 für die von ihm gegründete Synagoge. Die Barockornamentik des 17./18. Jh.s kennzeichnen prunkvolle Stickereien (u.a. Vorhang aus Brünn, 1697; Thoramantel der Klausensynagoge, 1696; Draperie der Pinkassynagoge, 1786). Volkstümliche Synagogentextilien aus böhmischen und mährischen Landgemeinden präsentieren sich im vierten Saal (u.a. aus Brünn, 1837).

Die Hohe Synagoge wurde 1568 von Pankraz Roder als quadratischer Saal im Renaissancestil erbaut, im 19. Jh. vom Rathaus abgetrennt und mit einem eigenen Stiegenhaus sowie einem Zugang zur Straße versehen. Der im ersten Stockwerk des Rathauses – daher 'Hohe' Synagoge – angelegte

Innenraum wurde im 17. Jh. erweitert und im 19. Jh. im Stil der Neorenaissance umgebaut. Mit seinem prächtigen Sterngewölbe steht dieser Saal – ein Muster israelitischer Sakralbauten – im Gegensatz zum einfachen Äußeren der Synagoge.

Altneusynagoge (Altneuschul; Staronová synagóga)

Gegenüber der Hohen Synagoge steht die Altneusynagoge (freitags schon ab 16.00 Uhr geschlossen), ursprünglich ‘Neue’ bzw. ‘Große Synagoge’ genannt, die nach dem Bau einer weiteren Synagoge in der Judenstadt im 16. Jh. ihren jetzigen Namen erhielt. Sie ist die einzige Synagoge diesen Alters auf europäischem Boden, die noch als Gotteshaus dient.
Ihr ältester Teil ist die frühgotische Südhalle, ursprünglich Hauptraum des Bethauses, an die im 13. Jh. ein zweischiffiger Saal im Stil der Zisterziensergotik angebaut wurde. Sie enthält ein für die böhmische Architektur einmaliges fünfrippiges Gewölbe. Die Backsteingiebel stammen aus dem 15. Jh., nachdem das Holz durch den Stadtbrand von 1338 zerstört worden war. Im 17. und 18. Jh. wurden die Frauengalerien vollendet – im Hauptraum dürfen nur die Männer beten. Die große Fahne ist ein Geschenk Kaiser Ferdinands III., der damit der jüdischen Gemeinde für Verdienste im Kampf gegen die Schweden am Ende des Dreißigjährigen Krieges (1648) dankte. Diese rote Fahne mit Stern und Hut galt seither als offizielles Banner der Prager Juden, das sich sogar auf dem historischen Wappen der Hauptstadt als dritte Fahne von rechts neben dem böhmischen Löwen wiederfindet. Prag ist damit die einzige Stadt der Welt, welche eine jüdische Fahne im Wappen trägt.
Auf der Ostseite der Synagoge befindet sich in einem Thoraschrein die Pentateuch-Pergamentrolle (die fünf Bücher Mose). In der Mitte erhebt sich die durch ein Gitter (15. Jh.) abgetrennte Kanzel (Almemor). Die hebräischen Inschriften an den Wänden erwähnen eine Renovierung der Syn-

Thoraschrein in der Altneusynagoge

Klausensynagoge

Altneusynagoge (Fortsetzung)

agoge im Jahre 1618. Weitere umfassende Rekonstruktionen erfolgten 1883 und 1966.
Auf dem Dachboden der Altneusynagoge sollen sich der Legende nach die Überreste des Golem befinden, der berühmtesten Prager Sagengestalt, die 1580 n. Chr. bzw. 5340 nach jüdischer Zeitrechnung von Rabbi Löw aus Lehm erschaffen wurde, um die Juden Prags vor Verfolgung zu schützen. Literarisch verarbeitet wurde die Geschichte des Golem nicht nur von tschechischen, sondern auch von deutschen Schriftstellern, wie beispielsweise von Gustav Meyrink (1868–1932) in seinem Roman "Der Golem" und von dem Reporter Egon Erwin Kisch (1885–1948) 'Auf den Spuren des Golem' in seinem Werk "Pulverturm".
Im kleinen Park neben der Altneusynagoge steht eine Mosesstatue von František Bílek (1872–1941).

Klausensynagoge (Klausova synagóga)

Durch die Gasse 'U starého hřbitova' ('Am alten Friedhof') gelangt man von der Altneusynagoge zur Klausensynagoge.
Die 1694 im Barockstil errichtete und 1884 äußerlich umgestaltete Klausensynagoge enthält eine Dauerausstellung mit hebräischen Handschriften und alten Drucken. In der Klausensynagoge lehrte der Rabbi Löw ben Bezalel als einer der wichtigsten jüdischen Philosophen des 16. Jahrhunderts.

Zeremonienhaus

Rechts vom Eingang zum Alten Jüdischen Friedhof steht das neoromanische Zeremonienhaus mit einem kleinen Turm von 1906. Hier finden regelmäßig Wechselausstellungen statt. Ständig gezeigt werden Kinder-

Grabmal des Rabbi Löw

Baššvi-Grabstein

zeichnungen, Schulhefte, Tagebücher, Briefe und Dichtungen aus dem nationalsozialistischen Konzentrationslager Theresienstadt (⟶ Terezín).

Zeremonienhaus (Fortsetzung)

Alter Jüdischer Friedhof (Starý židovský hřbitov)

Der Alte Jüdische Friedhof gehört neben der Altneusynagoge zu den bedeutendsten historischen Objekten der ehemaligen jüdischen Stadt – und zu den 'zehn interessantesten Sehenswürdigkeiten der Welt', wie nicht wenige sagen. Er entstand in der ersten Hälfte des 15. Jh.s, und hier wurde bis 1787 bestattet. Unter seinen Holunderbäumen befinden sich etwa 20000 Grabsteine. Die knapp bemessene Fläche des Friedhofes konnte die große Zahl der Toten nicht fassen; auf die bestehenden Gräber mußte weiteres Erdreich für neue Grabstellen aufgehäuft werden, so daß an manchen Stellen bis zu neun Grabschichten übereinanderliegen. Dadurch entstand die eindrucksvolle Anhäufung der Grabsteine, deren Anordnung und Alter für das Aussehen des Alten Jüdischen Friedhofes so typisch sind und ihm seinen eigenen Charakter verleihen.

Die hebräischen Inschriften auf den Grabsteinen führen die persönlichen Angaben – Namen des Verstorbenen und seines Vaters (bei verheirateten Frauen auch den des Ehemannes) – sowie Datum des Todes und des Begräbnisses. Die Aufzählung der guten Werke des Verstorbenen geschieht nicht nur in Prosa, sondern auch in Versen. Die Reliefs auf den Grabsteinen versinnbildlichen oft den Namen des Verstorbenen (Hirsch, Bär, Karpfen, Hahn u.a.), seinen Beruf (ärztliche Instrumente, Schneiderscheren u.a.), zuweilen zeigen sie weitere Symbole, z.B. segnende Hände oder Kannen (bei Mitgliedern von Priesterfamilien), Weintrauben (beim Stamm Israel), Kronen, Pinienzapfen oder andere Motive.
Der älteste Grabstein kennzeichnet das Grab des Gelehrten und Dichters Avigdor Karo (†1439), der das Pogrom von 1389 miterlebte und darüber

Alter Jüdischer Friedhof (Fortsetzung)

eine Elegie verfaßte. Das jüngste Grab von Moses Beck wurde 1787 angelegt, seither fanden hier keine Beerdigungen mehr statt.
Ein Sarkophag im Stil der Spätrenaissance mit eingemeißelten Löwen und von Arkaden umrahmten Schrifttafeln bezeichnet das Grab des gelehrten Hohen Rabbi Jehuda Löw ben Bezalel (†1609).
Zu weiteren bekannten Ruhestätten gehören die Tumben des Primas der Prager jüdischen Stadt, Mordechaj Markus Maisl (†1601), des Historikers und Astronomen David Gans (†1613), des Gelehrten Joseph Schlomo Delmedigo (†1655) sowie des Bibliophilen und Gelehrten David Oppenheim (†1736). Zu den reichsten und schönsten gehört der Grabstein von Heudele Baševi (†1628), der Frau des Waldstein-Finanzmannes Jakob Baševi, der als erster Prager Jude in den Adelsstand erhoben wurde.

Die auf den Grabmälern angehäuften Steinchen sind von Verwandten oder Freunden der Verstorbenen als Zeichen der Achtung und Verehrung niedergelegt worden. In die Tumba des Hohen Rabbi Jehuda Löw werfen gläubige Besucher Zettel mit Wünschen, um deren Erfüllung sie den wundertätig geglaubten Rabbi bitten.

Pinkassynagoge (Pinkasova synagóga)

Derzeit geschlossen

Die Pinkassynagoge, die wegen Umbau bis auf weiteres nicht zugänglich ist, entstand auf der Südseite des Alten Jüdischen Friedhofs in einem Haus, welches die führende Familie der jüdischen Gemeinde, Horowitz, im 14. Jh. dem Rabbi Pinkas abgekauft hatte. Salman Munka Horowitz ließ hier 1535 eine Synagoge im spätgotischen Stil errichten. Juda Goldschmied de Herz baute sie 1625 im Stil der Spätrenaissance um und erweiterte sie um Frauengalerie, Vestibül und Sitzungssaal.
Die Pinkassynagoge ist neben der Altneusynagoge die älteste und architektonisch wertvollste in Prag. Archäologische Ausgrabungen haben bestätigt, daß der Bau aus dem 11. oder 12. Jh. stammt und sich hier einst ein rituelles Bad befand.

In den Jahren 1950–1958 wurde in der Synagoge die "Gedenkstätte der 77297" errichtet, deren Mahnmal die Namen all jener trägt, die Opfer des Nationalsozialismus wurden. Aufgrund von Wasserschäden, die eine unterirdische Quelle im ehemaligen Ritualbad an der Gedenktafel verursachte, werden die Namen der Opfer nun auf mehrere Tafeln an den Wänden der Synagoge übertragen.

Maislsynagoge (Maislova synagóga)

Derzeit geschlossen

Mordechaj Markus Maisl, Primas der Prager Judenstadt unter Kaiser Rudolf II., gründete die nach ihm benannte Maislsynagoge als Familienbethaus; Baumeister waren Joseph Wahl und Juda Goldschmied.
Getragen wird der dreischiffige Renaissancebau (1590–1592) von zwanzig Säulen. Nach einem Brand im Jahre 1689 wurde der Bau im Stil des Barock erneuert; eine Umgestaltung nach neugotischen Vorstellungen nahm 1893–1905 Alfred Grotte vor.

Die Maislsynagoge, deren Kunstschätze wegen Restaurierungsarbeiten bis auf weiteres nicht besichtigt werden können, beherbergt die Sammlung "Silber aus böhmischen Synagogen", die aus 153 Synagogen und zahlreichen Privathäusern zusammengetragen wurde. Zu den Exponaten gehören Gegenstände zum Schmuck der Thorarollen, Schilde, Kronen, Thorazeiger, liturgische Gegenstände wie Gewürzbüchsen und Etrogdosen, Becher, Pokale und Leuchter. Besondere Erwähnung verdienen auch die kostbaren böhmischen Silberschmiedearbeiten des 17.–19. Jh.s sowie die Arbeiten von hervorragenden Nürnberger, Augsburger und Wiener Meistern aus der Zeit des Barock und des Rokoko.

Spanische Synagoge (Španělská synagóga)

Das Gebäude der Spanischen Synagoge steht an der Stelle der ältesten Synagoge Prags (12. Jh.), der sog. Alten Schule (Stará škola), die der Zerstörung zum Opfer fiel. Der Name der Synagoge geht auf eine Gruppe von Juden zurück, die aus Spanien vor der Inquisition fliehen mußten und nach Prag kamen. In den folgenden Jahrhunderten wurde die Synagoge mehrmals niedergebrannt und immer wieder neu errichtet.
Zwischen 1882 und 1893 erhielt die Spanische Synagoge von V. I. Ullmann ihre jetzige Gestalt im maurischen Stil mit imposanter Kuppel und schönen Rundbögen. Im Inneren, das der Alhambra von Granada nachempfunden ist, wurden 1882–1883 Stukkaturen nach orientalischem Muster angebracht. Bis zur Vollendung der Restaurierungsarbeiten bleibt die Spanische Synagoge unzugänglich.

Derzeit geschlossen

Jüdisches Museum

⟶ Josefstadt, Staatliches Jüdisches Museum

Jüdisches Rathaus

⟶ Josefstadt

Jungbunzlau

⟶ Mladá Boleslav

Kampa-Insel (Kampa) E 3

Getrennt von der Kleinseite durch den idyllischen (früher auch gefährlichen) Moldauarm Čertovka (Teufelsbach), formt die Kampa-Insel den grünen Streifen im Panorama des linken Moldau-Ufers von der Legienbrücke bis zur Mánesbrücke. Über die Kampa-Insel führt der westliche Teil der ⟶ Karlsbrücke; einige Häuschen auf der Insel stützen sich in ihren Grundfesten noch auf die Brückenbogen der ursprünglichen Judithbrücke. Nördlich der Karlsbrücke fließt die Čertovka durch zwei Häuserreihen, die oft als 'Prager Venedig' ('Pražské Benátky') bezeichnet werden.
Die Bebauung dieses anfänglich sumpfigen Geländes mit einigen Gärten begann erst im 15. Jahrhundert. Die Čertovka diente dann zum Antrieb von Mühlen, deren Räder bei der Karlsbrücke und bei der Brücke zum Großpriorplatz zu besichtigen sind. Die ehemaligen Sova-Mühlen sollen zu einem Luxushotel ausgebaut werden.

Lage
Praha 1,
Malá Strana,
Kampa

U-Bahn-Station
Malostranská

Straßenbahnlinien
12, 18, 22

Auf der Kampa-Insel werden nicht nur Töpfermärkte abgehalten, sondern sie lädt auch zu schönen Spaziergängen ein. Von ihr bieten sich reizvolle Ausblicke auf die Moldau mit der Schützeninsel, auf die Karlsbrücke und die Altstadt sowie auf die Gartenfronten einiger Kleinseitner Paläste. Die große Parkanlage (Abb. s. S. 100) entstand durch die Zusammenlegung früherer Palastgärten.

Dicht bei der Karlsbrücke steht die 1884 von L. Simek rekonstruierte spätgotische Rolandstatue. Sie markierte einst die Grenze zwischen der nach Magdeburger Recht verwalteten Kleinseite und der auf Nürnberger Recht verpflichteten Altstadt.

Parkanlage auf der Kampa-Insel

Karlova ulice

⟶ Karlsgasse

**Karlsbrücke (Karlův most) E 3

Lage
Praha 1,
Staré Město,
Karlův most

U-Bahn-Stationen
Staroměstská,
Malostranská

Straßenbahnlinien
12, 17, 18, 22

Die Karlsbrücke ist den Fußgängern vorbehalten und verbindet die beiden Moldauseiten ⟶ Altstadt (Staré Město) und ⟶ Kleinseite (Malá Strana). Von ihr bietet sich ein prächtiger Blick auf das Moldautal mit den zahlreichen Brücken, der Schützeninsel (Střelecký ostrov) und der Slawischen Insel (Slovanský ostrov; früher Sophieninsel), auf die Altstadt und die Kleinseite mit der Prager Burg (⟶ Hradschin). Unter den westlichen Pfeilern liegt die ⟶ Kampa-Insel, die durch den schmalen Flußarm Čertovka ('Prager Venedig') von der Kleinseite getrennt ist.

Die auf 16 Pfeilern ruhende Brücke ist 520 m lang und 10 m breit. Sie wurde 1357 unter Karl IV. von Peter Parler und J. Ottl begonnen, aber erst Anfang des 15. Jh.s unter Wenzel IV. vollendet. Die mächtigen Brückentürme an beiden Ufern sowie die Brücke selbst dienten einst der Verteidigung. Hochwasserkatastrophen haben das Bauwerk zwar oftmals beschädigt – so mußten noch 1890 zwei Brückenbogen erneuert werden –, doch niemals zum Einsturz gebracht.

Statuenallee

Ihre Wirkung verdankt die Karlsbrücke vor allem ihrem reichen Skulpturenschmuck. Diese 'Statuenallee', hauptsächlich in der Barockzeit entstanden, stellt eine der schönsten Kompositionen der Barockarchitektur Prags dar und verleiht ihr in Verbindung mit der streng gotischen Brückenarchitektur einen hohen künstlerischen Reiz.

Statuenallee (Fortsetzung)

Im Jahre 1657 erneuerte man ein Bronzekruzifix, das hier bereits im 14. Jh. stand; zwischen 1706 und 1714 wurden 26 Skulpturen von berühmten Künstlern (Matthias Bernhard Braun, Johann Brokoff und seinen Söhnen Michael Josef und Ferdinand Maximilian Brokoff) und anderen Bildhauern errichtet. Mitte des 19. Jh.s folgten weitere fünf Skulpturen (von Josef Max und Emanuel Max); 1938 wurde die Steingruppe der hll. Kyrill und Method (von Karel Dvořák) hinzugefügt. Die durch Zeit und Umwelteinflüsse stark angegriffenen Sandsteinfiguren werden nach und nach durch Kopien ersetzt (Originale im Lapidarium des Nationalmuseums). Die einzige Skulptur aus Marmor stellt den hl. Benitius dar.
Die künstlerisch wertvollste Figur ist die aus Sandstein gemeißelte hl. Luitgard, ein Abbild der Gnade und der Barmherzigkeit: Christus neigt sich vom Kreuz zur hl. Luitgard hinab und gestattet ihr, seine Wunden zu küssen.
Die einzige in Bronze gegossene Statue zeigt den hl. Johannes von Nepomuk (in der Mitte der Brücke). Sie wurde nach Modellen von Matthias Rauchmüller und Johann Brokoff 1683 in Nürnberg gegossen. Zwischen dem sechsten und dem siebenten Brückenpfeiler bezeichnet ein Relief die Stelle, an der der hl. Johannes von Nepomuk 1393 auf Befehl Wenzels IV. in die Moldau gestürzt wurde, weil er sich in einem kirchenrechtlichen Streit gegen den König gestellt hatte. Er wurde 1729 heiliggesprochen und gilt seither als der 'Brückenheilige' des katholischen Europas.
An der Kreuzigungsgruppe befindet sich eine Tafel mit hebräischer Inschrift, deren Erstellung 1696 vom Landestribunal einem Juden wegen der Schmähung Christi als Strafe auferlegt wurde.

Altstädter Brückenturm

Der Altstädter Brückenturm bildet den östlichen Zugang zur Karlsbrücke und steht bereits auf dem ersten Brückenpfeiler. Der Bau wurde 1391 begonnen und zu Anfang des 15. Jh.s unter König Wenzel IV. nach einem Entwurf des berühmten Baumeisters Peter Parler von der Dombauhütte beendet. Er gilt als einer der schönsten gotischen Türme Mitteleuropas.

Karlsbrücke – Blick zum Altstädter Brückenturm

Karlsbrücke
Karlův most
Brückenfiguren

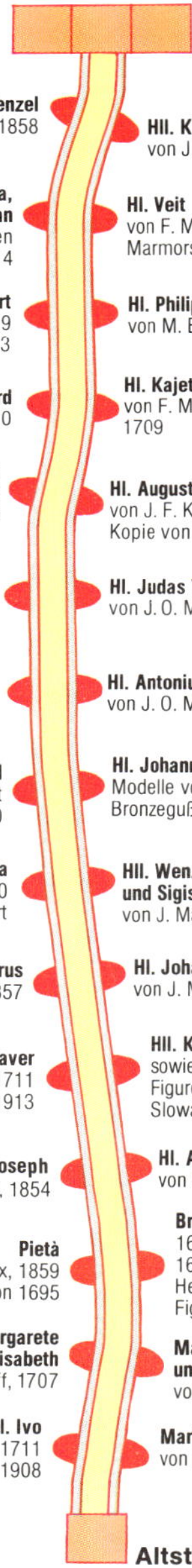

Die **Karlsbrücke** wurde 1357 von Peter Parler begonnen, aber erst Anfang des 15. Jahrhunderts vollendet. – Der gekrümmte Verlauf erklärt sich vermutlich aus dem Umstand, daß man nach dem Einsturz (1342) der ersten Steinbrücke über die Moldau ('Judithbrücke', 1158 bis 1172 erbaut) neue Pfeiler neben die alten setzte, die ursprünglichen Brückenköpfe jedoch wiederverwendete.

Maria und Hl. Bernhard

Hl. Johannes von Nepomuk

Karlsbrücke, Altstädter Brückenturm (Fortsetzung)

Der Figurenschmuck des Altstädter Brückenturmes zählt zu den Meisterleistungen gotischer Bildhauerkunst in Böhmen (14. Jh.). Im 19. Jh. wurde der Turm von J. Mocker restauriert, erhielt sein heutiges Dach, und seine ursprünglich gotischen Malereien wurden von P. Maixner renoviert.
Auf der Ostseite über dem Torbogen sind die Wappenzeichen aller von den Luxemburgern regierten Länder zu sehen, ferner die Königswappen Böhmens, das Wappen des römischen Kaisers und der königliche Eisvogel, Symbol von Wenzel IV.
Die erste Etage zieren Statuen der thronenden Könige Karl IV. und Wenzel IV., in deren Mitte etwas erhöht die Figur des hl. Veit steht (Abb. s. S. 32). Darüber zeigt ein Schild unter einem nicht heraldischen Löwen den St.-Wenzels-Adler. Zuoberst sieht man die böhmischen Schutzheiligen Adalbert und Sigismund.

Kleinseitner Brückentürme

Auf der Westseite mündet die Karlsbrücke in die Kleinseitner Brückentürme ein, die durch einen Torbogen verbunden sind. Der niedrigere Turm (aus dem letzten Viertel des 12. Jh.s) gehörte zur Befestigung der ehemaligen Judithbrücke; 1591 bekam er die Renaissancegiebel und den Außenwandschmuck. Der höhere Turm wurde 1464 auf Geheiß König Georgs von Poděbrady anstelle eines älteren romanischen Turms erbaut. Seine spätgotische Architektur ähnelt jener des gegenüberstehenden Altstädter Brückenturmes, an dessen Bildhauerschmuck er anknüpft.

Karlsgasse (Karlova ulice) E 4

Lage
Praha 1,
Staré Město

Die Karlsgasse (Karlova ulice) führt als ein Teilstück des historischen Krönungsweges vom → Altstädter Ring zur → Karlsbrücke. Die Häuserfassaden im Barock- und Renaissancestil sind derzeit Gegenstand der großzügig konzipierten Altstadtsanierung. Prunkstück der Gasse ist das

Karlsgasse (Fortsetzung)

U-Bahn-Stationen
Staroměstská, Můstek

Straßenbahnlinien
17, 18

1984–1986 restaurierte Haus Zum Goldenen Brunnen (Nr. 3). Daß hier ursprünglich ein romanischer Bau stand, belegen Mauerwerkreste im Untergeschoß. Die heutige Renaissancefassade ziert ein prächtiges barockes Stuckrelief von J.O. Mayer aus dem Jahre 1701, welches die hll. Wenzel, Rochus, Sebastian, Ignatius von Loyola, Franciscus Xaverius und Rosalia darstellt. Im Erdgeschoß lädt eine gemütliche Weinstube zur Einkehr. Ein hochmodernes Interieur und die älteste Prager Kaffeehausgeschichte kennzeichnen das Renaissancehaus Zur Goldenen Schlange (Nr. 18). Hier wohnte 1714 der Armenier D. Damajan, der in den Altstadtgassen Kaffee verkaufte und später auf der Kleinseite im Haus ⟶ Zu den drei Straußen das erste Prager Café eröffnete. Im Palais Pötting (Nr. 8), an dessen Bauherrn ein Allianzwappen am Portal der Barockfassade erinnert, ist das Theater 'Disk', die Experimentierbühne des Staatlichen Konservatoriums, untergebracht. Das erste Prager Kino wurde ab 1907 von Viktor Ponrepo bzw. Dismas Šlambor im Haus Zum Blauen Hecht (Nr. 20) betrieben. – Mehrere Läden an der Karlsgasse bieten böhmisches Glas, Klöppelarbeiten und anderes Kunsthandwerk an, während sich hervorragende Antiquariate, wie beispielsweise im Palais Colloredo-Mansfeld (Nr. 2) und im Haus Zur Steinernen Seejungfrau (Nr. 14) zum ausgiebigen Stöbern in seltenen Publikationen anbieten.

*Karlsplatz (Karlovo náměstí) F/G 4

Lage
Praha 1, Nové Město,

U-Bahn-Station
Karlovo náměstí

Mit einer Länge von 530 m und einer Breite von 150 m ist der Karlsplatz der größte Prager Platz. Bis 1848 wurde hier der Viehmarkt abgehalten. Heute ähnelt der Platz mit seinen Grünanlagen und den Denkmälern tschechischer Wissenschaftler und Schriftsteller eher einem Park.
Die Apotheke an der Südseite des Platzes wird allgemein als 'Fausthaus' bezeichnet; an seiner Ostseite steht die Kirche St. Ignatius, an seiner

Haus Zum Goldenen Brunnen

Kirche St. Ignatius

Nordostecke erhebt sich der Turm des ehemaligen Neustädter Rathauses. In der westlich anschließenden Resslova ulice liegen zwei weitere sehenswerte Sakralbauten: ⟶ St. Kyrill und Method und ⟶ St. Wenzel am Zderaz.

Straßenbahnlinien
3, 4, 6, 9, 14, 16, 18, 21, 22, 24

Der Neurenaissancebau der Tschechischen Technischen Hochschule (Nr. 14) entstand 1867 nach Entwürfen von V. I. Ullmann. Allegorien von Arbeit und Wissenschaft aus der Werkstatt von A. Popp flankieren das Portal, die Plastiken antiker Genien über den Fenstern der zweiten Etage schuf J. V. Myslbek im Jahr 1879.

Tschechische Technische Hochschule

Fausthaus (Faustův dům)

Das sog. Fausthaus, ursprünglich ein Palais der Spätrenaissance, wurde 1606–1617 während des Ausbaues der Befestigungsanlagen mit einer Eckbastion versehen und im 18. Jh. barock umgebaut. Unter Rudolf II. (1576–1611) führte hier der englische Alchimist Edward Kelley Experimente zur Goldherstellung durch. Als im 18. Jh. mit Mladota von Solopysky (daher der zweite Name: Palais Mladota) ein weiterer Chemiker sein Laboratorium in diesem Haus einrichtete, entstand die Sage, Doktor Faust habe hier seine Seele dem Teufel verschrieben und sei durch die Labordecke in die Hölle entführt worden.
Heute ist hier – Tradition? – die Apotheke der Poliklinik untergebracht.

St. Ignatius (Kostel svatého Ignáce; Kirche)

Diesen barocken Sakralbau schuf der kaiserliche Baumeister Carlo Lurago zwischen 1665 und 1668 als Kirche des ehemaligen Jesuitenkollegs, in dem heute eine Abteilung der Poliklinik untergebracht ist. Das prunkvolle Portal (1697–1699) mit einer Statue des hl. Ignatius im Strahlenkranz (1671) am Vordergiebel entwarf Paul Ignaz Bayer. Die anderen Statuen sind Werke von A. Soldatti.
Sehenswert ist vor allem das Innere der Saalkirche mit reicher Stukkatur und Heiligenfiguren von A. Soldatti. Der barocke Hochaltar aus Kunstmarmor (18. Jh.) zeigt die “Glorifizierung des hl. Ignatius von Loyola” (1688), eine Arbeit von J. G. Heintsch. Ihm verdankt die Kirche auch mehrere der bemerkenswerten Altarbilder. Von seinem Lehrer Karl Škréta stammt das Gemälde “Christus im Kerker”, von Ignaz Raab der “Hl. Liborius”. Die Kalvariengruppe unter dem Orgelchor schuf J. A. Quittainer.

Neustädter Rathaus (Novoměstská radnice)

Der ursprünglich gotische Bau des Neustädter Rathauses (derzeit wegen Umbau geschlossen) an der Nordostecke des Karlsplatzes wurde um 1348 als Verwaltungszentrum für die Neustadt errichtet. Nach der Zusammenfassung von Hradschin, Kleinseite, Altstadt und Neustadt zu einer Verwaltungseinheit und der gleichzeitigen Verlegung der Amtssitze in die Altstadt (1784) diente das ehemalige Neustädter Rathaus als Gefängnis, Gerichtsgebäude und Standesamt.
Im 1452–1456 errichteten und mehrmals umgebauten Eckturm befindet sich eine Kapelle. Anfang des 16. Jh.s wurde der Südflügel im Stil der Renaissance umgestaltet. Im 19. Jh. kamen Elemente des Empire hinzu; 1906 wurde schließlich der ursprüngliche Renaissancestil rekonstruiert.
In der Neustadt lebten früher überwiegend die armen Bevölkerungsschichten Prags. Am 30. Juli 1419 kam es hier zum Ersten Prager Fenstersturz: Eine Volksmenge unter Führung des Predigers Jan Želivský stürmte das Neustädter Rathaus, befreite die gefangengesetzten Hussiten und stürzte zwei katholische Ratsherren aus dem Fenster. Damit war das Signal für die Hussitenkriege gegeben.

**Burg Karlstein (Hrad Karlštejn)

Ausflugsziel

Lage
28 km südwestlich von Prag

Öffnungszeiten
Di.–So.
Mai–Sept.
9.00–18.00
Okt.–April
9.00–16.00

Führungen

Oberhalb der kleinen Weinbaugemeinde Karlštejn (1200 Einw.) steht die Burg Karlstein (Hrad Karlštejn; früher Karlův Týn), die berühmteste der böhmischen Burganlagen.
Vom Parkplatz vor der Ortschaft gelangt man zu Fuß ca. 2 km bergan zu der nördlich auf einem Kalksteinfelsen (319 m ü. d. M.) am Hang eines Seitentales der Beraun (Berounka) befindlichen Burgfestung.
Die als Nationales Kulturdenkmal ausgewiesene Burg wurde in der relativ kurzen Zeit von 1348 bis 1357 unter der Regierung Kaiser Karls IV. als Schatzhaus für die Kleinodien des Heiligen Römischen Reiches Deutscher Nation, die böhmischen Kroninsignien und zahlreiche Reliquien erbaut. Die Entwürfe lieferte wahrscheinlich der französische Architekt Matthias von Arras. Im 15. und 16. Jh. teilweise umgebaut, wurde die Festung von 1888 bis 1904 von Friedrich Schmidt und Josef Mocker mit mancherlei Änderungen wiederhergestellt.

Burggrafenhof
Durch zwei etwa 100 m voneinander getrennt stehende Torgebäude betritt man von Norden den Burggrafenhof (Purkrabský dvůr), der auch als Freilichttheater genutzt wird und Ausgangpunkt der Führungen ist.

Burggrafenhaus
Das außen vierstöckige Burggrafenhaus (Purkrabství) liegt an der Südseite des Hofes; seine unteren Teile stammen noch aus dem 15. Jahrhundert.

Brunnenturm
Am äußersten Westende der Burganlage befinden sich die ehemaligen Wirtschaftsgebäude und der große Brunnenturm (Studniční věž) mit einem 90 m tiefen Brunnen und großem Schöpfrad.

Burg Karlstein – Böhmens berühmteste gotische Festung

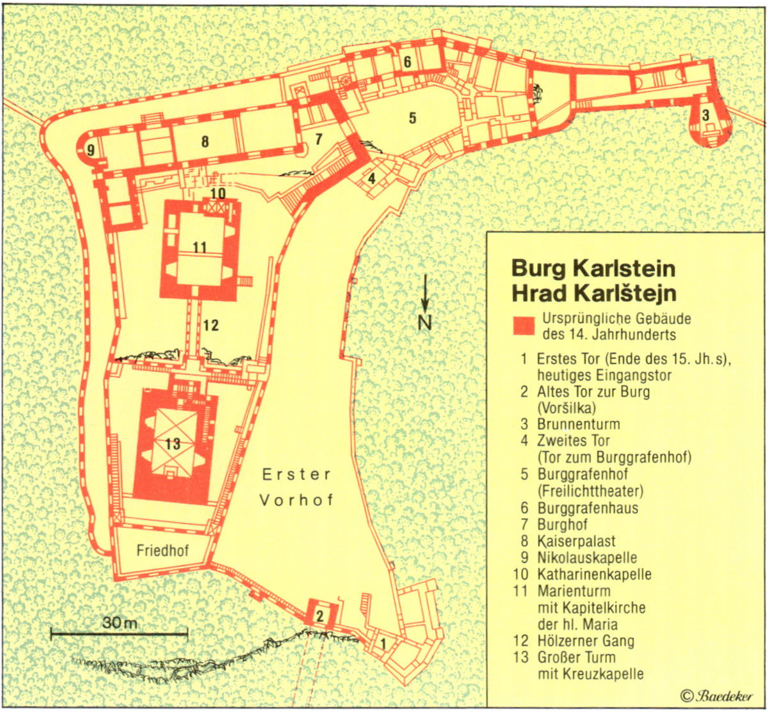

Kaiserpalast

Vom Burggrafenhof gelangt man östlich durch ein großes Tor in den schmalen, eigentlichen Burghof (Hradní nádvoří). Rechts liegt der Kaiserpalast (Císařský palác), zu dessen erstem Stock ganz rechts eine Treppe hinaufführt. Der erste Raum birgt Abgüsse der bedeutenden Triforiumsbüsten aus der St.-Veits-Kathedrale (⟶ Hradschin) sowie Anschauungsmaterial (zumeist Fotos) über Karl IV. und das Prag seiner Zeit.

Im zweiten Raum sind Reste von Glasfenstern aus der Kreuzkapelle, Gemälde (u. a. ein Diptychon aus der Palmatiuskirche in Budňany; 15. Jh.) und Plastiken sowie Architekturmodelle zur Burggeschichte zu sehen.

Im zweiten Stock sind von den einstigen kaiserlichen Gemächern nur das Arbeitszimmer Karls IV., sein Schlafzimmer mit einem Altarbild von Tomaso da Modena und das sog. Kaiserzimmer mit wertvollen Holztäfelungen erhalten. Das oberste ursprünglich den Frauen vorbehaltene Fachwerkgeschoß wurde bei der Restaurierung durch einen hölzernen Wehrgang ersetzt.

Nikolauskapelle

Die an der Ostecke des Kaiserpalastes angrenzende Nikolauskapelle ist nicht zugänglich.

Marienturm

Dem Kaiserpalast nördlich gegenüber steht der Marienturm (Mariánská věž), welcher derzeit wegen Restaurierungsarbeiten unzugänglich ist.

Katharinenkapelle

Kreuzkapelle

Marienturm (Fortsetzung)

Im zweiten Stockwerk des Marienturmes (Zugang über eine Treppe in der Mauer) befindet sich die Kapitelkirche der hl. Maria, deren Balkendecke bemalt ist und deren Wandmalereien z. T. noch aus dem 14. Jh. stammen; sie zeigen Themen aus der Apokalypse und Darstellungen Karls IV.
In der Südwestecke des Marienturmes liegt die überwölbte Katharinenkapelle, deren ursprüngliche Bemalung Karl IV. durch in die Wände eingelassene Halbedelsteinplatten ersetzen ließ. Über dem Eingang zeigt ein Gemälde Kaiser Karl IV. und seine Gemahlin Anna (s. Abb. S. 24). In der Altarnische ist ein Madonnenbild im Original erhalten.

Großer Turm
Auf der obersten Felsstufe des Burgareals erhebt sich der mächtige, 37 m hohe Große Turm (Velká věž), der mit dem Marienturm durch einen hölzernen Gang – hier befand sich früher eine Zugbrücke – verbunden ist.

Kreuzkapelle
Die bis auf weiteres nur mit besonderer Genehmigung zugängliche Kapelle des Hl. Kreuzes (Kaple svatého Kříže) im zweiten Stockwerk wurde um 1360 geweiht. Ein vergoldetes Eisengitter trennt sie in zwei Teile. Ihr tief herabgezogenes Gewölbe ist ganz vergoldet und mit Glassternen besetzt, so daß die Illusion eines Himmelsgewölbes entsteht. An den Wänden sind über dem Kerzengeländer (für 1330 Kerzen) mehr als 2200 in vergoldetem Gips eingelegte Halbedelsteine und 128 hölzerne Bildtafeln (1348–1367) des gotischen Meisters Theoderich angebracht, die himmlische Streitkräfte symbolisieren; dahinter befanden sich früher Reliquien. In einer Nische hinter dem Altar wurden die deutschen Reichskleinodien (jetzt in der Schatzkammer der Wiener Hofburg) und später auch die böhmischen Kroninsignien (jetzt in der Kronkammer der St.-Veits-Kathedrale auf dem ⟶ Hradschin) aufbewahrt.
Alljährlich am 29. November, dem Todestag von Karl IV., wird am frühen Abend eine große Gedenkmesse in der Burg abgehalten.

Karlsuniversität

⟶ Carolinum

Klausensynagoge

⟶ Josefstadt

**Kleinseite (Malá Strana) D/E 1–3

Unter Přemysl Ottokar II. erfolgte die Gründung der 'Kleineren Prager Stadt' (1257), unter Karl IV. erlebte die Kleinseite ihre weitere bauliche Entwicklung. Die aus der Přemyslidenzeit stammenden, teilweise noch romanischen Kirchen wurden umgebaut und vollendet, die Stadt erhielt Befestigungen, die bis zur Hungermauer (⟶ Laurenziberg) reichten.
Im 15. und 16. Jh. wurde die Kleinseite durch drei große Stadtbrände betroffen, die aber auch den Anstoß zu weiterem Ausbau gaben. Nach dem katastrophalen Großbrand von 1541 erhielt die Kleinseite das typische Gepräge einer Residenzstadt. Hier ließ sich der reichgewordene Adel nieder, und es entstanden prachtvolle Kirchenbauten. Infolge des Sieges der Katholischen Liga gegen die aufständischen Protestanten bei der Schlacht am Weißen Berg (1620) übersiedelten zahlreiche Adelsfamilien aus anderen Regionen nach Böhmen, was die bauliche Entwicklung auf der Kleinseite weiter vorantrieb. Ganze Häuserblocks, Straßen und Gärten mußten den Prunkbauten des habsburger- und katholikenfreundlichen Adels weichen, wie beispielsweise dem ⟶ Palais Nostitz, dem ⟶ Palais Waldstein und dem ⟶ Palais Buquoy. Jeder suchte, sein Schloß in unmittelbarer Nähe vom ⟶ Hradschin zu errichten und diesen womöglich an Prunk noch zu übertrumpfen. 1784 kam die Kleinseite schließlich als Stadtviertel zum neuen, aus vier Städten zusammengeschlossenen Prag.
Die Kirche St. Niklas (⟶ Kleinseitner Ring) mit ihrer Kuppel wurde zur Dominante der sich im übrigen horizontal erstreckenden Stadt. Diese für das Bild der Kleinseite entscheidende Bauperiode ist ausschließlich vom Barock geprägt.
Daneben vermehrten kleinere Plätze (Waldstein-, Großprior-, Malteser- oder Fünfkirchenplatz) sowie Kloster- und Palastgärten (heute in der Mehrzahl zugänglich) den Reiz des Viertels. Von der Brückengasse (Mostecká) führte der Krönungsweg der böhmischen Könige über den ⟶ Kleinseitner Ring und durch die ⟶ Nerudagasse hinauf zum ⟶ Hradschin.

Lage
Praha 1,
Malá Strana

U-Bahn-Station
Malostranská

Straßenbahnlinien
12, 18, 22

Kleinseitner Brückentürme

⟶ Karlsbrücke

*Kleinseitner Ring (Malostranské náměstí) E 3

Der Kleinseitner Ring, seit der Gründung der ⟶ Kleinseite das Zentrum des Stadtlebens, ist durch die Bauten um die Kirche St. Niklas in zwei kleinere Plätze geteilt. Am unteren befinden sich so beachtenswerte Bauten wie das Kleinseitner Rathaus und das spätbarocke Palais Kaiserstein an der Ostfront sowie das Rokokohaus Zum Steinernen Tisch in der Mitte. Beide Plätze besaßen früher einen Brunnen. Den oberen ersetzte 1715 eine Pestsäule mit der Statuengruppe der Hl. Dreifaltigkeit und der

Lage
Praha 1,
Malá Strana

U-Bahn-Station
Malostranská

böhmischen Landespatrone von J.O. Mayer und F. Geiger. Die Stelle des unteren nahm ab 1858 ein Denkmal des österreichischen Marschalls J.W. Radetzky ein, das heute im Lapidarium des Nationalmuseums zu sehen ist.

Palais Kaiserstein (U Petzoldů)

Vorgängerbauten des Anfang der achtziger Jahre rekonstruierten Palais Kaiserstein (Nr. 23), das heute zur Handelskammer gehört, waren zwei gotische Häuser des 15. Jh.s, die 1630 zusammengeschlossen und 1700 von Helfried Kaiserstein umgestaltet wurden. Die Attika schmücken Allegorien der vier Jahreszeiten von O. Mosto; das kaisersteinsche Wappen ist über dem mittleren Fenster des 1. Stockwerkes abgebildet. Zu Beginn des 20. Jh.s bewohnte die berühmte Operndiva Ema Destinnová ('Kittlová', 1878–1930), Partnerin des legendären Tenors Enrico Caruso, die Räume des Palais, wo ein Destinnová-Zimmer an die Sopranistin erinnert.

Palais Liechtenstein

Einen imposanten Blickpunkt des oberen Platzes – im 17. Jh. Welscher Platz und seit 1847 auch Stephansplatz genannt – bildet das 1591 erbaute und das bis 1989 restaurierte Palais Liechtenstein, welches 1791 seine klassizistische Fassade erhielt.

Kleinseitner Rathaus (Malostranská radnice)

Das ehemalige Kleinseitner Rathaus diente schon seit dem Ende des 15. Jh.s als Rathaus. Hier fanden u.a. 1575 die wichtigen Verhandlungen um das Toleranzedikt der Böhmischen Konfession statt.
Sein jetziges Aussehen erhielt das Gebäude, in dem heute kulturelle Veranstaltungen stattfinden, während der Spätrenaissance (1617–1622). Das Portal mit dem kunstvollen Stadtwappen wurde 1660 hinzugefügt. Bei Bauarbeiten in den Kellergewölben des Rathauses wurden Schriftstücke aus der Zeit vor 1600 entdeckt, u.a. das "Kleinseitner Gesangbuch" (1572), welches heute in der Staatsbibliothek aufbewahrt wird.

**St. Niklas auf der Kleinseite (Chrám svatého Mikuláše)

Die ehemalige Jesuitenkirche wurde an der Stelle einer gotischen Kirche desselben Namens errichtet. Drei Generationen der besten Barockarchitekten Prags waren mit der Bauleitung beauftragt. Das mächtige Hauptschiff mit Seitenkapellen, Galerien und Gewölbe errichtete Christoph Dientzenhofer (1704–1711). Die 1710 vollendete zweigeschossige Fassade gilt als Hauptwerk des Böhmischen Barock. Das Wappen der Grafen von Kolowrat über dem Hauptportal sowie die Statuen der Kirchenväter stammen aus der Werkstatt von Johann Friedrich Kohl. Den Chor mit der 75 m hohen Kuppel baute Kilian Ignaz Dientzenhofer (1737–1752). Den Bau der Kirche beendete Anselmo Lurago mit dem 79 m hohen Glockenturm (1756).

Das reich ausgestattete Innere der Kirche gilt als Musterbeispiel des Hochbarock. Es bezieht seine überwältigende Gesamtwirkung besonders von den hervorragenden Fresken. Das Deckenbild über dem Hauptschiff, 1760–1761 von Johann Lukas Kracker gemalt, zeigt Szenen aus dem Leben des hl. Nikolaus. Das Kuppelfresko stellt die Verherrlichung des Heiligen sowie das Weltgericht dar und stammt von Franz Xaver Balko (1752–1753), der zusammen mit Joseph Hager auch die Wandmalereien des Chores ausführte. Die Plastiken von Hauptschiff und Chor sowie die Figur des hl. Nikolaus auf dem Hauptaltar schuf Ignaz Platzer d.Ä.; die gewaltige Orgel (1745) ist ein Werk von Thomas Schwarz. Die aus Kunstmarmor mit Goldschmuck gefertigte Kanzel von Richard und Peter Prachner (1765) zieren Rokokodekor, Allegorien von Glaube, Liebe und Hoffnung sowie die Darstellung "Enthauptung Johannes des Täufers".

◀ *Kleinseitner Idylle*

St. Niklas auf der Kleinseite (Fortsetzung)

Im Querschiff tragen die Seitenaltäre Krackers Gemälde "Heimsuchung der Jungfrau Maria" und "Tod des hl. Josef" von 1760. Sehenswert sind auch die anderen Altarbilder und Deckengemälde in den Seitenkapellen, u.a. von Ignaz Raab, Francesco Solimena und Franz Xaver Balko.

Deckengemälde

Das 1500 m² große Deckengemälde von Kracker ist eines der größten seiner Art in Europa. Bei der Nikolausgestalt, auf die sich die Szenen des Deckenbildes beziehen, handelt es sich um den Bischof von Myra in Kleinasien (4. Jh.), der im Mittelalter als Schutzpatron der Stadtverwaltungen und als Hüter der Gerechtigkeit galt.
Der hl. Nikolaus, von Engeln umgeben, beherrscht die Mitte des Gemäldes, den Bischofsstab in der Linken haltend, die Rechte zum Segen erhoben. Eine Szene des Bildes zeigt, wie ein Priester Fläschchen mit wundertätigem Öl verteilt, das der Heilige gespendet hat. Ferner sieht man den hl. Nikolaus einem Armen Geld geben, der aus Not seine Tochter verkaufen will. Die Malerei auf der rechten Seite des Gewölbes nimmt Bezug auf eine kriegerische Auseinandersetzung im 14. Jh., bei welcher der hl. Nikolaus drei Römer durch seinen Einspruch vor der Hinrichtung bewahrte. Linker Hand wird durch eine Küstenlandschaft angedeutet, daß man den hl. Nikolaus auch als Beschützer der Seefahrer und Kaufleute verehrt. Küsten- und Hafenbilder wurden zu jener Zeit von den Prager Bürgern besonders geschätzt.

An der Nordseite der Kirche schließt der Kreuzgang des ehemaligen Minoritenklosters (13./14. Jh.) an, der im 17. Jh. teilweise barock umgestaltet wurde.

St. Niklas auf der Kleinseite

Kuppelgemälde von F. X. Balko

Klementinum

→ Clementinum

Kloster bei den Slawen

→ Emmauskloster

Burg Kokořín

→ Mělník, Burg Kokořín

Kolín

→ Praktische Informationen, Ausflüge

Koněprusy-Tropfsteinhöhlen

Ausflugsziel

Lage
30 km südwestlich von Prag

Das Höhlengebiet von Koněprusy (Koněpruské jeskyně) wurde erst 1950 entdeckt. Seine Tropfsteinhöhlen mit bizarren Stalagtit- und Stalagmitbildungen gehören zu den Kalksteinformationen des Böhmischen Karstes (Český kras) und sind die größten in Böhmen. Bei Ausgrabungen fand man

Koněprusy-Tropfsteinhöhlen (Fortsetzung)

Knochenreste von Menschen und Tieren aus der Altsteinzeit. Einen Besuch lohnt auch die rekonstruierte mittelalterliche Falschmünzerwerkstatt aus dem 15. Jahrhundert.

Öffnungszeiten

April, Sept., Okt.: tgl. von 8.00–15.00 Uhr (Sept. Sa., So. bis 16.00 Uhr); Mai bis August: Mo.–Fr. 8.00–16.00, Sa., So. bis 17.00 Uhr.

* Schloß Konopiště (Zámek Konopiště; Hanffeld)

Ausflugsziel

Lage
44 km südöstlich von Prag

Öffnungszeiten
tgl. außer Mo.
Mai–Aug.
9.00–18.00
April, Sept. Okt.
9.00–16.00

Ein beliebtes Ausflugsziel der Prager ist Schloß Konopiště bei Benešov u Prahy (Beneschau, 373 m ü. d. M.). Etwa 2 km hinter der Stadt erreicht man den Parkplatz unterhalb des Schlosses, von dem ein bequemer Fußweg in zehn Minuten zum Eingang am Ostturm des erhöht gelegenen mächtigen Schlosses führt. Hier betritt man den Schloßhof durch ein Barocktor von F. M. Kaňka mit Skulpturen von M. B. Braun aus dem Jahre 1725. Die ursprünglich nach französischem Muster errichtete gotische Burg (13./14. Jh.) wurde zu Beginn des 16. Jh.s im spätgotischen Stil rekonstruiert und Anfang des 17. Jh.s durch einen Renaissancepalast erweitert. Im 18. Jh. traten barocke Elemente hinzu. 1887 kam Konopiště in den Besitz des späteren österreichischen Thronfolgers Erzherzog Franz Ferdinand d'Este, der 1914 in Sarajevo einem Attentat zum Opfer fiel. Er ließ das Schloß nach Plänen von Josef Mocker in einen Prunkpalast umgestalten. Aus jener Zeit stammt die kostbare Inneneinrichtung einschließlich der Kunstgegenstände des kuriosen St. Georgsmuseums mit zahlreichen Bildern, Figuren und sonstigen Darstellungen des hl. Georg. Die umfangreiche Waffenkollektion (Hauptbestand aus dem Nachlaß der Familie d'Este in Modena) mit nahezu 5000 Exponaten (u. a. Turnierrüstungen aus dem 15. und 16. Jh., wertvolle Schwerter und Gewehre) gehört zu den interessantesten in Europa. Außergewöhnlich groß ist auch die Sammlung der Jagdtrophäen und anderer Erinnerungsstücke (Gemälde, Porzellan, Gobelins u. a.) von den Weltreisen des Erzherzogs.

Kostel (svatého) ...

→ St. ... (Kirche)

Kostel Nanebevzetí Panny Marie a Karla Velikého

→ Mariä Himmelfahrt und Karl der Große (Kirche)

Kostel Panny Marie před Týnem

→ Teynkirche

Kostel Panny Marie Sněžné

→ Maria Schnee (Kirche)

Královský letohrádek

→ Belvedere, Schloß

Královský palác

⟶ Hradschin, Königspalast

*Kreuzherrenplatz (Křižovnické náměstí) E 4

Lage
Praha 1,
Staré Město,
Křižovnické
náměsti

Straßenbahnlinien
17, 18

Der Kreuzherrenplatz ist einer der malerischsten Plätze Prags. Angelegt wurde er im 16. Jh. am Brückenkopf der ⟶ Karlsbrücke. Über ihn führte auch der traditionelle Krönungszug der böhmischen Könige. An seiner Ostseite erhebt sich die Kirche St. Salvator, an seiner Nordseite die Kreuzherrenkirche St. Franziskus.
Der Militärorden der Kreuzherren mit dem Roten Stern hatte sich aus einer krankenpflegenden Bruderschaft zur Zeit der Kreuzzüge entwickelt und war vor allem in Schlesien, Böhmen und Mähren verbreitet.

St. Salvator
(Kostel svatého
Salvátora)

An der Ostseite des Kreuzherrenplatzes steht die ursprünglich in das ⟶ Clementinum einbezogene und den Jesuiten gehörende Kirche St. Salvator. Sie entstand 1578–1601 im Stil der Renaissance. 1638–1659 fügten Carl Lurago und Francesco Caratti den barocken Portalvorbau hinzu, für den Johann Georg Bendl die Vasen und Heiligenstatuen lieferte (1659). Die Türme wurden erst 1714 nach einem Entwurf von F.M. Kaňka vollendet. Das Deckengemälde von K. Kovár stellt die vier Weltteile dar (1748).

Kreuzherrenkirche
St. Franziskus
Seraphikus
(Kostel sv. František Serafinského)

Die barocke Kreuzherrenkirche mit der prächtigen Kuppel wurde 1679 bis 1689 nach Entwürfen von Jean Baptiste Mathey auf den Fundamenten einer frühgotischen Kirche erbaut, von der noch Reste im Untergrund vorhanden sind. Die Fassade im Stil der französischen Vorklassik ist mit Engelsfiguren und böhmischen Schutzheiligen geschmückt. Die Statuen

Kreuzherrenkirche St. Franziskus

Salvatorkirche

Kreuzherrenplatz, St. Franziskus (Fortsetzung)

der Muttergottes und des hl. Johannes von Nepomuk vor dem Eingang stammen aus der Werkstatt des Bildhauers M.W. Jäckel (1722).
In dem reich ausgestatteten Inneren sind hervorzuheben: das große Kuppelfresko "Jüngstes Gericht" von W.L. Reiner (1722), das Altargemälde von J.K. Liška und M.L. Willmann sowie eine gotische Madonna aus dem 15. Jh. neben dem Seitenaltar.
Seitlich neben der Kirche befindet sich die Winzersäule Johann Georg Bendls mit einer Statue des hl. Wenzel (1676).

Denkmal Karls IV.

Zwischen der Kreuzherrenkirche und dem Altstädter Brückenturm (⟶ Karlsbrücke) steht ein gußeisernes Denkmal Karls IV. (s. Abb. S. 115), das 1848 anläßlich des 500jährigen Bestehens der Prager Universität enthüllt wurde.

Burg Křivoklát (Pürglitz)

Ausflugsziel

Lage
46 km westlich von Prag

Öffnungszeiten
tgl. außer Mo.
Mai–Aug.
9.00–12.00,
13.00–18.00
April, Sept., Okt.
9.00–16.00

Am Rakonitz-Bach (Rakovnický potok), einem Nebenfluß der Beraun (Berounka), thront auf einem markanten Felsvorsprung inmitten dichter Wälder die stattliche Burg von Křivoklát (Pürglitz), eine der ältesten erhaltenen Festungsanlagen in Böhmen. Anfang des 12. Jh.s wurde die Königsburg erstmals erwähnt, Ende des 14. Jh.s erweitert und befestigt und ein Jahrhundert später neuerlich im gotischen Stil umgebaut. Um 1920 erfolgte eine umfangreiche Restaurierung der Anlage.
Königlicher Landsitz der Přemysliden wurde Křiviklát unter Ottokar II. (1252–1278). Auch Karl IV. und Wenzel IV. weilten hier gerne zur Jagd. Unter der Regierung der Habsburger verlor Křivoklát an Bedeutung und wechselte später mehrfach den adeligen Besitzer.
Überreste der spätromanischen Pfalz und des eingeschossigen Palastes aus der Epoche Ottokars II. sind erhalten geblieben. Besondere Erwähnung verdienen die im hochgotischen Stil gehaltene Burgkapelle mit einem kostbaren Flügelaltar und geschnitzten Apostel- und Heiligenfiguren.
Im Sommer finden in den Schloßanlagen klassische Konzerte und Theatervorstellungen statt.

Die ausgedehnten Křivoklát-Wälder (63 000 ha) zwischen Beroun (Beraun) und Rakovník (Rakonitz), dem traditionsreichen Zentrum des Hopfenanbaus, bilden eine der drei Regionen in der Tschechoslowakei, die in das internationale MAB-Programm ('Man and the Biosphere') der UNESCO aufgenommen wurden. Es handelt sich hierbei um geschützte, für die Biosphäre repräsentative Ökosysteme, in denen Forschungsprojekte (u.a. über Umweltschutzmaßnahmen) durchgeführt werden.

*Kunstgewerbemuseum (Umělecko-průmyslové muzeum)

D 4

Lage
Praha 1,
Staré Město,
ul. 17. listopadu 2

U-Bahn-Station
Staroměstská

Buslinie
207

Straßenbahnlinien
17, 18

Öffnungszeiten

Das Kunstgewerbemuseum am Westrand des Alten Jüdischen Friedhofes (⟶ Josefstadt) wurde 1884 gegründet und unter der Leitung des Architekten Josef Schulz 1897–1901 im Stil der Neorenaissance errichtet.
Es beherbergt eine weltberühmte Glas-, Porzellan- und Keramiksammlung, deren Exponate von der Antike bis zur Neuzeit reichen, sowie Möbel (16.–19. Jh.) und Goldschmiedearbeiten (15.–19. Jh.).
Weitere Ausstellungsgebiete sind Textilien, Meßgeräte, Bucheinbände, Gebrauchsgraphiken, Kleinbronzen und Münzen in ihrer historischen Entwicklung (teilweise bis 700 n. Chr. zurückgehend). Gelegentlich finden sehr gut vorbereitete Fachausstellungen statt.
Zu der dem allgemeinen Publikumsverkehr freigegebenen Fachbibliothek über Kunstgeschichte und Kunsthandwerk gehört auch eine Sammlung von Pergamenten aus dem 15. Jahrhundert.
Täglich außer Montag von 10.00 bis 18.00 Uhr.

Kulturpalast – moderne Prager Architektur

Kulturpalast (Palác kultury) H 5

Lage
Praha 4,
Nusle

U-Bahn-Station
Vyšehrad

Ein Glanzstück neuzeitlicher tschechischer Architektur ist der moderne Kulturpalast, der 1981 unweit östlich vom ⟶ Vyšehrad fertiggestellt wurde. Das mehrgeschossige Bauwerk (280 000 m²) bietet Raum für Massenveranstaltungen, Konzerte, Theateraufführungen – u. a. Inszenierungen der Laterna Magica – und Ausstellungen, aber auch für unterhaltsame Shows und Tanzveranstaltungen. – Eine Fußgängerbrücke stellt die Verbindung zum gegenüberliegenden Hotel Forum her (Abb. s. S. 180).

Großer Saal

Zentraler Gebäudeteil ist ein Großer Saal (Kongreßsaal), der nach Bedarf in ein Auditorium für bis zu 3000 Besucher umgewandelt werden kann. Die mächtige Orgel weist darauf hin, daß in diesem Saal anspruchsvolle Konzerte (z. B. im Rahmen des "Prager Frühlings") gegeben werden können.

Nebenräume

Für kleinere Veranstaltungen stehen darüber hinaus vier weniger große, jedoch mit vielen technischen Raffinessen ausgestattete Säle zur Verfügung. Ein besonderer Ausstellungssaal und zahlreiche unterschiedlich groß bemessene Konferenzzimmer ergänzen das Raumangebot.

Lokale

In den Kulturpalast integriert sind das vornehme Restaurant "Panorama" und das elegante "Vyšehrad". Aus beiden Lokalen genießt man einen schönen Blick über die Stadt. Ein exklusiver Treffpunkt für Nachtschwärmer ist der Nightclub "Krystal".

Kultur- und Erholungspark · Ausstellungsgelände

⟶ Baumgarten

Kutná Hora (Kuttenberg) **Ausflugsziel

Lage
68 km östlich von Prag

Ergiebige Silberfunde verhalfen dem mittelböhmischen Kutná Hora (Kuttenberg, 273 m ü. d. M.; 21 000 Einw.) einst zu Ansehen und Wohlstand. Die unter Denkmalschutz gestellte malerische Bergstadt über dem Tal des Flüßchens Vrchlice war im Mittelalter die größte Stadt Böhmens und zeitweise königliche Residenz. Ihre Bedeutung beruhte auf dem hier zwischen dem 13. und 18. Jh. betriebenen Silberbergbau, der die Grundlage für den ab 1300 in der Kuttenberger Münze geprägten Prager Silbergroschen bildete, die stabilste und bekannteste böhmische Münze des Mittelalters. Zu den historisch bedeutsamen Daten gehört das Jahr 1409, als das die Verfassung der Prager Karlsuniversität zugunsten der Tschechen verändernde Kuttenberger Dekret erlassen wurde, welches die deutschen Professoren und Studenten zur Übersiedlung nach Leipzig veranlaßte.
1735 starb in Kuttenberg der bekannte Barockmaler Johann Peter Brandl (geb. 1668 in Prag), der hier seine letzten Lebensjahre verbrachte. Auch der Begründer des modernen tschechischen Theaters und Schöpfer der tschechischen Nationalhymne, Josef Kajetán Tyl, wurde in Kuttenberg geboren (1808–1856; ⟶ Tyl-Theater in Prag).

Sehenswertes

Die Zeit wirtschaftlicher Blüte hat ihre Spuren in einzigartigen Meisterwerken gotischer Baukunst hinterlassen. Im historischen Stadtkern, dessen Zentrum der von Renaissancehäusern gesäumte Palackého náměstí (Palacký-Platz) bildet, sollte man das sog. Steinerne Haus (Kamenný dům) am Náměstí Prvního máje (Platz des 1. Mai) aufsuchen. Das Gebäude (15. Jh.) mit Erker und dekorativem Skulpturenschmuck beherbergt heute die Stadtverwaltung und das Städtische Museum.

Steinernes Haus

Nordöstlich an der Třída Jiřího z Poděbrad (Georg-von-Podiebrad-Straße) steht das nach Entwürfen von Kilian Ignaz Dientzenhofer erbaute barocke Ursulinenkloster (1733–1743).

Kirche St. Johann von Nepomuk

An der Westseite des Šultysovo náměstí (Šultys-Platz) beginnt die Husova třída (Hußstraße), an der F.M. Kaňka 1734–1754 die barocke Kirche St. Johann von Nepomuk (Kostel svatého Jana Nepomuckého) schuf. Die Deckengemälde im Kircheninneren wurden 1752 fertiggestellt.
Westlich hangaufwärts mündet die Hußstraße auf den Rejskovo náměstí (Rejsek-Platz). In seiner Mitte erblickt man den zwölfeckigen spätgotischen Steinernen Brunnen (Kamenná kašna; 1493–1497). Das 'Marmorhaus' ('U Marmorů') an der Südwestecke des Platzes besitzt ein prächtiges Renaissanceportal.

Kirche St. Jakob

Über den langgestreckten Komenského náměstí (Comenius-Platz) geht es weiter leicht abwärts zum Platz U Vlašského dvora (Am Welschen Hof), dem Standort der zwischen 1330 und 1420 erbauten gotischen Kirche St. Jakob (Chrám svatého Jakuba). Ihr Glockenturm ist 82 m hoch. Zur reichen Innenausstattung gehören ein prächtiger Hochaltar von 1678 und sehenswerte Gemälde, darunter auch Arbeiten von J.P. Brandl. Die Erzdechantei südlich gegenüber war einst Sitz des Obermünzmeisters.

Welscher Hof

Östlich daran schließt der um 1300 erbaute Welsche Hof (Vlašský dvůr), die nach den aus Florenz kommenden ersten Münzprägern benannte ehemalige Münze, die später über längere Zeit als königliche Residenz fungierte. In dem von der Ostseite zugänglichen malerischen Hof erblickt man rechts den Erker der gotischen Wenzelskapelle, deren Inneres einen farbenprächtigen Schnitzaltar ("Tod Mariä") birgt. Das im Gebäude untergebrachte Museum zeigt u.a. alte Münzwerkstätten und Bilder des Kuttenberger Malers Felix Jenewein (1857–1905). Von der Terrasse an der Südseite des Welschen Hofes genießt man eine hübsche Aussicht, besonders auf die Barbarakirche (s. S. 119).

Kastell

Südwestlich von der Jakobskirche steht an der Barborská ulice (Barbaragasse) das Kastell (Hrádek), ein anstelle einer Holzfestung des 14. Jh.s im

15. Jh. als Königsburg errichteter Bau, der kurz nach seiner Fertigstellung als zweite Münze eingerichtet wurde und heute das Knappenmuseum beherbergt. In seinem gotischen Rittersaal kann man kunstvolle Wandmalereien bewundern. Sehenswert sind auch die beiden Kapellenerker.

Kutná Hora, Kastell (Fortsetzung)

Weiter an der Barbaragasse entlang erreicht man alsbald das mächtige Jesuitenkolleg (Jesuitska kolej), welches lange Zeit als Kaserne diente.

Jesuitenkolleg

Am Südende der Barbaragasse erhebt sich die der Schutzpatronin der Bergleute geweihte spätgotische Kirche St. Barbara (Chrám svaté Barbory), welche 1388 von Peter Parlers Bauhütte begonnen, später von Matthias Rejsek und Benedikt Ried fortgeführt und 1585 vollendet wurde. 1884–1905 erfolgte eine Restaurierung und die Fertigstellung der Fassade. Der fünfschiffige Sakralbau, mit Chorumgang, Kapellenkranz und reichen Strebepfeilern, besitzt ein aus drei zeltförmig über dem Langhaus aufragenden Pyramiden geformtes Dach. Der eindrucksvolle weiträumige Kirchenraum enthält an dem schon Renaissance-Einflüsse zeigenden Netzgewölbe viele Wappen, im nördlichen Seitenschiff schöne gotische Chorstühle und in den Chorkapellen freigelegte Fresken; ferner eine Renaissancekanzel von 1566, einen 1903 geschnitzten Hochaltar sowie Bilder von K. Škréta und J.P. Brandl.

** Kirche St. Barbara

Am Ostrand der Altstadt empfiehlt sich ein Besuch der aus dem 15. Jh. stammenden Muttergotteskirche am Hauptplatz (Matka Boží bzw. Kostel Panny Marie Na náměstí), die ein prachtvolles gotisches Gewölbe und eine Kanzel von 1520 besitzt.

Muttergotteskirche

Im Kuttenberger Stadtteil Sedletz befinden sich die gotisch-barocke Marienkirche (Chrám Panny Marie) und die für ihre zahllosen aus Menschenknochen verfertigten Gegenstände (Altar, Leuchter, Wappen u.a.) bekannte Beinhauskapelle.

Marienkirche, Beinhauskapelle

Kuttenberg

→ Kutná Hora

*Laurenziberg (Petřín) E/F 1/2

Lage
Praha 1,
Malá Strana

Straßenbahnlinien
6, 9, 12, 22

Standseilbahn
(Lanovka)

Im Garten des Klosters → Strahov beginnt ein Aussichtsweg, der über den ehemaligen Seminargarten bis zum Laurenziberg (Petřín; Untertunnelung im Gange) führt, zu dem man auch von der Straße 'Újezd' (= Hohlweg) herauffahren kann. Neben der Haltestelle wurde ein altes Winzerhaus 1984–1985 in die Gaststätte "Nebozízek" umgestaltet, die man nach dem bereits 1433 erwähnten Weinberg benannte. Dort oben eröffnet sich dem Besucher eine einzigartige Aussicht über Prag.

Auf dem Laurenziberg, einem östlichen Ausläufer des → Weißen Berges, stehen die Petřín-Warte, die Kirche St. Laurentius und die Volkssternwarte, sind das Spiegellabyrinth und die 'Hungermauer' zu sehen.

Dieser 60 m hohe eiserne Aussichtsturm wurde anläßlich der Prager Industrieausstellung (1891) nach dem Vorbild des Pariser Eiffelturms erbaut und dient heute als Fernmeldeturm (neuer Fernmeldeturm s. S. 134). Von der oberen Galerie (384 m ü. d. M.) der Petřín-Warte bietet sich ein weiter Rundblick über Prag und seine mittelböhmische Umgebung.

Petřín-Warte (Petřínská rozhledna)

Diese ursprünglich romanische Kirche, 1135 erstmals erwähnt, wurde 1735–1770 von I. Palliardi im Barockstil als Kuppelbau mit zwei Türmen umgebaut. Die Statue des hl. Adalbert (1842) an der Außenwand stammt von F. Dvořáček. Auf dem Hauptaltar zeigt ein Gemälde von J.C. Monnos (1693) die Folterung des Heiligen. Die Legende um die Gründung der

St. Laurentius (Kostel svatého Vavřince)

Panzer Nr. 23 – Denkmal für die Rote Armee

Laurenziberg, St. Laurentius (Fortsetzung)

St.-Adalbert-Kirche an der Stelle einer heidnischen Kultstätte im Jahre 991 ist auf dem Deckenfresko (1735) der Sakristei dargestellt. Auf den deutschen Namen des Kirchenpatrons geht auch der Name Laurenziberg zurück.

Pavillon

In unmittelbarer Nähe der Laurentiuskirche steht ein Pavillon mit dem Panorama "Kampf der Prager Studenten mit den Schweden 1648" von Karl und Adolf Liebscher und V. Bartoněk (1898).

Spiegellabyrinth

Daneben beherbergt eine hölzerne Miniaturkonstruktion des ehemaligen Karlstors am ⟶ Vyšehrad das Spiegellabyrinth (Bludiště; geöffnet April bis Oktober täglich 9.00–19.00 Uhr), das zu gleicher Zeit wie die Petřín-Warte entstanden ist.

Volkssternwarte

Im Sommer 1928 wurde für die Öffentlichkeit der erste Teil der nach Plänen des Architekten V. Veselík auf dem Laurenziberg erbauten Volkssternwarte (Hvězdárna hlavního města Prahy) zugänglich gemacht. Heute befindet sich dort das Astronomische Institut der Tschechoslowakischen Akademie der Wissenschaften. Ebenso wie das Planetarium (⟶ Baumgarten) veranstaltet auch die Sternwarte eine Reihe astronomischer Programme. Regelmäßig finden Führungen, Ausstellungen und die populären astronomischen Mittwochabende statt sowie Lehrgänge über die Grundlagen von Astronomie und Raumfahrt, Schulkurse und geographische Vorträge. Zu den modernen Geräten gehört u.a. ein 40-Zentimeter-Spiegelfernrohr (von Carl Zeiss, Jena), aber auch das älteste große Fernrohr ('König') und das ursprünglich 'Kometensucher' genannte Lichtfernrohr kommen heute noch zum Einsatz.
'Sterngucker' haben hier außer am Montag allabendlich Gelegenheit, ihrem Hobby zu frönen.
Öffnungszeiten: Januar und Februar sowie Oktober bis Dezember: Di.–Fr. 18.00–20.00 Uhr, Sa. und So. 10.00–12.00 und 14.00–20.00 Uhr.

Hungermauer

Hanau-Pavillon auf der Letná-Höhe

März und September: Di.–Fr. 19.00–21.00 Uhr, Sa. und So. 10.00–12.00 und 14.00–21.00 Uhr.
April und August: Di.–Fr. 14.00–18.00 und 20.00–22.00 Uhr, Sa. und So. 10.00–12.00 und 14.00–22.00 Uhr.
Mai bis Juli: Di.–Fr. 14.00–19.00 und 21.00–23.00 Uhr, Sa. und So. 10.00–12.00 und 14.00–23.00 Uhr.

Laurenziberg, Volkssternwarte, Öffnungszeiten (Fortsetzung)

Vom Gipfel des Laurenzibergs führt bis zum Hügelfuß hinunter die 1360–1362 unter Karl IV. errichtete Stadtbefestigungsmauer, die nach der Sage als Broterwerb dem Kampf der Armen gegen den Hunger diente und daher auch die Bezeichnung 'Hungermauer' trägt.

Hungermauer

Am Fuße des Laurenziberges liegt der Platz der sowjetischen Panzer (Náměstí sovětských tankistů). Hier erinnert ein Monument an die Befreiung Prags durch die Panzertruppe General Leljuschenkos am 9. Mai 1945. Der Panzer Nr. 23 auf dem Sockel soll als erster Prag erreicht haben.

Denkmal der sowjetischen Panzersoldaten

*Letná-Anlagen (Letenské sady) C/D 3–5

Nordöstlich vom ⟶ Hradschin erhebt sich über dem linken Moldau-Ufer die anlagengeschmückte Letná-Höhe (Sommerberg). Hier fand 1261 die Krönung von Ottokar II. statt. 1858 kam das Plateau in den Besitz der Stadt, die es von J. Bauerle nach Plänen von B. Wünscher in einen Park umwandeln ließ.
Von der Svatopluk-Čech-Brücke führen Treppenrampen (insgesamt 256 Stufen) zur Aussichtsplatte auf dem festungsartigen Sockel des 1962 abgetragenen Stalin-Denkmals (einst 30 m hoch) mit umfassendem Blick auf Prag, den ⟶ Laurenziberg und den St.-Veits-Dom (⟶ Hradschin).

Lage
Praha 6, Hradčany
Na baště sv. Tomáše
Praha 7, Holešovice
Kostelní

Straßenbahn
Linien: 1, 5, 8, 12, 17, 18, 22, 23, 24, 26.

Letná-Anlagen (Fortsetzung), Hanau-Pavillon (Hanavský pavilon)

Seinen Namen erhielt der Hanau-Pavillon nach den Gießereien des Fürsten Hanau, in denen der eiserne Pavillon nach einem Entwurf von Z. E. Fiala für die Weltausstellung 1891 gefertigt wurde; 1898 kam er auf die Letná-Höhe, wo man ihn zu einem eleganten Aussichtsrestaurant umgestaltete (Abb. s. S. 121).

Praha Expo 58

Im östlichen Teil der sich lang hinziehenden Letná-Anlagen (früher Belvedere-Park) befindet sich das Restaurant "Praha Expo 58" von F. Cubr, J. Hrubý und Z. Pokorný, das zur tschechoslowakischen Abteilung der Brüsseler Weltausstellung von 1958 gehörte und danach hierher überführt wurde. Die Portalgestaltung übernahm J. Kodet, die Fresken im Inneren sind von Künstlern der Schule A. Fišáreks aus der Akademie der bildenden Künste ausgeführt worden. Von der Restaurantterrasse bietet sich ebenfalls eine gute Aussicht auf Prag; der Hradschin ist jedoch verdeckt.

Stadion (Spartakiádní stadión)

Das ursprüngliche Fußballstadion wurde Ende der sechziger Jahre rekonstruiert und erweitert. Heute bietet die Anlage, der weitere Spielplätze und eine Sporthalle angeschlossen sind, rund 40000 Zuschauern Platz.

Am Nordrand der Letná-Anlagen liegt im Stadtteil Holešovice, nahe dem Nordausgang des unter der Letná-Höhe hindurchführenden Straßentunnels, das ⟶ Technische Nationalmuseum.

Letohrádek Amerika

⟶ Villa Amerika mit Dvořák-Museum

Letohrádek Hvězda

⟶ Weißer Berg mit Schloß Stern

Schloß Liběchov

⟶ Mělník, Schloß Liběchov

Lidice

Gedenkstätte

Lage
20 km nordwestlich von Prag

Das ursprüngliche kleine Bergarbeiterdorf Lidice wurde am 10. Juni 1942 von der deutschen SS dem Erdboden gleichgemacht als Vergeltung für ein Attentat auf den 'Stellvertretenden Reichsprotektor von Böhmen und Mähren' Reinhard Heydrich. Alle 173 anwesenden männlichen Bewohner über 15 Jahre wurden erschossen – die Hinrichtungsstelle kennzeichnet ein schlichtes Holzkreuz – , die Frauen und Kinder voneinander getrennt und in Konzentrationslager verschleppt, alle Gebäude in Brand gesteckt und der Dorfbezirk restlos eingeebnet.

Unmittelbar nach Ende des Zweiten Weltkrieges begann man mit dem Wiederaufbau eines neuen Lidice, das sich heute unweit des alten in einheitlicher Siedlungsbauweise mit viel Grün ausdehnt. Im Museum der Nationalen Gedenkstätte ist ein Saal den Opfern des Nationalsozialismus gewidmet, im Garten der Freundschaft und des Friedens sind Rosensträucher aus aller Welt angepflanzt. Die Skulptur "Frau mit Kind" des Bildhauers B. Stephan markiert die Stelle des Massengrabes. Wo sich einst das Pfarrhaus befand, steht heute ein Denkmal von K. Lidický.

**Loreto mit Loretoheiligtum und Kapuzinerkloster (Loreta) D 2

Durch die von alten Bürgerhäusern gesäumte ⟶ Loretogasse (Loretánska ulička) gelangt man vom ⟶ Hradschiner Platz vor der Prager Burg (⟶ Hradschin) zum Loretoplatz, der neben dem ⟶ Kreuzherrenplatz und einigen anderen Plätzen zu den eindrucksvollsten Stellen in Prag gerechnet werden kann.
Die Südwestseite des Loretoplatzes (Loretánské náměstí) bildet die 150 m lange, durch 30 mächtige Pilaster gegliederte Front des ⟶ Palais Czernin; an der Ostseite liegt der steil nach Norden abfallende Bezirk des ehemaligen Wallfahrtsheiligtums Loreto.

Lage
Praha 1, Hradčany
Loretánské náměstí

Straßenbahnlinien
22, 23

Loretoheiligtum

Das Prager Loretoheiligtum ist die bekannteste Loretowallfahrtsstätte Böhmens. Der Kult von Loreto – Teil der Marienverehrung – kam bereits um die Mitte des 15. Jh.s aus Italien in die übrigen Länder Mitteleuropas. Er hat seinen Ursprung in der biblischen Erzählung vom Hause der Heiligen Familie in Nazareth, in dem der Jungfrau Maria vom Erzengel Gabriel die Geburt Jesu verkündet wurde. Die Legende aus dem 13. Jh., nach der das Haus ('Casa Santa') zum Schutz vor den Ungläubigen nach Italien transportiert worden ist, fand im Katholizismus des Barock weite Verbreitung. Während der Gegenreformation hatte man nach dem Vorbild des mittelalterlichen Loretoheiligtums mit der Casa Santa etwa 50 derartige Wallfahrtsstätten in Böhmen errichtet, um den Katholizismus wieder 'populär' zu machen.

Baugeschichte

Die nach 1721 entstandene Frontfassade geht auf Entwürfe von Christoph und Kilian Dientzenhofer zurück. Bauherren der Fassade waren Philipp

Wallfahrtsstätte Maria-Loreto

Loretoheiligtum
Loreta

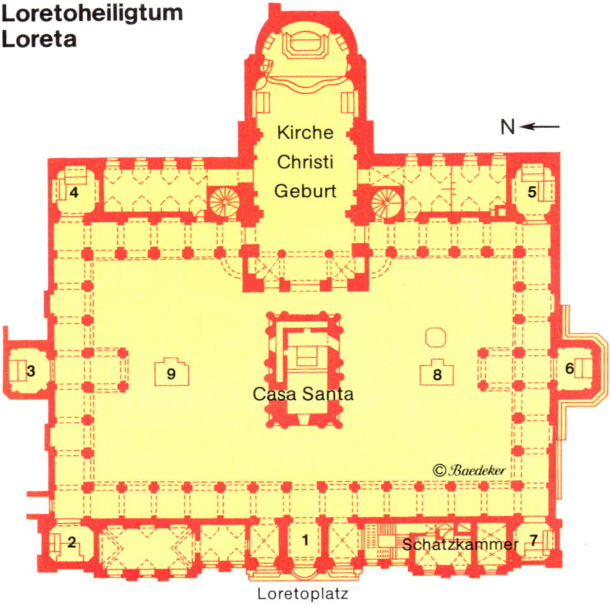

1 Haupteingang
2 St.-Anna-Kapelle
3 Kapelle des hl. Franz
4 St.-Josef-Kapelle
5 Kapelle des Hl. Kreuzes
6 St.-Antonius-von-Padua-Kapelle
7 Kapelle der Schmerzhaften Muttergottes
8 Mariä-Himmelfahrt-Brunnen
9 Auferstehung-Christi-Brunnen

Loretoheiligtum, Baugeschichte (Fortsetzung)

Fürst Lobkowitz, Herzog von Sagan, und seine Gemahlin Eleonore Carolina, deren Allianzwappen aus rotem Marmor von Johann Friedrich Kohl über dem Hauptportal eingesetzt ist. Der Bildhauer schuf 1721 zudem die Statuengruppe des hl. Felix von Cantalice, des hl. Nepomuk und wahrscheinlich auch die der hll. Franziskus und Antonius über dem Hauptportal. Für den etwas älteren, frühbarocken Glockenturm richtete der Prager Uhrmacher P. Neumann 1694 ein Glockenspiel mit 27 Glocken (Gesamtgewicht rund 1540 kg) ein, das der wohlhabende Kaufmann Eberhard von Glauchau 1694 bei dem Amsterdamer Glocken- und Geschützrohrgießer Claude Fremy erworben hatte. Im Sommer erklingt darauf stündlich das tschechische Marienlied "Tisíckrát pozdravujeme Tebe" (= "Tausendmal grüßen wir Dich Maria").

Casa Santa

In dem durch Arkaden aufgestockten, mit einem Brunnen geschmückten Kreuzgang steht die Casa Santa, das bauliche und geistige Zentrum des Wallfahrtsortes, eine Gründung der Gräfin Benigna Katharina von Lobkowitz (1626). Baumeister der Kapelle war Giovanni Battista Orsi aus Como, der die Kapelle 1631 vollendete. Die Skulpturen und Stuckreliefs, nach italienischem Vorbild mit Szenen aus dem Leben der Maria, alttestamentlichen Propheten und heidnischen Sibyllen gestaltet, stammen von G. Agosta, G.B. Colombo und G.B. Cometa (1664). An der Ostwand der Kapelle ist die Legende der Casa Santa dargestellt.
Das Innere der Kapelle schmücken Bilderzyklen aus dem Leben Mariä, die 1695 von dem Kleinseitner Maler František Kunz geschaffen wurden, ein

Casa Santa

Casa Santa (Fortsetzung)

silberner Altar und eine aus Lindenholz geschnitzte Madonna. Ihren Rahmen bildet ein Silberkranz aus Zweier- und Dreiergruppen geflügelter Engelchen, der dem Prager Goldschmied Markus Hrbek zugeschrieben wird. Das Gesamtgewicht des Silberschmucks der Casa Santa beträgt über 50 Kilogramm.

Brunnen

Im Hof zu beiden Seiten der Casa Santa stehen die zwei Brunnen "Mariä Himmelfahrt" (1739; Kopie von V. Sucharda) und "Auferstehung Christi" (von J. M. Brüderle, 1740).

Kreuzgang

Das Erdgeschoß des 1634 begonnenen Kreuzganges ist mit Fresken von Felix Anton Scheffler aus dem Jahre 1750 versehen (1882 restauriert). An den Wänden der Arkaden stehen mehrere Altäre mit Heiligenbildern unbekannter Künstler des ausgehenden Barock.

Kapellen

Sieben Kapellen säumen den Kreuzgang:
Das Deckenfresko der St.-Anna-Kapelle von F. A. Scheffler (1750) stellt den Tempelgang Marias dar. Die Kapelle des hl. Franz Seraph, 1717 von Christoph Dientzenhofer ausgeführt, besitzt einen Hauptaltar von Matthias W. Jäckel mit einem Heiligenbild aus der Werkstatt des großen Barockmalers Johann Peter Brandl. Den Hauptaltar der 1691 gegründeten St.-Josef-Kapelle schmückt ein Bild der Heiligen Familie, ihr Gewölbefresko eines unbekannten Barockkünstlers zeigt den zwölfjährigen Jesus im Tempel. Auch das 1750 entstandene Kuppelfresko ("Hl. Dismas und Maria") der Kapelle des Heiligen Kreuzes ist ein Werk von F. A. Scheffler. An der Antonius-von-Padua-Kapelle (1710–1712) waren Christoph Dientzenhofer als Baumeister und M. W. Jäckel als Bildhauer maßgeblich beteiligt. Letzterer lieferte den Altar, dessen Gemälde Sebastian Zeiler schuf. Das Vesperbild auf dem Hauptaltar der Kapelle Zur Schmerzhaften Muttergottes stammt noch aus der Zeit vor den Hussitenkriegen, die Wandmalereien sind abermals ein Werk von F. A. Scheffler.

Loreto (Fortsetzung), Kirche Christi Geburt

An der Ostseite des Loretoheiligtums steht in der Mitte des Kreuzganges die Kirche Christi Geburt (Kostel Narození Páně). Sie wurde 1717 von Christoph Dientzenhofer begonnen, danach von seinem Sohn Kilian Ignaz weitergeführt und 1735 von Georg Aichbauer vollendet. Den hellen Kirchenraum beherrscht der Hochaltar mit einem Altarblatt ("Geburt Christi") von Johann Georg Heintsch. Das in zarten Farbtönen gehaltene Deckengemälde "Christus im Tempel" (1735–1736) von Wenzel Lorenz Reiner läßt den Einfluß des venezianischen Illusionismus auf den Künstler spüren. Die Deckenfresken "Anbetung der Hirten" und "Anbetung der Könige" (1742) lieferte Johann Adam Schöpf, der 1740–1741 der Prager Malerzunft vorstand.

Schatzkammer

Die Schatzkammer des Loretoheiligtums, die 1962 im Westflügel neu eingerichtet und 1984 restauriert worden ist, befindet sich im oberen Umgang des Kreuzganges. Hier sind neben Meßgewändern und liturgischen Gegenständen wertvolle Monstranzen aus dem 16.–18. Jh. zu sehen, darunter die Kleine Perlenmonstranz, die außer Perlen noch 266 Diamanten und ein Rubin zieren (1680), die aus vergoldetem Silber 1748 gefertigte Ringmonstranz (492 Diamanten, 186 Rubine, ein Saphir, 24 Perlen sowie Smaragde, Amethyste und Almandine) und die berühmte strahlenförmige Diamantenmonstranz (über 6200 Diamanten aus dem Nachlaß der Ludmilla Eva Franziska Kolowrat), die 1699 in Wien von den Hofjuwelieren Matthias Stegner und Johann Känischbauer angefertigt worden ist.

Kapuzinerkloster (Kapucínský klášter)

In einfachen Linien, wie es bei den Bauten der Kapuziner üblich war, bildet dieses erste böhmische Kapuzinerkloster (1600–1602) die nördliche Front des Loretoplatzes, die tief unter dem Niveau des Plateaus vor dem ⟶ Palais Czernin liegt. Ein hängender, gedeckter Gang verbindet das Gebäude mit dem Loretokloster gegenüber.
An das Kloster schließt eine schlichte Marienkirche an, die mit 14 gotischen Tafelbildern unbekannten Ursprungs geschmückt wurde (heute in der Nationalgalerie). Die Marienkirche wird zur Weihnachtszeit wegen ihrer wundervollen Barockkrippe viel besucht.

Neue Welt (Nový Svět)

Nördlich vom Loretoheiligtum führt ein Weg zur 'Neuen Welt' ('Nový Svět'), einem Hradschiner Winkel einzigartiger Poesie, der zunehmend von Künstlern und Studenten bewohnt wird. Das Haus Zum Goldenen Horn gehörte um 1600 dem Astronomen Johannes Kepler. Im Barockbau Zur Goldenen Birne lädt ein gemütliches Restaurant zur Einkehr.

Loretogasse (Loretánská ulička) E 1/2

Lage
Praha 1, Hradčany

Straßenbahnlinien
22, 23

Auf der ⟶ Kleinseite verläuft zwischen dem ⟶ Hradschiner Platz vor der Prager Burg und dem ⟶ Loreto die Loretogasse (Loretánská ulička) in ostwestlicher Richtung. Historisch von Interesse ist hier das Wohnhaus Nr. 1, bis 1784 Rathaus von Hradčany, das Anfang des 17. Jh.s von K. Oemichen von Oberheim erbaut wurde, nachdem das Viertel Hradčany 1598 zur königlichen Stadt avanciert war. Zeugen dieser glanzvollen Epoche sind die Reste des Kaiserwappens an der Sgrafittofassade und das Wappen von Hradčany über dem Portal.

Palais Hrzán

Besondere Erwähnung verdient auch das Palais Hrzán (Nr. 9; s. Abb. S. 89), ursprünglich ein gotisches Haus im Besitz des großen Baumeisters Peter Parler. Mitte des 16. Jh.s wurde das Gebäude im Stil der Renaissance umgebaut, Ende des 18. Jh.s erhielt es seine spätbarocke Fassade. Zu Beginn des 20. Jh.s war hier die renommierte Malerschule von Ferdinand Engelmüller (1867–1924) untergebracht, an den im Hof eine Büste erinnert. Mitte der fünfziger Jahre erfolgte eine letzte Umgestaltung des Palais, das heute staatliche Repräsentationszwecke erfüllt.

Loretogasse (Fortsetzung)

Lustschloß Dientzenhofer (Portheimka) G 3

Für die eigene Familie errichtete Kilian Ignaz Dientzenhofer 1729 dieses barocke Lustschloß, dessen prachtvolles Fresko der "Bacchus-Feier" (1729) an der Decke des zentralen Saales von dem Künstler Wenzel Lorenz Reiner stammt.
Im Jahr 1758 ging das Lustschlößchen in den Besitz des Grafen Franz Buquoy über, im 19. Jh. erwarb es der Prager Industrielle Porges von Portheim. Ein Teil des Lustschlosses wurde 1884 abgerissen, um für den Bau der Kirche St. Wenzel Platz zu schaffen.

Lage
Praha 5, Smíchov, Štefánikova 12

U-Bahn-Station
Anděl

Straßenbahnlinien
4, 6, 7, 9, 12, 16

Galerie D
Heute ist in dem Gebäude die Galerie D untergebracht, die gelegentlich Ausstellungen veranstaltet (⟶ Praktische Informationen, Galerien).

Maislsynagoge

⟶ Josefstadt

Malá Strana

⟶ Kleinseite

Mánes-Ausstellungssaal

Mánes-Ausstellungssaal F 4

Lage
Praha 1,
Masarykovo
nábřeží 20

U-Bahn-Station
Karlovo náměstí

Straßenbahn-linien
17, 18, 21

Der Mánes-Ausstellungssaal (Abb. s. S. 127) wurde 1930 im Stil des Konstruktivismus nach Entwürfen von O. Novotný für den 1898 gegründeten Künstlerverband Mánes (⟶ Berühmte Persönlichkeiten) an der Stelle der ehemaligen Šítka-Mühlen errichtet. In den Jahren 1980–1987 ist das Gebäude sorgsam restauriert worden.
Heute beherbergt es Ausstellungsräume und ein Restaurant sowie ein Café mit Gartenterrasse zur Moldau. Das Haus ist außerdem Sitz des Verbandes der Bildenden Künstler.
Neben dem Mánes-Ausstellungsgebäude erhebt sich der ⟶ Šítka-Wasserturm.

Mariä Himmelfahrt (Kirche)

⟶ Strahov, Kloster

Mariä Himmelfahrt und Karl der Große G 5
(Kostel Nanebevzetí Panny Marie a Karla Velikého; Kirche)

Lage
Praha 1,
Nové Město
Ke Karlovu 1

U-Bahn-Stationen
Vyšehrad,
I. P. Pavlova

Straßenbahn-linien
6, 11

Im Jahre 1358 ließ Karl IV. diese Kirche – nach dem Vorbild der Aachener Pfalzkapelle mit achteckigem Grundriß – erbauen. Als sie 1377 der Himmelfahrt Mariä und Kaiser Karl dem Großen geweiht wurde, war erst eine provisorische Decke fertiggestellt. Bonifaz Wohlmut vollendete 1575 das Rippen-Sterngewölbe des Kirchenschiffes, das zu den glänzendsten Prager Bauleistungen zählt. Hieran knüpft die Sage von dem Baumeister, der seine Seele dem Teufel verschrieb, um sein Werk zu Ende führen zu können. Den neugotischen Hauptaltar schuf B. Wachsmann (1872), die Altarbilder stammen von A. Lhota, die kunstvollen Schnitzereien von J. Brüllmayer und E. Veselý. Die Gemälde von der Heiligen Familie und dem hl. Salvator am Seitenaltar entwarf 1708 J. G. Heintsch. Im selben Jahr wurden Statuen für Chor und Kapelle von J. J. Schlansovský geliefert. Ab 1720 erneuerte Kilian Ignaz Dientzenhofer den Sakralbau. Die Umnutzung der ehemaligen Klosterkirche in eine Wallfahrtsstätte ab dem frühen 18. Jh. und die gleichzeitige Einrichtung mehrerer Kapellen ließen den ursprünglich gotischen Charakter des Baues gänzlich in den Hintergrund treten. Auch die Barockkuppeln wurden erst später aufgesetzt.

Museum für Nationale Sicherheit

In dem gotisch erbauten und 1660–1668 von den Augustinerkapitularen barockisierten Kloster Karlov befinden sich heute das Museum für Nationale Sicherheit, Behörden des Innenministeriums und Teile des Staatsarchivs. Zudem stellen hier gelegentlich bildende Künstler aus.

Maria Schnee (Kostel Panny Marie Sněžné; Kirche) E 4

Lage
Praha 1,
Staré Město,
Jungmannovo
náměstí
(Fußgängerzone)

U-Bahn-Stationen
Můstek,
Národní

Der 1347 von Karl IV. als Krönungs- und Klosterkirche in Auftrag gegebene Bau sollte den St.-Veits-Dom (⟶ Hradschin) an Größe übertreffen. Bis 1397 war jedoch lediglich der 30 m hohe Chorraum fertiggestellt; an der Nordseite entstand das wertvolle gotische Portal mit seinen zahlreichen Heiligenskulpturen. Seit dem 15. Jh. verfiel der Bau, 1611 stürzte das Gewölbe ein und wurde von den Franziskanern durch eine Renaissancedecke ersetzt.
Der barocke Hochaltar (1625–1651) ist der größte aller Prager Kirchen. Über dem linken Seitenaltar hängt das Gemälde "Mariä Verkündigung" von W. L. Reiner. Beachtenswert ist auch das zinnerne Taufbecken (1459).

Kirche Maria Schnee: ehemals Zentrum der Hussiten

Maria Schnee (Fortsetzung)

Die Kirche spielte eine bedeutende Rolle in der Hussitenbewegung. Vor den Armen der Stadt predigte hier Jan Želivský gegen die päpstliche Kirche, gegen den Adel und das reiche Bürgertum. Am 30. Juli 1419 stürmte Želivský mit den radikalsten seiner Anhänger das Neustädter Rathaus und stürzte die katholischen Ratsherren aus dem Fenster. Dieser Erste Prager Fenstersturz löste die Hussitenkriege aus. Auch nach der Ermordung Želivskýs (1422), der hier begraben liegt, blieb die Kirche Maria Schnee ein Zentrum der Hussiten.

Franziskanergarten

Vor der Südseite der Maria-Schnee-Kirche liegt die grüne Oase des klösterlichen Franziskanergartens (Františkánská zahrada). Er ist seit 1950 öffentliche Parkanlage; Passagen verbinden ihn mit dem ⟶ Wenzelsplatz sowie den Straßen Jungmannova, Palackého und Vodičkova.

Jungmannplatz (Jungmannovo náměstí)

Auf dem Jungmannplatz (Jungmannovo náměstí) steht das 1878 von Ludvík Šimek geschaffene Jungmanndenkmal (Jungmannův pomník). Der Schriftsteller, Philosoph und Sprachforscher Josef Jungmann (1773 bis 1847) war ein bedeutender Vertreter der 'Wiedergeburt' (obrození) des tschechischen Nationalgefühls während der Romantik. Er verfaßte auch ein umfangreiches deutsch-tschechisches Wörterbuch und schrieb eine Geschichte der tschechischen Literatur.

*Marienplatz (Mariánské náměstí) E 4

Auf dem Marienplatz (Mariánské náměstí) stand früher die Kirche Maria auf der Pfütze, die während der deutschen Reformation eine bedeutende Rolle spielte. Nach den baulichen Veränderungen zu Beginn des 20. Jh.s blieben jedoch nur die Süd- und die Westseite des Platzes in ihrer ursprünglichen Gestalt erhalten.

Lage
Praha 1,
Staré Město

U-Bahn-Station
Staroměstská

Neues Rathaus

Städtische Bibliothek (Městská knihovna)

Öffnungszeiten
Di.–So.
10.00–17.00

Die 1928 eröffnete Städtische Bibliothek an der Nordseite des Marienplatzes, deren Frontbalkon sechs allegorische Statuen von L. Kofranek aufweist, beherbergt in der zweiten Etage die Sammlung moderner Kunst der Nationalgalerie (Sbírka moderního umění Národní galerie), in der hauptsächlich tschechische Maler des 20. Jh.s ausgestellt sind (V. Špála, J. Zrzavý u.a.). Diese Sammlung soll in das Museum für tschechische Kunst des 20. Jh.s übernommen werden, sobald dieses im rekonstruierten Messepalais (Praha 7) seine neuen Ausstellungsräume bezogen hat. Die Eröffnung ist für 1991 geplant.
Neben den Lesesälen (Bücherbestand mehr als 750 000 Bände) gibt es in der Städtischen Bibliothek eine umfangreiche Notensammlung sowie ein Puppen- und ein Filmtheater.

Neues Rathaus (Nová radnice)

An der Ostseite des Marienplatzes steht das 1909–1912 im Spätjugendstil erbaute Neue Rathaus, in dem sich seit 1945 die Kanzlei des Primators (Bürgermeisters) von Prag, der große Sitzungssaal und Büroräume der Stadtverwaltung befinden.
Die beiden Statuen an den äußeren Enden der Fassade von L. Šaloun stellen den Eisernen Ritter dar sowie den Hohen Rabbi Löw, der einst der Schöpfer des Golems gewesen sein soll (⟶ Josefstadt). Das allegorische Relief am Eingang des Rathauses stammt ebenso wie die Figuren "Revision" und "Buchhaltung" von S. Sucharda, die Gruppen "Bescheidenheit", "Kraft" und "Ausdauer" auf dem Balkon entwarf J. Mařatka.
An der Südostecke des Platzes befindet sich an der Mauer des Clam-Gallas-Hofes die Brunnenfigur "Moldau" von Václav Prachner (1812); unter den Pragern hat sie den Spitznamen "Terezka".

Barockpalais Clam-Gallas

Palais Clam-Gallas (Clam-Gallasův palác)

Stadtarchiv

Im ehemaligen Palais Clam-Gallas (Eingang durch die vom Marienplatz nach Süden führende Straße Husova třída) ist heute das Stadtarchiv untergebracht.
Dieses prachtvolle Barockpalais entstand 1707 nach Plänen des Wiener Architekten Johann Bernhard Fischer von Erlach, Auftraggeber war Johann Wenzel Graf Gallas. Steinerne Giganten hüten das Tor an der Husgasse (Husova třída), welche die zum Prager 'Königsweg' gehörende ⟶ Karlsgasse kreuzt. Bei der Renovierung des Palais Ende der achtziger Jahre wurde überraschenderweise festgestellt, daß die Köpfe der drei Meter hohen Figuren zu Beginn dieses Jahrhunderts durch Kunststeinkopien ersetzt worden waren. Die Portalgiganten, die Attikafiguren und die Statue auf dem Brunnen im ersten Hof schuf Matthias Braun. Das Treppenhaus gestaltete Carlo Carlone 1727–1730 mit Fresken aus. Von ihm stammen auch die Deckengemälde in zwei Sälen des zweiten Obergeschosses ("Olymp", "Krönung der Kunst und Wissenschaft") und in der Bibliothek ("Luna, Helios und die Sterne").

An der Westseite des Marienplatzes erhebt sich der weitläufige Gebäudekomplex des ehemaligen Jesuitenkollegs ⟶ Clementinum.

Mělník (Melnik)

Ausflugsziel

Lage
38 km nördlich von Prag

Am rebenbestandenen rechten Ufer der Elbe (Labe), gegenüber der Einmündung der Moldau (Vltava), liegt die Kreisstadt Mělník (Melnik, 222 m ü.d.M.; 20000 Einw.), das Zentrum des böhmischen Weinbaus, der alljährlich am letzten Wochenende im September mit einem großes Winzerfest gefeiert wird. Der bekannte Ludmilla-Wein der Stadt erinnert an die

Mělník
(Fortsetzung)

erste Märtyrerin und Schutzpatronin des Landes. Karl IV. ließ die Burgunderreben kommen und in den Gärten oberhalb der Moldau anbauen.
Die Silhouette von Mělník, das seit 1274 Stadtrecht genießt, beherrschen die gotische Propsteikirche Peter und Paul (15. Jh.) und eine ausgedehnte Schloßanlage, die im 14. Jh. errichtet wurde. In den Weinkellern des ehemals fürstlich Lobkowitzschen Besitzes, der im 16. Jh. zu einem Renaissanceschloß umgestaltet worden war, können über 6000 hl Wein gelagert werden. Heute sind hier eine wertvolle Gemäldesammlung des Barock und das Kreismuseum mit Ausstellungen zu Heimatkunde und Weinbau untergebracht (Di.–So. Mai–Aug. 8.00–17.00 Uhr, Sept., Okt., April 9.00–16.00 Uhr). Sehenswert sind ferner das Alte Rathaus aus dem 14. Jh., das 1765–1793 barockisiert wurde, und die Reste der Stadtbefestigung aus dem 13. Jh. mit dem Prager Tor (um 1500).

Schloß Liběchov

Rund 7 km nordwestlich von Mělník liegt am rechten Elbufer der von Weinbergen umgebene Ort Liběchov (Liboch, 163 m ü. d. M.; 1300 Einw.) am Eingang der romantischen 'Libocher Gründe'. Sein im Stil der Renaissance erbautes Schloß aus dem 16. Jh. birgt heute eine ständige Ausstellung über die Kulturen asiatischer Völker der Prager Náprstek-Museums (April–Sept. Di.–So. geöffnet). Im barocken Gartentrakt (18. Jh.) findet man eine aus anstehendem Fels gemeißelte Figurengruppe (19. Jh.).

Burg Kokořín

Knapp 17 km nordöstlich von Mělník erhebt sich über dem von der Pšovka zwischen zerklüfteten Kalkfelsen durchflossenen, reizvollen Kokořín-Tal (Kokořínský důl) die von dichtem Wald umgebene Burg Kokořín (April bis Sept. Di.–So. geöffnet), die ein hervorragendes Beispiel romantischer neugotischer Strömungen vom Anfang dieses Jahrhunderts darstellt. Ursprünglich im 14. Jh. erbaut, wurde das Schloß in den Hussitenkriegen stark zerstört und 1911–1918 erneuert.
Der Sage nach spukt hier der Schwarze Ritter, den einst seine alte Hausmagd Hate in den Burggraben stürzen ließ, um ein geraubtes Edelfräulein aus der Gewalt des grausamen Burgherrn zu befreien. Seither muß der Schwarze Ritter so lange durch die Nacht jagen, bis die Habgier der Menschen aus der Welt verschwunden sein wird.

Mladá Boleslav (Jungbunzlau) — Ausflugsziel

Lage
56 km nordöstlich von Prag

Die Kreisstadt Mladá Boleslav (Jungbunzlau; 230 m ü. d. M.; 50000 Einw.) wurde v. a. durch den Kraftfahrzeugbau bekannt. Ihren Anfang nahmen die heutigen Škoda-Personenkraftwagen in einer Fahrradwerkstatt; das erste Motorrad ging 1899 in Produktion. Sechs Jahre später begann man mit der Herstellung von Automobilen, deren Markenname aber erst 1925 durch die Eingliederung der Gründerfirma Laurin & Klement in die Škoda-Werke eingeführt wurde. In jüngster Zeit hat sich das deutsche Volkswagenwerk bei dem führenden tschechoslowakischen Autohersteller engagiert. Eine interessante Ausstellung über die Automobilentwicklung findet man in den Räumen des Schlosses aus dem 16. Jahrhundert. Sehenswert sind in der auf einer felsigen Anhöhe über der Iser (Jizera) gelegenen Altstadt außerdem das Alte Rathaus von 1559 und die Stadtkirche (urspr. 15. Jh.; Anfang des 18. Jh.s barock erneuert) am Altstädter Platz. In der ehem. protestantischen Kirche der Böhmischen Brüdergemeine ('Tempel'; Mitte 16. Jh.) ist das Städtische Museum untergebracht. Prägend für einen neuen Wohnungsbaustil wurden hier 1923 die Siedlungen des avantgardistischen tschechischen Architekten J. Kroha (†1974).

Teilansicht des Stadtmodells (um 1830) von A. Langweil im Museum der Hauptstadt Prag

Museum der Hauptstadt Prag (Muzeum hlavního města Prahy) D 6

Das Museum der Hauptstadt Prag wurde 1898 nach Entwürfen von Antonín Balšánek und A. Wiehl fertiggestellt. Der Fassadenschmuck des Neurenaissancebaus stammt von verschiedenen Bildhauern.
Im Treppenaufgang hängt die Monatsscheibe, die J. Mánes für die Astronomische Uhr am ⟶ Altstädter Rathaus schuf. Auf den inneren Rundbildern sind die Tierkreiszeichen dargestellt; die zwölf äußeren Bilder geben den Jahreslauf anhand von ländlichen Szenen wieder.
Das 1884 gegründete Stadtmuseum beherbergt eine ständige Ausstellung über die wirtschaftliche, baugeschichtliche und kulturelle Entwicklung Prags. Neben kompletten Wohnungseinrichtungen, historischen Trachten, Schmuck, Keramiken und Skulpturen ist auch eine Sammlung von Prager Hauszeichen zu sehen. Eindrucksvoll ist das 20 m² große Stadtmodell (1826–1834) des Lithographen Antonín Langweil.

Lage
Praha 8, Karlín, Sady Jana Švermy

U-Bahn-Station
Florenc

Straßenbahnlinien
3, 5, 8, 24

Öffnungszeiten
Di.–So.
9.00–12.00,
13.00–17.00

Na příkopě

⟶ Am Graben

Nationale Gedenkstätte auf dem Veitsberg E 7

Im östlich des Zentrums gelegenen Stadtteil Žižkov ragt die seit 1984 in Rekonstruktion befindliche Nationale Gedenkstätte auf dem Veitsberg (Národní památník na hoře Vítkově) auf. Man erreicht sie am besten durch

Lage
Praha 3, Žižkov
Na vrchu Žižkově

Nationale Gedenkstätte auf dem Veitsberg (Fortsetzung)

Buslinien
133, 168, 207

die Straßen Wilsonova, Husitská třída und U Památníku ('Am Denkmal') sowie zuletzt über Treppen. Das 1929 bis 1932 errichtete Nationaldenkmal ist innen erst nach 1948 vollendet worden. Auf der aussichtsreichen Terrasse steht ein monumentales Reiterdenkmal des hier siegreichen hussitischen Feldherrn Jan Žižka (von B. Kafka, 1950); darunter das Grab des Unbekannten Soldaten des Zweiten Weltkrieges. Hinter dem Denkmal erhebt sich ein mächtiges Mausoleum (oben Trauersaal; unten Urnensarkophage von Nachkriegspolitikern, Kolumbarium und Gedenkhalle für die Gefallenen des Ersten Weltkrieges).

Militärmuseum

Am Fuße des Veitsberges (U památníku Nr. 2) befindet sich das Militärmuseum der Tschechoslowakischen Armee (Vojenské muzeum Československé armády; Öffnungszeiten s. S. 205).

Fernmeldeturm

Die Prager Stadtsilhouette wird heute durch den 216 m hohen, neuen Fernmeldeturm bestimmt bzw. gestört, der – 1987–1990 erbaut – rund 800 m südlich vom Veitsberg in bizarren Bauformen aufragt (Aussichtsrestaurant).

Nationalmuseum (Národní muzeum) F 5

Lage
Praha 1,
Nové Město,
Václavské náměstí 68

Das Nationalmuseum wurde 1818 gegründet. Unter den Gründungsvätern waren berühmte Persönlichkeiten wie Graf Kašpar Maria Šternberk, Josef Dobrovský und František Palacký. Es ist das älteste Museum der Tschechoslowakei und umfaßt als Abteilungen das → Ethnographische Museum, das Musikinstrumentenmuseum und das Náprstek-Museum

Nationalmuseum an der oberen Schmalseite des Wenzelsplatzes

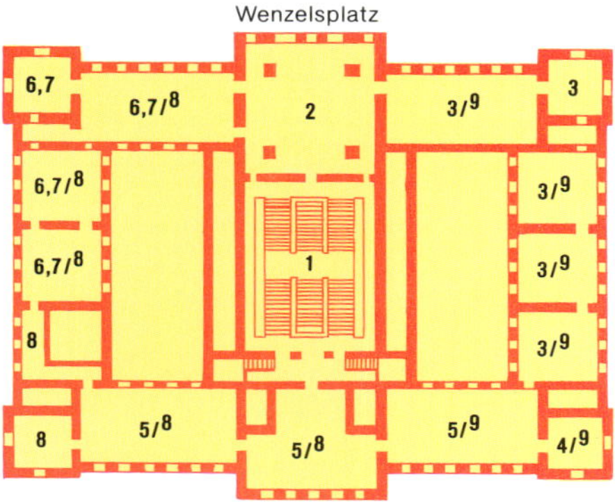

Nationalmuseum Národní muzeum

ERSTER STOCK

1 Statue des Königs Georg von Poděbrad (1420 – 1471) von Ludwig Schwanthaler
2 Büsten von Männern, die sich um die Wissenschaften oder das Museum verdient gemacht haben
3 Urgeschichte und Archäologie
4 Numismatik
5 Wechselausstellung
6, 7 Mineralogie und Petrographie

ZWEITER STOCK

8 Zoologie
9 Paläontologie

© Baedeker

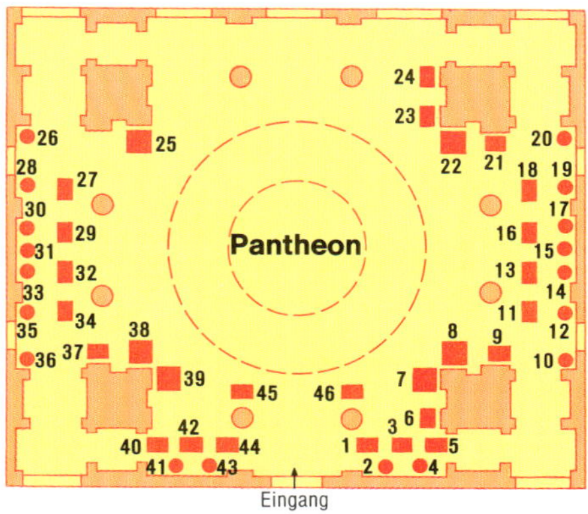

■ Standbilder

▮ Büsten auf Sockeln

● Büsten an den Wänden

1 Beneš z Loun (1454 – 1534), Architekt
2 Ferdinand Maximilián Brokoff (1688 – 1731), Bildhauer
3 Miroslav Tyrš (1832 – 1884), Kunsthistoriker
4 Karel Škréta (1610 – 1674), Maler
5 Josef Mánes (1820 – 1871), Maler
6 Jaroslav Heyroský (1890 – 1967), Begründer der Polarforschung
7 František Palacký (1798 – 1876), Historiker und Politiker
8 Tomáš Garrigue Masaryk (1850 bis 1937), Präsident der ČSR
9 Karel Havlíček Borovský (1821 bis 1856), Journalist
10 Ctibor Tovačovsky z Cimburka (1438 – 1494), Politiker
11 František Josef Gerstner (1758 bis 1832), Physiker und Techniker
12 Bohuslav Balbín (1621 – 1688)
13 Jan E. Purkyně (1787 – 1869)
14 Josef Ressel (1793 – 1857), Erfinder der Schiffsschraube
15 Josef Dobrovský (1753 – 1829)
16 Pavel Josef Šafařík (1795 – 1861)
17 František Martin Pelcl (1734 – 1801), Historiker
18 Josef Jungmann (1773 – 1847)
19 Karel ze Žerotína (1564 – 1636)
20 Viktorin Kornal ze Všehrd (1460 – 1520), Jurist
21 František Škroup (1801 – 1862), Komponist der Nationalhymne
22 Jan Hus (1371 – 1415), Reformator
23 Antonín Dvořák (1841 – 1904), Komponist
24 Bedřich Smetana (1824 – 1884), Komponist
25 Jan Ámos Komenský (1592 – 1670), Pädagoge und Reformator
26 Daniel Adam z Veleslavína (1546 – 1599), Historiker
27 Pavel Hviezdoslav (1849 – 1921), Dichter
28 Karel Jaromír Erben (1811 bis 1870), Dichter und Historiker
29 Jaroslav Vrchlický (1853 – 1912), Dichter
30 Antonín Jaroslav Puchmajer (1769 – 1820), Dichter
31 Jan Kollár (1793 – 1852), Dichter
32 Svatopluk Čech (1846 – 1908), Dichter und Schriftsteller
33 Václav Matěj Kramerius (1753 bis 1808), Schriftsteller
34 Alois Jirásek (1851 – 1930), Schriftsteller
35 František Ladislav Čelakovský (1799 – 1852), Dichter
36 Tomáš ze Štítného (1333 – 1405), Religionsphilosoph
37 Petr Bezruč (1867 – 1958), Dichter
38 Jan Neruda (1834 – 1891), Dichter
39 Kašpar Sternberk (1761 – 1838), Mitbegründer des Nationalmuseums
40 Václav Hollar (1607 – 1677)
41 Václav Vavřinec Reiner (1689 – 1743), Maler
42 Josef Václav Myslbek (1848 – 1922), Bildhauer
43 Petr Jan Brandl (1668 – 1735), Maler
44 Mikoláš Aleš (1852 – 1913), Maler
45 Eliška Krásnohorská (1847 bis 1926), Dichterin
46 Božena Němcová (1820 – 1862), Schriftstellerin

Nationalmuseum (Fortsetzung)

U-Bahn-Station
Muzeum

Straßenbahnlinie
11

Öffnungszeiten
Sa., So., Mi., Do. 9.00–17.00;
Mo., Fr. 9.00–16.00

mit Sammlungen asiatischer, afrikanischer und amerikanischer Kulturen sowie das Museum für Körperkultur und Sport, die in eigenen Gebäuden untergebracht sind.
Das Hauptgebäude mit der neu vergoldeten Kuppel bildet den oberen Abschluß vom ⟶ Wenzelsplatz. Es wurde 1885–1890 nach Entwürfen von Josef Schulz im Stil der Neorenaissance erbaut und beherbergt das Naturwissenschaftliche Museum und das Historische Museum sowie die Bibliothek des Nationalmuseums (über 1,3 Mio. Bände).
Im Pantheon, einem durch zwei Stockwerke gehenden Kuppelbau, stehen Statuen und Büsten berühmter Tschechen. In den Seitenflügeln befinden sich die mineralogischen, botanischen und zoologischen Sammlungen. Die historisch-archäologische Abteilung zeigt eine umfangreiche Münz- und Medaillensammlung und Sehenswertes aus der Geschichte des tschechischen Theaters und Puppenspiels.

Nationaltheater (Národní divadlo) F 4

Lage
Praha 1, Nové Město, Národní třída 2

Straßenbahnlinien
6, 9, 17, 18, 21, 22

Das 1868–1881 von Josef Zítek nach dem Vorbild des Nostitz-Theaters im Stil der Neorenaissance erbaute tschechische Nationaltheater brannte kurz nach der ersten Vorstellung ab. Josef Schulz, ein Schüler Zíteks, ließ das Gebäude innerhalb von nur zwei Jahren neu errichten, wobei das Geld für den Wiederaufbau durch Spenden aus der Bevölkerung zusammenkam. Am 18. November 1883 begann die erste Spielzeit mit der festlichen Premiere von Smetanas Nationaloper "Libussa" (tschechisch "Libuše").
Das Nationaltheater entstand in einer Epoche der nationalen Wiedergeburt und verkörperte "alle Sehnsüchte und Neigungen eines Volkes, das nach langem Schlummer voll tatkräftiger Energie und voll Begeisterung in die europäische Geistesgemeinschaft zurückkehrte" (V. Volavka).

Außenbau

Das 1976–1983 restaurierte Gebäude ist großzügig mit plastischem Schmuck versehen, wobei freistehende Statuen die Silhouette des Monumentalbaus abrunden. Bohuslav Schnirch gestaltete die beiden Figurengruppen auf der Attika der Nordfassade (Siegesgöttinnen; Apollo und die Musen), die Allegorien von Oper und Drama auf der Westseite sowie die Statuen von Záboj und Lumír in den Nischen der Nordfassade stammen aus der Werkstatt des Wieners Anton Wagner. Die Allegorien von Singspiel und Schauspiel über dem Seiteneingang sind Werke des Künstlers Josef Václav Myslbek. Der Bildhauer lieferte später auch die Büsten berühmter Persönlichkeiten für die Porträtgalerie sowie die Allegorie der Musik für das große Foyer (1913).

*Innenausstattung

An der Innenausstattung beteiligten sich alle führenden Künstler der damaligen Zeit. Die Fresken von Zuschauerraum, Loggia und Präsidentensalons behandeln mystische und historische Themen oder sind Darstellungen aus der Theaterwelt. Acht Allegorien der Künste von František Ženíšek zeigt das Deckenfresko im Zuschauerraum, die Lünetten der Loggia zur Nationalstraße hin sind von Josef Tulka. Mit dem eindruckvollen Gemälde "Goldenes Zeitalter, Untergang und Wiederbelebung der Kunst" von F. Ženíšek wurde das große Foyer auf dem ersten Balkon ausgeschmückt. Zusammen mit Mikoláš Aleš malte der Künstler auch den in 14 Bogenfeldern dargestellten Zyklus "Die Heimat" sowie die vier Wandgemälde "Heidnischer Mythos", "Geschichte", "Leben" und "Volksmusik". Die Ausführung der Lünetten im Verbindungsgang des großen Foyers übernahm Adolf Liebscher. Im Präsidententrakt sind Arbeiten zu sehen von Vojtěch Hynais ("Vier Jahreszeiten"), der auch den Bühnenvorhang (Allegorie vom Wiederaufbau des Theaters) entwarf, von Julius Mařák und von Václav Brožík (Themen aus der tschechischen Geschichte).

Neue Szene

Als Ergänzung zu dem historischen Bau entstand 1983 der moderne Gebäudekomplex der Neuen Szene.

Moldauseite des Nationaltheaters ▶

*Nerudagasse (Nerudova ulice) E 2

Lage
Praha 1,
Malá Strana

U-Bahn-Station
Malostranská

Straßenbahnlinien
12, 22

Beim ⟶ Kleinseitner Ring beginnt die steile Nerudagasse (Nerudova ulice), in der Vergangenheit die Hauptzugangsstraße hinauf zum ⟶ Hradschin. Die ehemalige Spornergasse mit vornehmlich spätbarocken Bürgerhäusern gehört zu den schönsten Gassen in Prag. Sie war im letzten Jahrhundert Kulisse für die "Kleinseitner Geschichten" des tschechischen Schriftstellers Jan Neruda (⟶ Berühmte Persönlichkeiten), nach dem die Straße heute benannt ist. Der Erzähler kleinbürgerlicher Episoden wohnte 1845–1857 im Haus Zu den zwei Sonnen (U dvou slunců; Nr. 47), an dessen frühbarocker Fassade eine Gedenktafel angebracht ist. Das barocke ⟶ Palais Morzin (Nr. 5) dient heute als Sitz der rumänischen Botschaft. Gegenüber ziert die Hausfront das barocke Zeichen eines roten Adlers, der von zwei Englein getragen wird. Drei gekreuzte kleine Geigen bilden das schöne Hauszeichen von Nr. 12, in dem 1667–1748 die Prager Geigenbauerfamilie Edlinger wohnte und heute eine Weinstube zur Einkehr einlädt. Das ursprünglich gotische, später im Renaissancestil umgebaute Valkounsche Haus (Valkounský dům; Nr. 14) verdankt sein spätbarockes Aussehen dem Künstler J.B. Santini-Aichl. Sehenswerte Hauszeichen besitzen auch das Renaissancehaus Zum goldenen Pokal (U zlaté číše; Nr. 16) und das barocke Haus Zum hl. Johannes von Nepomuk (U svatého Jana Nepomuckého; Nr. 18.). Die italienische Botschaft hat sich im barocken ⟶ Palais Thun-Hohenstein (Nr. 20) eingerichtet, im Refektorium des ehemaligen Theatiner- bzw. Kajetanerklosters (Nr. 24) wurden in der ersten Hälfte des 19. Jh.s die sog. Kajetanerschauspiele in tschechischer Sprache aufgeführt. Im benachbarten Haus Zum Wiegenesel (Osel u kolébky) spielt Nerudas Erzählung "Eine Woche in einem stillen Haus". Die alte, 1980 restaurierte Kleinseitner Apotheke im Haus Zum goldenen Löwen (U zlatého lva; Nr. 32) beherbergt heute ein Museum der Pharmazie in den Ländern der böhmischen Krone. "Sommer und Winter" wird das barocke Palais Bretfeld (Bretfeldský palác; Nr. 33) genannt, in dem einst so illustre Gäste wie W. A. Mozart und G. Casanova logierten. Die erste Kleinseitner Apotheke befand sich im Haus Zum goldenen Hufeisen (U zlaté podkovy; Nr. 34), über dessen Portal der hl. Wenzel wacht. Ein kunstvoller weißer Schwan ist Hauszeichen des barocken Bürgerpalais Nr. 49 (U bílé labutě). Von hier sind es nur wenige Schritte über die Schloßstiege 'Ke Hradu' hinauf zur Prager Burg.

Nerudova ulice

⟶ Nerudagasse

Neues Rathaus

⟶ Marienplatz

Neustädter Rathaus

⟶ Karlsplatz

Obecní dům

⟶ Repräsentationshaus

Hauszeichen "Zu den drei kleinen Geigen" an der Nerudagasse

Palais Buquoy (Buquoyský palác) E 3

Das Palais Buquoy ist heute Sitz der französischen Botschaft. Es wurde 1719 im Auftrag von Marie Josefa von Thun (geb. Waldstein) nach Plänen von J. B. Santini-Aichl, wahrscheinlich unter Mitwirkung von F. M. Kaňka, erbaut und 1735 erweitert. Den plastischen Schmuck des Palastes führte M. B. Braun aus. Nachdem das Palais in den Besitz der Familie Buquoy gelangt war, erhielt die Inneneinrichtung ihren neobarocken Stil. In den Jahren 1889–1896 wurden der Treppenaufgang und der Rückflügel, in dessen großem Saal zwei sehenswerte Gobelins hängen (16. und 18. Jh.), von J. Schulz im Stil der Neorenaissance gestaltet. Ein weiterer Umbau erfolgte 1904. Der alte, natürlich belassene Palastgarten reicht bis zur ⟶ Kampa-Insel.

Lage
Praha 1,
Malá Strana,
Velkopřevorské náměstí 486

Straßenbahnlinien
12, 22

Palais Clam-Gallas

⟶ Marienplatz

Palais Czernin (Černínský palác) E 1

Das monumentale Palais Czernin liegt an der Südwestecke des Loretoplatzes (⟶ Loreto). Seine 150 m lange Front wurde 1669 nach dem Vorbild des italienischen Palladianismus von Graf Humprecht Johann Czernin von Chudenice in Auftrag gegeben, der kaiserlicher Botschafter in Venedig war. Sein Sohn, Hermann Czernin, ließ den Bau 1697 vollenden. An den Bau- und Steinmetzarbeiten waren durchweg italienische Künstler betei-

Lage
Praha 1,
Hradčany,
Loretánské náměstí

Palais Czernin – Sitz des tschechoslowakischen Außenministeriums

Palais Czernin (Fortsetzung)

Straßenbahnlinien
22, 23

ligt, allen voran F. Caratti. Nach 1720 gestaltete F.M. Kaňka den Palast um. Aus derselben Zeit stammen die nördlich anschließende französische Gartenanlage und der prachtvolle Treppenaufgang mit einem Deckenfresko ("Sturz der Titanen", 1718) von W.L. Reiner. Während der französischen Okkupation Prags im Jahr 1742 erlitt das Gebäude schwere Schäden, die von Anselmo Lurago 1744–1749 behoben wurden. Hinzu kamen drei neue Frontportale und der Rokokoumbau der Orangerie im Garten. Mitte des 18. Jh.s schuf auch I. F. Platzer mehrere Plastiken für den Palast. Um die letzte Jahrhundertwende wurde das Gebäude zur Kaserne umfunktioniert, Anfang der dreißiger Jahre erfolgte die Rekonstruktion. Heute ist das Palais Sitz des Außenministeriums.

Palais Goltz-Kinsky mit Grafiksammlung der Nationalgalerie
(Palác Goltz-Kinských) E 4

Lage
Praha 1, Staré Město, Staroměstské náměstí 12 (Fußgängerzone)

U-Bahn-Stationen
Staroměstská, Můstek

Im ehemaligen Palais Goltz-Kinsky an der Ostseite vom ⟶ Altstädter Ring befindet sich heute die Grafiksammlung der Nationalgalerie (Grafická sbírka Národní galerie), die ständige und wechselnde Ausstellungen alter und neuer Grafik der Nationalgalerie veranstaltet.
Der Spätbarockbau mit den eindrucksvollen Rokoko-Elementen entstand auf den Grundmauern eines romanischen und eines frühgotischen Hauses (Reste im Souterrain des Westflügels). Die Pläne für den Palast, der 1755 von Johann Arnold Graf v. Goltz in Auftrag gegeben worden war, stammen von Kilian Ignaz Dientzenhofer; sein Nachfolger Anselmo Lurago vollendete den Bau 1765. Bereits drei Jahre später ging das Palais in den Besitz des Fürsten Rudolf Kinsky über.
Die fast klassizistische Platzfront mit reicher Stukkatur von C.G. Bossi und pilastergesäumten Risaliten besitzt zwei dreieckige Giebel. An der breiten Fassade verläuft ein von zwei Säulenportalen getragener Balkon.

Palais Goltz-Kinsky und Haus 'Zur steinernen Glocke'

Vier stehende und vier liegende mythologische Plastiken (von Ignaz Platzer d. Ä.) schmücken die Attiken. Rokokostil zeigen die feingegliederten Einfassungen der Fenster mit dem typischen Motiv der Steinchenrocaille. Die drei Seitenflügel im Empirestil wurden später angefügt.

Palais Goltz-Kinsky (Fortsetzung)

Unmittelbar neben dem Palais Goltz-Kinsky steht das Haus 'Zur steinernen Glocke'. Die Frontseite mit seinen hochaufstrebenden gotischen Fenstern wurde bis zu den Instandsetzungsarbeiten, die in den sechziger Jahren durchgeführt wurden, von einer neubarocken Fassade von 1899 verdeckt. Ihren Anfang nahm die Baugeschichte dieses Hauses in der zweiten Hälfte des 13. Jh.s, der Name "Zur steinernen Glocke" ist 1417 erstmals urkundlich belegt. Bauherrin war vermutlich Königin Elisabeth, die Gemahlin Johanns von Luxemburg. Ende des 15. Jh.s erfolgten bauliche Veränderungen, und nach 1685 sorgte ein Umbau dafür, daß von der Palaisform des einst königlichen Wohnsitzes kaum etwas übrig blieb. Im Zuge einer umfangreichen Rekonstruktion erhielt das Gebäude bis 1987 seine alte gotische Gestalt zurück.
Im Haus 'Zur steinernen Glocke' veranstaltet die Galerie der Hauptstadt Prag Ausstellungen retrospektiver und gegenwartsbezogener Kunst, Konzerte und Vorträge.

Haus Zur steinernen Glocke (U kamenného zvonu)

Palais Lobkowitz (Lobkovický palác) — E 2

Das Mitte der siebziger Jahre restaurierte Palais Lobkowitz ist heute Sitz der deutschen Botschaft.
Errichtet wurde das Gebäude zu Beginn des 18. Jh.s im Stil des Frühbarock von Giovanni Battista Alliprandi, 1769 hat man es nach Plänen von I. Palliardi umgebaut und an den Seitenflügeln erhöht. Seit 1753 befand sich das Palais im Besitz der Familie Lobkowitz, deren Wappen im Giebel

Lage
Praha 1,
Malá Strana,
Vlašská 19

Palais Lobkowitz (Fortsetzung)

Straßenbahnlinien 12, 22

zu finden ist. Die schön gegliederte Fassade besitzt ein mächtiges Portal und ist mit einem Dachtympanon mit Plastiken und einer mit Statuen besetzten Attika an der Vorderseite geschmückt. Im Treppenhaus zeigt ein Deckenfresko den Sieg des Friedens über den Krieg, das J.J. Steinfels zugeschrieben wird, der auch weitere der kunstvollen Malereien (um 1720) im Interieur geschaffen haben soll.
Noch interessanter ist die Hinterfront in den Garten mit einem zylindrischen Risalit (Vorbau) und seiner Sala Terrena, die in den Ehrenhof führt. Am Dach befindet sich über dem Risalit eine architektonische Seltenheit – ein Bassin. Von dem durch drei Flügel geformten Ehrenhof besteht Zugang durch ein mit Skulpturen (Entführung der Proserpina und der Oreithyia) bereichertes Gittertor zum gleichnamigen Terrassengarten, der zur selben Zeit wie das Palais von J.J. Kapula angelegt und Ende des 18. Jh.s nach dem Muster englischer Naturparks gestaltet wurde.

Palais Martinitz

⟶ Hradschiner Platz

Palais Morzin (Morzinský palác) E 2

Lage
Praha 1,
Malá Strana,
Nerudova ulice 5

U-Bahn-Station
Malostranská

Straßenbahn

Das Palais Morzin an der ⟶ Nerudagasse ist einer der schönsten Barockpaläste auf der ⟶ Kleinseite. In diesem 1714 aus drei Häusern entstandenen Bau – heute Sitz der rumänischen Botschaft – verschmelzen die Barockarchitektur des Giovanni Santini mit den Bildhauerarbeiten von Ferdinand Maximilian Brokoff zu einem harmonischen Ganzen.
Den Balkon stützen heraldische Mohrengestalten – ein Wappenmotiv der Adelsfamilie Morzin (= Mohr); über dem Portal die Allegorien des Tages und der Nacht.
Linien: 12, 22.

Palais Nostitz (Nostický palác) E 3

Lage
Praha 1,
Malá Strana,
Maltézské náměstí 1

Straßenbahnlinien
12, 22

Das vierflügelige Palais Nostitz – heute Sitz der niederländischen Botschaft und verschiedener Abteilungen des Kulturministeriums – auf der ⟶ Kleinseite bildet die Südseite des Malteserplatzes. Der Palast wurde 1658–1660 für Johann Hertwig von Nostitz (vermutlich nach Plänen von F. Caratti) im Barockstil erbaut, 1720 um die Dacherker und Imperatorenstatuen aus der Brokoffwerkstatt (heute Kopien) und nach 1765 um das Säulenportal im Rokokostil von Anton Hafenecker bereichert (Abb. s. S. 144). Beachtenswert sind der hübsche Hof und in den Sälen Deckenfresken mit mythologischen Motiven (von W.B. Ambrozzi, um 1757).
Im Palais ist die Dobrovský-Bibliothek (ehem. Nostitz-Bibliothek; über 15000 Bände) untergebracht.

Palais Podiebrad (Palác Jiřího z Poděbrad) E 4

Lage
Praha 1,
Staré Město,
Řetězová 3

U-Bahn-Station
Můstek

Eines der besterhaltenen romanischen Häuser Prags steht an der Kettengasse (Řetězová). Erbaut wurde das Haus der Herren von Kunstadt und Podiebrad (Dům pánů z Kunštátu a z Poděbrad) Ende des 12. oder Anfang des 13. Jahrhunderts. Erhalten blieben von dem palastartigen romanischen Vorgängerbau die Kreuzgewölbe im Kellergeschoß. Als Eigentümer ist 1406 urkundlich ein Herr Boczko von Kunstadt nachgewiesen, der Oheim Georgs von Podiebrad (1420–1471), der Mitte des 15. Jh.s

Landesverweser des böhmischen Königreiches war. Der in der Geschichtsschreibung auch gern als 'Hussitenkönig' bezeichnete König Podiebrad zog nach seiner Wahl (1458) in den Königshof um, der sich beim heutigen Platz der Republik befand und 1902 abgerissen wurde. Seither wechselte das Palais Podiebrad mehrfach den bürgerlichen Besitzer; 1970 wurde das restaurierte Gebäude der Öffentlichkeit zugänglich gemacht. Anläßlich des 525. Jahrestages der Wahl Georgs von Podiebrad zum böhmischen König eröffnete man hier einen Gedenkraum. Im Keller zeigt das Prager Zentrum für Denkmalschutz Ausgrabungsfunde zur älteren Stadtgeschichte Prags, u.a. Keramik des 9. Jh.s, Kacheln aus dem 14. Jh., Waffen hussitischer Heere und Handwerksgeräte aus der Zeit der Gotik.

Palais Podiebrad (Fortsetzung)

Straßenbahnlinien
17, 18

Öffnungszeiten
Mai–Sept.
Di.–So.
10.00–18.00

Palais Schönborn (Schönbornský palác) E 2

Das breit angelegte Palais Schönborn mit der verhältnismäßig schlichten Fassade ist heute Sitz der Botschaft der USA. Giovanni Santini schmückte das vierflügelige Gebäude um 1715 mit Giebeln und Dacherkern, den Durchgang zum Hof mit vier Gigantenstatuen.
Bereits um 1650 war der Garten des Palais Schönborn weithin berühmt. Er steigt terrassenartig von dem schachbrettförmigen Parterre bis zur Arkadengloriette (ehem. Weinpresse) an. Von dort bietet sich ein prächtiger Panoramablick auf Prag.

Lage
Praha 1,
Malá Strana,
Tržiště 15

Straßenbahnlinien
12, 22

Palais Schwarzenberg

→ Hradschiner Platz

Palais Sternberg

→ Sammlung europäischer Kunst der Nationalgalerie

Palais Sylva-Taroucca

→ Am Graben

Palais Thun-Hohenstein (Thun-Hohenštejnský palác) E 2

Norbert Vinzenz Kolowrat ließ zwischen 1710 und 1725 das barocke Palais nach Plänen von Giovanni Santini errichten. Heute ist es Sitz der italienischen Botschaft (Abb. s. S. 144).
Der Palast, mit dem Palais Slavata an der Thungasse (Thunovská) verbunden, besitzt ein schönes Portal mit zwei heraldischen Adlern, die ihre Schwingen ausbreiten (Familienwappen Kolowrat), und die römischen Göttergestalten Jupiter und Juno. In Richtung → Hradschin steht die nach Plänen von Jean Baptiste Mathey und Giovanni Santini errichtete Kirche St. Kajetan (1691–1717), die auch Theatinerkirche genannt wird.

Lage
Praha 1,
Malá Strana,
Nerudova ulice 20

U-Bahn-Station
Malostranská

Straßenbahnlinien
12, 22

Palais Toscana

→ Hradschiner Platz

Barockpalais Thun-Hohenstein

Rokokoportal des Palais Nostitz

Palais Vrtba mit Vrtbagarten (Vrtbovský palác) E 3

Lage
Praha 1,
Malá Strana,
Karmelitská 25

Straßenbahnlinien
12, 22

Durch das nach 1631 im Stil der Spätrenaissance umgebaute Palais Vrtba gelangt man zum Vrtbagarten (Vrtbovská zahrada), einer der hervorragendsten Leistungen barocker Gartenarchitektur in Mitteleuropa, der nach Entwürfen von F. M. Kaňka angelegt wurde.
W. L. Reiner führte die Malereien für die Sala Terrena aus, am Eingang zum ehemaligen Weinberg stehen die Statuen Bacchus und Ceres von Matthias Braun (um 1730). Auf der Doppeltreppe wechseln barocke Vasen mit Skulpturen der griechischen Mythologie. Von der obersten Terrasse hat man eine herrliche Aussicht auf die St.-Niklas-Kirche (⟶ Kleinseitner Ring) und die ⟶ Altstadt.

Öffnungszeiten
Mai bis September täglich 8.00–19.00 Uhr

*Palais Waldstein mit Waldsteingarten (Valdštejnský palác) D 3

Lage
Praha 1,
Malá Strana,
Valdštejnské náměstí

U-Bahn-Station
Malostranská

Straßenbahnlinien
12, 22

Im Palais Waldstein sind das Kulturministerium und das J.-A.-Komenský-Museum (Di.–So. 9.00–12.00 und 13.00–16.00 Uhr) untergebracht. Das Museum zeigt Anschauungsmaterial des bekannten humanistischen Pädagogen und Philosophen Johann Amos Comenius (1592–1670). Die großzügig angelegte und prunkvollste Prager Adelsresidenz entstand 1624 bis 1630 als erster Barockpalast der Stadt für Albrecht von Waldstein (den Schillerschen Wallenstein), einen der reichsten Adeligen der damaligen Zeit, kaiserlichen Generalissimus und späteren Herzog von Friedland (1634 ermordet). Waldstein ließ 25 Häuser, drei Gärten und ein Stadttor abreißen, um gegenüber dem ⟶ Hradschin sein eigenes Palais zu errichten. Die Pläne stammten von Andrea Spezza und Giovanni Pieroni, die Leitung des Bauvorhabens war Giovanni Battista Marini übertragen worden.

Palais Waldstein zu Füßen des Hradschin

Im Rittersaal des Frontflügels zeigt ein Deckenfresko Albrecht von Waldstein als Gott Mars auf seinem Triumphwagen (B. Bianco, 1630). In den anderen Sälen sind u.a. ein Reiterporträt Waldsteins (F. Leux, 1631) und Gemälde mit antiken Motiven von P. Maixner aus dem 19. Jh. zu sehen. Die Palastkapelle birgt Prags ältesten Barockaltar (E. Heidelberger).
"Die Front ist böhmisches Italienisch; dem Palazzo Farnese nachgebildet... Die wahren Dimensionen des Wallenstein-Schlosses erfaßt man erst, wenn man Innenhöfe und Park inspiziert. Vom Platz her ist nur die Fassade zu sehen...
Der Rest, das Ganze, war kein gewöhnlicher Herrensitz. Es war ein autarkes Stück Land, ein Klein-Reich inmitten des Gehudels der Großstadt, umfriedet von Nebengebäuden und einer festungsartigen Parkmauer. Wenn Wallensteins Equipage in den Hof zur Linken der Front gerollt war, hatte er alles, wessen er bedurfte; eine Kapelle für seine Andacht; eine Reitbahn am unteren Ende des Parks; eine Badegrotte mit Kristallen, Muscheln und Tropfstein, das war schier das Wichtigste; Promenadenwege zwischen Statuen und Springbrunnen." (Golo Mann, "Wallenstein")

Öffnungszeiten
Garten und Sala Terrena:
Mai–Sept.
9.00–19.00

Waldsteingarten (Valdštejnská zahrada)

Der im italienischen Barockstil entworfene Waldsteingarten mit Grotten, Teich und Voliere ist von der Letenská ulice her zugänglich. Die Wege und der Brunnen sind mit Kopien von Bronzestatuen des damals in Prag arbeitenden Niederländers Adriaen de Vries geschmückt. Die Originale wurden von den Schweden während des Dreißigjährigen Krieges verschleppt und befinden sich in Schloß Drottningholm bei Stockholm. Vom Garten hat man eine hübsche Aussicht auf den ⟶ Hradschin mit dem Veitsdom. Auf der Westseite befindet sich die Sala Terrena, die Giovanni Pieroni entwarf. Sie ist mit Fresken von Baccio del Bianco ausgeschmückt. Im Sommer finden hier Theatervorstellungen und Konzerte statt.

Petřín

→ Laurenziberg

Pinkassynagoge

→ Josefstadt

Poděbrady (Podiebrad) Ausflugsziel

Lage
48 km östlich von Prag

Das Heilbad Poděbrady (Podiebrad, 187 m ü.d.M.; 13000 Einw.) an der Elbe (Labe) ist für seine alkalischen und kohlesäurehaltigen Thermalquellen bekannt, die seit 1907 in erster Linie zur Heilung von Gefäß- und Herzerkrankungen angewandt werden. Internationalen Ruf genießt die Glashütte 'Bohemia' für ihre Erzeugnisse aus böhmischem Bleikristall. Am Hauptplatz steht das aus einer ursprünglich gotischen Burg (13. Jh.) hervorgegangene Renaissanceschloß (16. Jh., im 18. und 19. Jh. umgebaut; Mai bis Okt. Di.–So. 9.00–17.00 Uhr geöffnet), welches Ferdinand I., Rudolf II. und Maria Theresia als Jagdschloß diente. Davor erinnert ein Reiterstandbild an den böhmischen König Georg von Podiebrad (Jiří z Poděbrad; 1420–1471), der vermutlich hier geboren wurde. Beachtenswert sind auch die gotische Stadtkirche und das Bergmannskirchlein auf dem linken Elbufer.

Průhonice-Garten Ausflugsziel

Lage
16 km südöstlich von Prag

Eine bedeutende Herbariensammlung findet man bei dem im 16. Jh. erbauten und Ende des 19. Jh.s umgestalteten Renaissanceschloß von Průhonice. Sein einstiger Besitzer, Ernst Sylva-Taroucca, ließ auf einer Fläche von 260 ha den heute öffentlich zugänglichen Naturpark anlegen (April–Okt. 7.00–19.00 Uhr), in dem eine Forschungsstation für Zierpflanzen eingerichtet wurde. Das Schloß selbst ist nicht zu besichtigen.

Pomník svatého Václava

→ Wenzelsdenkmal

Portheimka

→ Lustschloß Dientzenhofer

*Pulverturm (Prašná brána) E 5

Standort
Praha 1,
Staré Město,
Náměstí Republiky

Dieser 65 m hohe spätgotische Turm, durch den die südliche Handelsroute nach Prag hineinführte, wurde nach dem Vorbild des Altstädter Brückenturms (→ Karlsbrücke) angelegt und bildete einen Teil der Altstädter Befestigungsanlagen. Der Baubeginn wird auf 1475 datiert, doch befand sich hier bereits im 13. Jh. ein befestigtes Tor.

Pulverturm der Altstädter Befestigungsanlagen ▶

Pulverturm (Fortsetzung)

U-Bahn-Stationen
Můstek, Náměstí Republiky

Straßenbahnlinien
5, 14, 26

Baumeister M. Rejsek errichtete den Turm für König Vladislav Jagiello. Nachdem Vladislav, der zuerst im benachbarten Königshof (nicht mehr vorhanden) residierte, seinen Amtssitz auf den → Hradschin zurückverlegte, ging auch die Bedeutung des Pulverturmes zurück. Seinen jetzigen Namen erhielt der Turm im 18. Jh., wo er als Pulvermagazin diente.
Bei der Belagerung durch Friedrich den Großen im Jahre 1757 wurde der Skulpturenschmuck schwer beschädigt. J. Mocker führte 1875 eine Umgestaltung im neugotischen Stil durch und versah den Turm mit Dach und Umgang. Die Plastiken, darunter Porträts böhmischer Könige und Landespatrone, stammen von J. Šimek, A. Wildt, J. Čapek, B. Seeling und J. Strachovský.
Hat man die Wendeltreppe mit den 186 Steinstufen überwunden, bietet sich eine sehr schöne Aussicht auf Prag.

Öffnungszeiten
Sa., So. und feiertags: Mai bis September 10.00–18.00 Uhr, April und Oktober 10.00–17.00 Uhr.

Burg Pürglitz

→ Burg Křivoklát

*Repräsentationshaus (Representační dům hlavního města Prahy) E 5

Lage
Praha 1, Staré Město, Náměstí Republiky

U-Bahn-Stationen
Můstek, Náměstí Republiky

Straßenbahnlinien
5, 14, 26

An dem geschichtsträchtigen Ort, wo sich der 1380 gegründete und 1547 aufgelassene Königshof befand und wo am 28. Oktober 1918 vom Tschechischen Nationalausschuß die Unabhängigkeit der Tschechoslowakischen Republik (ČSR) erklärt wurde, entstand 1906–1911 nach Plänen von Antonín Balšanek und Osvald Polivka das Gemeindehaus (Obecní dům); sein offizieller Name lautet heute 'Repräsentationshaus der Hauptstadt Prag'. Dieser wohl schönste Jugendstilbau mit traditionsreichem Restaurant, Künstlercafé ('Repre'), Weinstube, Ausstellungssälen, Büros und dem größten Musiksaal Prags (Smetanasaal, mit Orgel) ist ein typisches Beispiel für die tschechischen Sezessionsbauten der letzten Jahrhundertwende, mit ihrem Hang zur Ornamentik, der Vorliebe für geometrische Formen und kunstvolle Details, Pflanzendarstellungen und das immer wiederkehrende Thema der Jugend.
An der äußeren und inneren Gestaltung war eine ganze Künstlergeneration beteiligt. Den Fassadenschmuck und die Träger der Balkonpfeiler stammen ebenso wie die Deckenplastiken im Smetanasaal von K. Novák; L. Šaloun entwarf die Allegorien "Demütigung" und "Auferstehung der Nation" an der Frontseite sowie "Böhmische Tänze" und "Vyšehrad" am Podium des Smetanasaals. Die symbolischen Wandfresken der schönen Künste im Primatorensaal kamen von Alfons Mucha, im Riegersaal hängen Gemälde von Max Švabinský, im Palackýsaal steht eine Büste von J.V. Myslbek. Allegorischer Schmuck ziert auch den Grégorsaal, während der Sladkovskýsaal mit Landschaftbildern von J. Ullmann ausgestattet wurde.

Rotunda svatého Kříže

→ Heiligkreuzkapelle in der Altstadt

Rotunda svatého Longina

→ St.-Longinus-Kapelle

Repräsentationshaus ...

... im Stil der k. u. k. Monarchie

Rotunda svatého Martina

⟶ Vyšehrad, Kapelle St. Martin

*Sammlung europäischer Kunst der Nationalgalerie

(Sbírka evropského umění Národní galerie)

D 2

Lage
Hradčanské náměstí 15

U-Bahn-Station
Hradčanská

Straßenbahnlinien
22, 23

Öffnungszeiten
Di.–So.
10.00–18.00

Auf dem ⟶ Hradschiner Platz führt westlich vom Erzbischöflichen Palais eine Gasse zum Palais Sternberg, das die Sammlung europäischer Kunst der Nationalgalerie beherbergt.

Der Palast wurde im Hochbarock nach einem Entwurf von D. Martinelli durch J.B. Alliprandi vollendet (1698–1707). Er ist ein vierflügeliger Gartenbau mit zylindrischem Risalit, einem von stuckverzierten Mauern umschlossenen Innenhof und Deckengemälden von Pompeus Aldovrandini im Inneren.

In der Sammlung sind Werke alter italienischer, niederländischer und deutscher Maler ausgestellt (erstes und zweites Stockwerk), daneben Werke von Malern aus Frankreich und anderen europäischen Ländern des 19./20. Jh.s (Obergeschoß und erster Stock). Die Säle sind nicht numeriert, sondern nach Herkunftsländern der jeweiligen Maler geordnet.

Erstes Stockwerk

Im ersten Stock sind vor allem Maler der Florentiner Schule des 14. und 15. Jh.s vertreten (Sebastiano del Piombo, Orcagna, Giovanni d'Allemagna, Antonio Vivarini, Piero della Francesca, Palma il Vecchio u.a.).

In dem schmalen Saal, der vom dritten Saal nach links abzweigt, werden Ikonen aus verschiedenen Ländern gezeigt.

Es folgen niederländische Meister des 15.–16. Jh.s: Geertgen tot Sint Jans, Gerard David, Jan Gossaert genannt Mabuse ("Der hl. Lukas, die

Eines der schönsten Exponate: Dürers "Rosenkranzfest"

Erstes Stockwerk (Fortsetzung)

Madonna malend"), Cornelis Engelbrechtsz, Pieter Brueghel d. Ä. ("Heuernte") und Pieter Brueghel d. J. ("Winterlandschaft", "Ankunft der Heiligen Drei Könige").

Zweites Stockwerk

Im zweiten Stock sind zu Beginn Werke italienischer Maler des 16. bis 18. Jh.s zu besichtigen, darunter Arbeiten von Tintoretto ("David mit dem Haupte Goliaths"), Veronese, Palma il Giovane, Bronzino, Tiepolo ("Bildnis eines venezianischen Patriziers") und Canaletto ("Ansicht von London").
Es folgen die deutschen Maler des 14. bis 18. Jahrhunderts. Das wohl schönste Gemälde ist hier das 1506 von Albrecht Dürer für deutsche Kaufleute in Venedig geschaffene Bild "Das Rosenkranzfest": die Hl. Jungfrau mit dem Kinde, von Engeln gekrönt, mit Bildnissen des Malers selbst (oben rechts), des Humanisten Peutinger, Ulrich Fuggers d. Ä., des Kaisers Maximilian I., des Papstes Julius II. und mehrerer Venezianer, ferner u. a. Bilder von anonymen Meistern des 15. Jh.s, wie etwa dem Meister von Großgmain, sowie Werke von Hans von Tübingen, Hans Holbein d. Ä., H. B. Grien, Altdorfer, L. Cranach d. Ä. und Th. Burgkmair.
Anschließend sind flämische und holländische Maler des 17. Jh.s ausgestellt. Besonders beachtenswert sind hier die Gemälde von Jacob Jordaens ("Apostel"), Peter Paul Rubens ("Kleopatra"; "Martyrium des hl. Thomas", "Der hl. Augustin am Meeresufer" – beide 1637–1639), David Teniers d. J. ("Zechbrüder"), Anton van Dyck ("Abraham und Isaak"), ferner von Frans Hals ("Bildnis des Jasper Schade van Westrum", 1645), Rembrandt ("Alter Gelehrter", "Verkündigung"), Adriaen van Ostade, Gerard Dou ("Junge Dame auf dem Söller"), Metsu, Gerard Terborch (zwei Bildnisse) und Philips Wouverman.

Nord- und Westflügel

Vom Eingang geradeaus über den Hof erreicht man den Nord- und Westflügel.

Erdgeschoß

Hier sind Sammlungen französischer Kunst des 19. und 20. Jh.s untergebracht, die in der Reihenfolge des Geburtsjahres der Maler Bilder

Sammlung europäischer Kunst der Nationalgalerie, Nord- und Westflügel, Erdgeschoß (Fortsetzung)

französischer Meister von der Romantik bis zum Kubismus enthalten, u. a. von Delacroix, Daumier, Rousseau, Courbet, Monet, Cézanne, Renoir, Gauguin, van Gogh, Toulouse-Lautrec, Matisse, Vlaminck, Utrillo, Picasso (wichtige Werke aus der Frühzeit des Kubismus), Braque und Chagall. Die Sammlung wird ergänzt durch Plastiken von Degas, Rodin, Bourdelle und Maillol.

Erstes Stockwerk

Im ersten Stockwerk des Nord- und Westflügels ist die Sammlung europäischer Kunst des 19. und 20. Jh.s (Sbírka evropského umění 19. a 20. století) untergebracht, zu der u.a. Werke österreichischer (Ferdinand Georg Waldmüller, Gustav Klimt, Oskar Kokoschka), deutscher (Caspar David Friedrich: "Die Brücke"), russischer (Ilja Rjepin) und italienischer (Renato Guttuso; Plastiken von Manzù) Künstler gehören.

St. Ägidius (Kostel svatého Jiljí; Kirche) — E 4

Lage
Praha 1,
Staré Město,
Husova třída

U-Bahn-Stationen
Staroměstská,
Národní

Die ursprünglich romanische Kirche wurde 1339–1371 gotisiert. Sie gehörte den hussitischen Utraquisten und wurde nach der Schlacht am Weißen Berge von Ferdinand II. den Dominikanern geschenkt (1625).
Im Jahre 1733 erfolgte die Barockisierung. Wenzel Lorenz Reiner schuf das Deckengemälde (Verherrlichung des Dominikanerpredigerordens) und das Altarbild (Hl. Wenzel) in der Kapelle des linken Seitenschiffes; W.L. Reiner liegt hier auch begraben. Die prunkvollen Beichtstühle stammen aus der Werkstatt von R. Prachner.
In St. Ägidius finden regelmäßig Kirchenkonzerte statt.

Straßenbahn
Linien: 6, 9, 17, 18, 21, 22

St. Barbara (Kirche)

→ Agneskloster

*St. Clemens (Kostel svatého Klimenta; Kirche) — E 4

Lage
Praha 1,
Staré Město,
Karlova ulice

U-Bahn-Stationen
Staroměstská,
Národní

Die Barockkirche St. Clemens gehört zum → Clementinum und ist durch ein Eisengitter mit der Wälschen Kapelle verbunden. Die Kirche entstand zwischen 1711 und 1715.
Die Plastiken im Inneren zählen zu den Kostbarkeiten des böhmischen Barock. Matthias Bernhard Braun schuf die acht Skulpturen der Evangelisten und Kirchenväter; von ihm stammen auch die Holzschnitzereien an den Seitenaltären, der Kanzel und dem Beichtstuhl. Das Altarbild von Peter Brandl stellt den hl. Linhart dar.
Die Kirche St. Clemens dient heute der griechisch-katholischen Gemeinde als Gotteshaus.

Straßenbahn
Linien: 6, 9, 17, 18, 21, 22

St. Franziskus (Kirche)

→ Kreuzherrenplatz

St. Franziskus (Kirche)

→ Agneskloster

St. Gallus (Kostel svatého Havla; Kirche) E 4

Lage
Praha 1,
Staré Město,
Havelská ulice
(Fußgängerzone)

U-Bahn-Station
Můstek

Die St.-Gallus-Kirche wurde 1232 gleichzeitig mit der süddeutschen Kolonie 'Galli-Stadt' gegründet und bis 1263 als eine der vier Altstädter Pfarrkirchen fertiggestellt. Ein Umbau erfolgte 1353 im Stil der Hochgotik. Einem erneuten Umbau im 18. Jh. verdankt sie die wellenförmige Fassade sowie die beiden Türme.
Das barocke Innere enthält wertvolle Altargemälde, linker Hand eine holzgeschnitzte Pietà, vermutlich von Ferdinand Maximilian Brokoff. In der rechten Seitenkapelle ist der Maler Karel Škréta beigesetzt.
Ab 1363 wirkte in St. Gallus auf Wunsch Karls IV. der österreichische Reformprediger Konrad von Waldhausen, ein Vorgänger des großen tschechischen Reformators Jan Hus.

St.-Georgs-Basilika

→ Hradschin

St. Heinrich (Kostel svatého Jindřicha; Kirche) E 5

Lage
Praha 1,
Nové Město,
Jindřišská/Ecke
Jeruzalémská

U-Bahn-Station
Můstek

Straßenbahn

Die gotische Kirche St. Heinrich entstand 1348–1351 als Pfarrkirche für die um die gleiche Zeit gegründete Neustadt. Der erst 1475 erbaute, 1879 in gotischer Manier restaurierte Glockenturm diente ursprünglich als Wehrturm. Vor dem Kircheneingang steht eine Statue des hl. Johannes von Nepomuk.
Das Kircheninnere wurde im 18. Jh. barockisiert. Sehr kostbar ist das Madonnentafelbild rechts am Hauptaltar. Die Gemälde in der Kapelle der Schmerzensreichen Mutter Gottes ("Verwandlung Christi", "Immaculata") stammen von W.L. Reiner, dem – neben P.J. Brandl – bedeutendsten Freskenmaler des böhmischen Hoch- und Spätbarock.
Linien: 3, 9, 14, 24

St. Ignatius

→ Karlsplatz

*St. Jakob (Kostel svatého Jakuba; Kirche) E 4

Lage
Praha 1,
Staré Město,
Malá Štupartská/
Ecke Jakubská

U-Bahn-Station
Můstek

Straßenbahnlinien
5, 14, 26

St. Jakob wurde 1232 als Kirche des ehemaligen Minoritenklosters (auf der Nordseite) gegründet, brannte 1366 aus, wurde danach gotisch umgebaut und erhielt seine jetzige Barockarchitektur zwischen 1689 und 1739 (Abb. s. S. 154). Die Stuckfront mit den hll. Jakob, Franziskus und Antonius von Padua stammt von Ottavio Mosto.

Inneres der Kirche
Sehenswert ist vor allem das durch überaus fein modellierte Pilaster geteilte Kircheninnere mit 21 Altären. St. Jakob ist nach dem Veitsdom (→ Hradschin) die längste Kirche Prags und aufgrund ihres reichen Schmuckes auch eine der schönsten. W.L. Reiner malte das "Martyrium des hl. Jakob" für den Hochaltar, F.Q. Noget schuf die Deckenfresken ("Leben Mariä", "Verherrlichung der Dreifaltigkeit"). Das Barockgrabmal für den Grafen Vratislav von Mitrovic entwarf Johann Bernhard Fischer von Erlach; es wurde 1714–1716 von F.M. Brokoff ausgeführt. Da die Kirche

über eine sehr gute Akustik verfügt, finden hier häufig Konzerte statt. An der Nordseite der Kirche schließt der Kreuzgang des ehemaligen Minoritenklosters an, das im 14. Jh. gotisch und später barock umgebaut wurde. Heute ist in dem Kloster eine Kunstschule untergebracht.

St. Jakob (Fortsetzung)

St. Johannes von Nepomuk (Kostel svatého Jana Nepomuckého; Kirche) D 2

Nordwestlich führt die Kanovnická ulice vom → Hradschiner Platz zur Kirche St. Johannes von Nepomuk. Es ist der erste Kirchenbau des Meisters Kilian Ignaz Dientzenhofer in Prag (1720–1728). Der Kirchturm wurde 1815 weitgehend zerstört.

Beachtenswert im Inneren sind Deckenfresken von W. L. Reiners mit einer Verherrlichung des Lebens und der Wunder des hl. Johannes von Nepomuk. Sehenswert sind auch die Altarbilder von M. Willmann und von J. K. Liška (1701).

Lage
Praha 1,
Hradčany,
Kanovnická ulice

U-Bahn-Station
Hradčanská

Straßenbahn
Linien: 22, 23

St. Johannes von Nepomuk am Felsen (Kostel svatého Jana Nepomuckého na Skalce; Kirche) H 4

Der um 1730 von Kilian Ignaz Dientzenhofer errichtete Zentralbau mit zwei Türmen und einer doppelarmigen Freitreppe ist einer der schönsten Kirchenbauten des Spätbarock in Prag. Das Fresko von K. Kovář (1748) stellt die Himmelfahrt des hl. Johannes von Nepomuk dar. Johann Brokoff schnitzte die Holzstatue des Heiligen auf dem Hauptaltar. Die bronzene Ausführung des Holzmodells steht auf der → Karlsbrücke.

Lage
Praha 1,
Nové Mešto,
Vyšehradská 18

Straßenbahn
Linien: 4, 6, 7, 16, 18, 24

St. Kajetan

→ Palais Thun-Hohenstein

St. Katharina (Bývalý kostel svaté Kateřiny; ehem. Kirche) G 5

Die ehemalige Kirche des Katharinenklosters ist heute Ausstellungsraum für die Skulpturensammlung des Städtischen Lapidariums.

F. M. Kaňka bezog bei der Umgestaltung der Kirche 1737–1741 den gotischen Turm in den barocken Neubau mit ein. Wegen seiner schlanken Form führt der achteckige Turm auch die Bezeichnung ‘Prager Minarett’. Das Kircheninnere schmücken Fresken von W. L. Reiners (“Leben der hl. Katharina”) und Stukkaturen von B. Spinetti.

Im Komplex des ehem. Katharinenklosters ist die psychiatrische Landesklinik untergebracht.

Lage
Praha 1,
Nové Město,
Kateřinská ulice
Eingang:
Viničná ulice

U-Bahn-Station
I. P. Pavlova

Öffnungszeiten
Mai bis September: Sa. 13.00–18.00 und So. 10.00–18.00 Uhr

St. Kyrill und Method (Kostel svatého Cyrila a Metoděje; Kirche) F 4

Der ursprünglich dem hl. Karl Borromäus geweihte, um 1740 von Kilian Ignaz Dientzenhofer vollendete Barockbau wurde 1935 zum Gotteshaus der tschechoslowakischen Hussitischen Kirche. Das Innere zieren Stukkaturen von M. I. Palliardi.

In der Krypta hielten sich im Juni 1942 jene tschechischen Widerstandskämpfer (Fallschirmspringer) verborgen, die das Attentat auf den ‘Stell-

Lage
Praha 1,
Nové Město,
Resslova ulice

Buslinie
176

St. Kyrill und Method (Fortsetzung)

Straßenbahnlinien
3, 4, 6, 7, 16, 17, 18, 21, 22, 24

vertretenden Reichsprotektor von Böhmen und Mähren', Reinhard Heydrich, verübt hatten, worauf als grausame Vergeltung alle männlichen Bewohner von ⟶ Lidice von der deutschen SS erschossen, die Frauen und Kinder getrennt in Konzentrationslager deportiert und das Dorf dem Erdboden gleichgemacht wurden. Keiner der Fallschirmspringer überlebte den Verteidigungskampf in der Krypta (Gedenktafel).

Schräg gegenüber steht die Kirche ⟶ St. Wenzel am Zderaz, und auch der ⟶ Karlsplatz mit seinen Sehenswürdigkeiten – Fausthaus, die Kirche St. Ignatius und Neustädter Rathaus – liegt nur einige Schritte entfernt.

St. Laurentius

⟶ Laurenziberg

St.-Longinus-Kapelle (Rotunda svatého Longina) F 5

Lage
Praha 1, Nové Město, Na Rybnícku

U-Bahn-Station
Karlovo náměstí

Straßenbahn

Die im romanischen Stil erbaute Rundkapelle wurde als Dorfkirche von Rybníček erbaut. Das Dorf, von dem nur noch der Straßenname zeugt, ging nach 1257 in der Neustadt auf. Bis zum 14. Jh. war die Kapelle dem hl. Stephan geweiht.
Sehenswert sind der Barockaltar und die Kreuzigungsdarstellung mit dem hl. Longinus. Apokryphen Pilatusakten zufolge war Longinus jener römische Soldat bzw. Hauptmann, der dem gekreuzigten Christus mit einer Lanze in die Seite stach. Später soll Longinus in Kappadozien als Bischof gewirkt und den Märtyrertod erlitten haben.
Linien: 4, 6, 16, 18, 21, 22, 24

St. Jakob

Prager Jesuskind in St. Maria de Victoria

St. Maria de Victoria (Kostel Panny Marie Vítězné; Kirche) E 3

Unweit westlich vom Malteserplatz, an der Karmelitergasse (Karmelitská ulice), steht die Kirche St. Maria de Victoria ('Maria vom Siege'). Sie wurde an der Stelle einer Hussitenkirche nach der für die Kaiserlichen siegreichen Schlacht am Weißen Berge als Karmeliterklosterkirche im frühen Barockstil errichtet.
In dem nach dem Muster der römischen Jesuitenkirche 'Il Gesù' gestalteten Inneren hängt an der rechten Seitenwand das "Prager Jesuskind", eine aus Spanien stammende, knapp 1/2 m hohe Wachsfigur, die 1628 von der Fürstin Polyxena Lobkowitz dem Kloster geschenkt wurde und bis heute viel Verehrung genießt. Den Altar von F.M. Lauermann aus dem Jahre 1776 zieren Statuen von P. Prachner und ein Silberkästchen des Jesuskindes (1741) von J. Pakeni. Der Hauptaltar (1723) stammt aus der Werkstatt von J.F. Schor. In den Katakomben unter der Kirche befinden sich die wegen der Luftzirkulation gut erhaltenen, mumifizierten Leichname von Karmelitern und deren Wohltätern (aus hygienischen Gründen unzugänglich).

Lage
Praha 1,
Malá Strana,
Karmelitská ulice

Straßenbahnlinien
12, 22

St. Maria unter der Kette (Kostel Panny Marie pod Řetězem; Kirche) E 3

St. Maria unter der Kette ist die älteste Kirche auf der → Kleinseite. Sie wurde 1169 mit dem ehemaligen Malteserkloster als Verwaltungszentrum der böhmischen Provinz dieses Ordens gegründet. Reste der romanischen Basilika, die 1420 abbrannte, sind in der rechten Mauer des Vorhofes zu sehen. Die zwei massiven Türme wurden 1389 fertiggestellt. Carlo Lurago gab dem Presbyterium im 17. Jh. seine jetzige Barockgestalt. Von der barocken Innenausstattung sind besonders sehenswert das Gemälde am Hochaltar ("Himmelfahrt Mariä") und ein Gemälde der hl. Barbara, die beide von Karel Škréta stammen.

Lage
Praha 1,
Malá Strana,
Lázeňská ulice

Straßenbahnlinien
12, 22

St.-Martins-Kapelle (Rotunda svatého Martina)

→ Vyšehrad

St. Niklas in der Altstadt (Kostel svatého Mikuláše; Kirche) E 4

Die Kirche des ehemaligen Benediktinerklosters (→ Emmauskloster) dient heute als Gotteshaus der tschechoslowakischen Hussitischen Kirche.
Der prachtvolle helle Sakralbau (Abb. s. S. 36) an der Nordwestecke vom → Altstädter Ring wurde von 1732 bis 1735 nach Plänen von Kilian Ignaz Dientzenhofer mit der monumentalen Südfront, dem langen Hauptschiff mit Seitenkapellen und der Kuppel im Barockstil errichtet. Der Skulpturenschmuck stammt von Anton Braun, das reiche Stuckwerk von B. Spinetti, die Deckengemälde ("Leben des hl. Nikolaus und des hl. Benedikt") von dem bayerischen Künstler Peter Asam d.Ä., der auch die Fresken im Presbyterium und in den Seitenkapellen schuf. Der Kristalleuchter im Hauptschiff wurde Ende des 19. Jh.s von der Glashütte in Harrov geliefert. Im Jahre 1906 kam die St.-Nikolaus-Statue von B. Šimonovský auf der Seitenfront hinzu. Da Kloster und Kirche 1787 säkularisiert wurden, sind der Hochaltar, das Kirchengestühl und viele der ursprünglich hier befindlichen Gemälde heute in anderen Kirchen untergebracht.

Lage
Praha 1,
Staré Město,
Staroměstské náměstí

U-Bahn-Stationen
Staroměstská,
Můstek

Straßenbahnlinien
17, 18

Westlich der Kirche, an der Straße 'U radnice' (Nr. 5), liegt das Geburtshaus des Prager Schriftstellers Frank Kafka (Büste; → Berühmte Persönlichkeiten). Das Geschäft seines Vaters befand sich damals gegenüber der St.-Niklas-Kirche im → Palais Goltz-Kinsky.

Geburtshaus von Franz Kafka

St. Niklas auf der Kleinseite (Kirche)

⟶ Kleinseitner Ring

St. Peter und Paul (Kirche)

⟶ Vyšehrad

St. Salvator (Kirche im Bereich des Clementinums)

⟶ Kreuzherrenplatz

St. Salvator (Kostel svatého Salvátora; Kirche) E 4

Die ursprünglich deutsche Lutheranerkirche dient heute den Böhmischen Brüdern als Gotteshaus.
Sie wurde 1611–1614 nach Entwürfen des gebürtigen Schweizers J. Christoph im Renaissancestil errichtet, nach der Erwerbung durch den Paulanerorden (Einsiedlerorden des hl. Franziskus von Paola) Mitte des 17. Jh.s barock umgestaltet und 1720 mit einem Turm versehen. Zur Finanzierung des Kirchenbaus kamen Spenden aus dem gesamten protestantischen Europa.

Lage
Praha 1,
Staré Město,
Salvátorská

U-Bahn-Station
Staroměstská

St. Stephan (Kostel svatého Štěpána; Kirche) F 5

Karl IV. gründete 1351 St. Stephan als Pfarrkirche der oberen Neustadt; sie wurde 1394 fertiggestellt. Der Turm kam erst Anfang des 15. Jh.s hinzu. Das gotische Äußere der Kirche blieb trotz Restaurierung (1876 und 1936) erhalten.
Neben der barocken Innenausstattung sind beachtenswert: das gotische Zinntaufbecken von B. Kovář (1462), das gotische Madonnenbild (1472), die spätgotische steinerne Kanzel (15. Jh.) und die drei Gemälde “Hl. Rosalie” (um 1660; zweiter Pfeiler rechts), “Hl. Wenzel” (um 1650; linke Chorseite) und “Christi Taufe” (1649; Ende des linken Seitenschiffes) von Karel Škréta sowie das Grabmal des Barockbildhauers Matthias Bernhard Braun (1684–1738).

Lage
Praha 1,
Nové Město,
Štěpánská ulice

U-Bahn-Station
I. P. Pavlova

Straßenbahnlinien
4, 6, 16, 22

St. Thomas (Kostel svatého Tomáše; Kirche) D 3

Die Kirche, deren gotischer Ursprung an den mächtigen Stützpfeilern auf der Außenseite des Presbyteriums noch deutlich erkennbar ist, wurde 1285 für den Orden der Augustinereremiten gegründet und zusammen mit dem anschließenden ehemaligen Augustinerkloster (jetzt Altersheim) und der Thomasbrauerei bis zum Jahre 1379 fertiggestellt.
Die Umgestaltung im Stil des Hochbarock nahm Karl Ignaz Dientzenhofer 1727–1731 vor. Über dem Renaissanceportal von Campione de Bossi (1617) stehen in einer Nische die Statuen des hl. Augustinus und des hl. Thomas, die Hieronymus Kohl (1684) schuf.
Das reich ausgestattete Innere zeigt Gemälde und Statuen berühmter böhmischer Künstler. Wenzel Lorenz Reiner malte 1730 das Deckengemälde

Lage
Praha 1,
Malá Strana,
Letenská ulice

U-Bahn-Station
Malostranská

Straßenbahnlinien
12, 22

◀ *Deckengemälde von Wenzel Lorenz Reiner in der Kirche St. Thomas*

St. Thomas (Fortsetzung)

im Hauptschiff mit Szenen aus dem Leben des hl. Augustin. Von demselben Künstler stammen die Bilder der Thomaslegende im Chorraum und in der Kuppel. Karel Škréta entwarf 1731 den Hauptaltar, dessen Heiligenfiguren von J.A. Quittainer, F.M. Brokoff und I. Müller gestaltet wurden. Weitere Arbeiten Škrétas schmücken die Altäre von Querschiff ("Hl. Thomas", 1671) und Chor ("Himmelfahrt der Jungfrau Maria", 1644).

St. Ursula (Kostel svaté Voršily; Kirche) F 4

Lage
Praha 1,
Nové Město,
Národní třída 8

U-Bahn-Station
Národní třída

Die Barockkirche St. Ursula, deren reich gegliederte Fassade besonders ins Auge fällt, entstand 1702–1704 als Teil des Ursulinerinnenklosters nach Entwürfen von Marc Antonio Canevale. 1747 schuf Ignaz Platzer d. Ä. die Johannes-von-Nepomuk-Statuengruppe vor der Kirche.
Unter der üppigen Barockausstattung im Inneren sind vor allem die Deckenfresken von J.J. Steinfels ("Hl. Dreifaltigkeit", 1707) hervorzuheben und das Altarbild von Peter Johann Brandl ("Mariä Himmelfahrt").
Nach der Besichtigung empfiehlt sich ein Besuch der "Klášterní vinárna" (Klosterweinstube) im ehemaligen Ursulinenkloster.

Straßenbahn Linien: 6, 9, 17, 18, 21, 22

St.-Veits-Dom

→ Hradschin

St. Wenzel am Zderaz (Kostel svatého Václava na Zderaze; Kirche) F 4

Lage
Praha 1,
Nové Město
Resslova ulice

U-Bahn-Station
Karlovo náměstí

Seit 1926 gehört St. Wenzel am Zderaz der tschechoslowakischen Hussitischen Kirche. Die Kirche war ursprünglich Pfarrkirche der Gemeinde Zderaz, die später der Neustadt eingegliedert wurde. Der gotische Bau aus dem 14. Jh. weist noch Reste des romanischen Kirchenschiffes und Kirchturmes auf.
Im Chor sind Fragmente gotischer Wandmalereien (Stammbaum Christi) aus der Zeit um 1400 erhalten. In den Jahren 1586 und 1587 erhielt die zweischiffige Kirche von K. Mělnický ihr spätgotisches Sterngewölbe. Die Wandfresken der St.-Wenzel-Legende (18. Jh.) werden J. Hager zugeschrieben.

Straßenbahn Linien: 4, 6, 16, 18, 21, 22, 24

Schloß Stern

→ Weißer Berg

Šítka-Wasserturm (Šítkovská věž) F 3/4

Lage
Praha 1,
Nové Město,
Masarykovo nábřeží 250

Neben dem → Mánes-Ausstellungssaal erhebt sich ein aus dem 15. Jh. stammender, mehrmals durch Brände und Bombardierung in Mitleidenschaft gezogener und restaurierter Renaissanceturm. Das Barockdach wurde Ende des 18. Jh.s aufgesetzt. Dieser Wasserturm ist nach dem Mühlenbesitzer Jan Šítka (geb. 1451) benannt; seit Ende des 15. Jh.s versorgte er die Brunnen der oberen Neustadt mit Wasser.

U-Bahn Station: Karlovo náměstí

Straßenbahn Linien: 3, 7, 17, 18, 21

*Slapy-Stausee (Slapská přehradní nádrž)

Ausflugsziel

Lage
24 km südlich von Prag

Der langgestreckte, buchtenreiche und von waldigen Höhen umrahmte Moldaustausee bei Slapy gehört zu den bevorzugten Erholungs- und Freizeitgebieten der Prager. Die rund 5 km östlich des Dorfes Slapy in den Jahren 1949–1954 erbaute, knapp 70 m hohe und an der Krone 260 m lange Slapy-Talsperre (Slapská přehradní nádrž) liefert mit einer Wasseroberfläche von rund 1400 ha etwa 270 Mio. m^3 Wasser zur Energiegewinnung. Der 44 km lange Stausee, den man im Sommer von Prag auch mit dem Schiff anfahren kann, bietet reichlich Gelegenheit für alle Wassersportarten, zum Angeln und für Rundfahrten mit einem der Moldauschiffe, die bei der Staumauer oder in Nová Rabyně anlegen. Der Ort gehört hier ebenso wie Živohošt zu den Hauptzentren des Tourismus. Für Freunde der Archäologie empfiehlt sich ein Besuch in Hrazany, wo ein keltisches Oppidum aus dem 1. Jh. v. Chr. erhalten ist.

Smetanakai (Smetanovo nábřeží)

E/F 3

Lage
Praha 1, Staré Město, Smetanovo nábřeží

Diese nach dem Komponisten Bedřich (Friedrich) Smetana (→ Berühmte Persönlichkeiten) benannte Uferstraße zieht sich vom → Nationaltheater zu einer kleinen Halbinsel vor der → Karlsbrücke hin und bietet eine grandiose Aussicht auf die Karlsbrücke und den → Hradschin.

Straßenbahn
Linien: 17, 18

Smetanamuseum

Die Promenade auf der Halbinsel führt am Kaiser-Franz-I.-Denkmal vorbei zum Altstädter Wasserturm (15. Jh.). Westlich davon steht das Smetanamuseum, das 1936 im ehemaligen Prager Wasserwerk, einem Neorenaissancebau aus dem Jahre 1883, eingerichtet wurde und mit sehenswertem

Smetanamuseum im einstigen Prager Wasserwerk

Smetanakai, Smetanamuseum (Fortsetzung)

Öffnungszeiten
Mo., Mi.–So.
10.00–17.00

Sgraffitidekor versehen ist, das von J. Šubič ausgeführt wurde. Zu den Ausstellungsstücken des Museums gehören Originalpartituren, Musikinstrumente, Briefe und andere persönliche Andenken an den berühmten Komponisten. Im großen Saal werden Konzerte und Vorträge veranstaltet. Auf dem Novotný-Steg vor dem Museum steht das 1984 eingeweihte Smetanadenkmal von J. Malejovský.

Spanische Synagoge

→ Josefstadt

Staatliches Jüdisches Museum

→ Josefstadt

Stadtmuseum

→ Museum der Hauptstadt Prag

Staré Město

→ Altstadt

Staroměstské náměstí

→ Altstädter Ring

Staroměstská radnice

→ Altstädter Rathaus

Sternberg

→ Český Šternberk (Böhmisch Sternberg)

** Kloster Strahov mit Gedenkstätte für nationale Literatur E 1

(Strahovský klášter, Památník národního písemnictví)

Lage
Praha 1, Hradčany, Strahovské nádvoří 132 (Zugang auch: Pohořelec 8)

Das zweitälteste der Prager Mönchskloster ließ Herzog Vladislav II. auf Wunsch des Olmützer Bischofs Jindřich Zdík für den Prämonstratenserorden errichten (1143). Aus dem Standort des Klosters auf einer Anhöhe über der Kleinseite am Zugang zur Prager Burg leitet sich der Name Strahov (strahovati = bewachen) ab. Nach einem Großbrand im Jahre 1258, dem die erste Bibliothek zum Opfer fiel, wurde der Klosterbau im gotischen Stil erneuert. Karl IV. bezog das damals vor den Toren Prags gelegene Kloster 1360 in die Stadtmauer ein. Unterbrochen wurde die Zeit

Kloster Strahov
Strahovský klášter

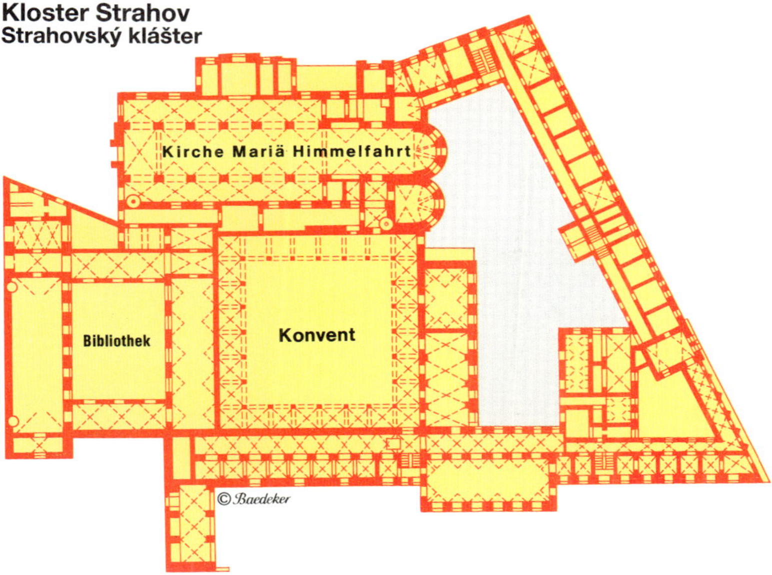

der Gotisierung im 15. Jh. von den blutigen Hussitenkriegen. Seine große Blütezeit erlebte das Kloster hernach unter den Äbten Jan Lohel, Kašpar von Questenberk und Kryšpín Fuck, die sich für den großzügigen Umbau der Anlage im Stil der Renaissance einsetzten.

Baugeschichte (Fortsetzung)

Am Ende des Dreißigjährigen Krieges wurde das Kloster von der schwedischen Soldateska verwüstet. Nach dem Westfälischen Frieden konnte aufgrund zusätzlich erworbener Buchbestände 1671 eine neue Bibliothek, der sog. Theologische Saal, eingerichtet werden.

Straßenbahnlinien
22, 23

Öffnungszeiten
Di.–So.
9.00–17.00

Zwischen 1682 und 1689 erfolgte die Barockisierung des Areals, die unter der Leitung des berühmten Architekten J.B. Mathey vollzogen wurde. Ausgedehnte Parkanlagen, Gärten und Obsthaine verliehen dem Gesamtbild einen würdigen Rahmen.

Durch den österreichischen Erbfolgekrieg erlitt das Kloster 1741 erneut schwere Schäden, deren Beseitigung über vier Jahrzehnte beanspruchte. Ihren Abschluß bildete der klassizistische Bau mit dem Philosophischen Saal, dem bedeutendsten Prager Baudenkmal der Josefinischen Ära. Reste der ursprünglich romanischen Fundamente wurden während der sorgsamen Restaurierung des Areals in den Jahren 1950–1954 freigelegt.

Klosteranlage

In den Klosterhof gelangt man entweder direkt durch einen Hausdurchgang (Nr. 8; Treppe) oder lohnender auf einer am Westende des Platzes beginnenden kurzen Rampenstraße und links durch ein Barocktor (1742), dessen Mitte die 1719 von J.A. Quittainer geschaffene Statue des heiligen Norbert krönt, dem Gründer des Prämonstratenserordens.

Im Hof gleich links steht die ehemalige Kapelle St. Rochus (Kaple svatého Rocha), jetzt Ausstellungssaal 'Musaion'. Rudolf II. hatte die Kapelle 1603 bis 1617 als Dankesgeste für die Verschonung vor der Pest von 1599 errichten lassen.

Geradeaus hinter der St.-Norbert-Säule (17. Jh.) erblickt man die dreischiffige Kirche Mariä Himmelfahrt (Kostel Nanebevzetí Panny Marie) aus dem 17. Jh. mit reich ausgestattetem barockem Inneren aus der Mitte des

Blick vom Hradschin zum Kloster Strahov

Blick in den Philosophischen Bibliothekssaal

Klosteranlagen (Fortsetzung)

18. Jh.s (in den siebziger Jahren restauriert; Abb. s. S. 35). Die Stuckkartuschen von M. I. Palliardi beinhalten Marienbilder von J. Kramolín und I. Raab; den Hauptaltar (1768) gestaltete J. Lauermann mit einem Heiligenrelief von I. F. Platzer. In der Pappenheimer-Kapelle des rechten Seitenschiffes ist der kaiserliche Reitergeneral Gottfried Heinrich zu Pappenheim (1594–1632, bei Lützen gefallen) beigesetzt.
An die Kirche schließen sich die z. T. noch aus romanischer Zeit stammenden Klosterbauten an, die mit dem Bibliotheksbau und dem Kreuzgang seit 1953 die Gedenkstätte für nationale Literatur sowie das Museum für tschechische Literatur beherbergen.

Gedenkstätte für nationale Literatur

Literaturmuseum

Den Grundstock des Literaturmuseums bildet die historische Klosterbibliothek (vom Kreuzgang über eine Treppe in den ersten Stock). Anfang der sechziger Jahre wurde in diese Sammlung das Literaturarchiv des Nationalmuseums (Nachlässe von Schriftstellern, Wissenschaftlern und anderen Kulturschaffenden) übergeführt sowie das im unweit gelegenen Schloß Stern (⟶ Weißer Berg) untergebrachte Alois-Jirásek-&-Mikoláš-Aleš-Museum angeschlossen. Zu den kostbaren Beständen dieser einzigartigen Bibliothek, die mit etwa 130 000 Bänden (400 000 in Kladruby ausgelagert) die Buchkultur vom 9. bis 18. Jh. repräsentiert, gehören ca. 2 500 Wiegendrucke, 5 000 Handschriften und zahlreiche historische Landkarten.
Die umfangreichen, bereitwillig der wissenschaftlichen Öffentlichkeit zur Verfügung gestellten Werke bewogen u. a. Kaiser Josef II. Ende des 18. Jh.s die Klosterkommunität zu wahren.

Bibliothekssäle

Besondere Beachtung verdienen der reich stuckierte, 1723–1727 von dem Strahover Mönch Siard Nosecký ausgemalte Theologische Biblio-

Theologischer Bibliothekssaal mit Noseckýs allegorischen Fresken der Weisheit

Bibliothekssäle (Fortsetzung)

thekssaal, dessen Tonnengewölbe von Giovanni Domenico Orsi von Orsini im Stil des Frühbarock aufgeführt wurde, und der in einem 1782–1784 von Ignaz Palliardi geschaffenen klassizistischen Anbau (Westflügel) untergebrachte Philosophische Bibliothekssaal.

Bei der Ausschmückung des Theologischen Saales ließ sich Nosecký von dem Werk "De typo generis humani" des Abtes Hieronymus Hirnheim (1670–1679) und durch biblische Zitate inspirieren. Seine 25 Fresken symbolisieren das Ringen um Weisheit im Zusammenhang mit der Liebe zu Wissenschaft und Literatur. Ein Selbstporträt des Künstlers befindet sich rechts in einer Fensternische. An der Längsachse des Saales wechseln Erd- und Sterngloben einander ab, von denen drei in der Werkstatt des berühmten niederländischen Kartographen Wilhelm Blaeus hergestellt wurden.

Der Philosophische Bibliothekssaal wurde in seinen Abmessungen – 32 m lang, 10 m breit und 14 m hoch – den aus dem ehem. Kloster Louka (Brück) in Südmähren stammenden, reichgeschnitzten Bücherschränken (J. Lachhofer) angepaßt und ist von einem gewaltigen Deckenfresko überwölbt, in dem der aus Langenargen am Bodensee stammende Franz Anton Maulbertsch (1724–1796) im allegorischen Stil der Wiener Akademie Szenen aus der Geistesgeschichte der Menschheit schildert. In der Saalmitte birgt ein alter Schrank das sechsbändige Botanikwerk "Les Liliacées" und die vierbändige Abhandlung "Le Musée Français", beide ein Geschenk der französischen Kaiserin Marie Louise aus dem Jahre 1812. Die Marmorbüste von Kaiser Franz I. schuf F.X. Lederer um 1800.

Bibliotheksbestände

Zu den wertvollsten Handschriften der Bibliothek zählt das Strahover Evangelienbuch (9./10. Jh.), ein Kunstwerk der ottonischen Renaissance aus dem Kreis der Trierer Schule. Dieses in lateinischer Sprache verfaßte Dokument wurde in goldener Unizialschrift auf 218 Pergamentblätter niedergeschrieben und später mit vier kunstvollen Evangelienbildern verziert. Es gehört zusammen mit den St. Markustorsi und dem berühmten

Kloster Strahov, Bibliotheksbestände (Fortsetzung)

Codex Vyšehradiensis zu den ältesten erhaltenen Schriften in Mitteleuropa. Besondere Erwähnung verdienen auch die Chronik "Historia Anglorum", die Schilderung des Italienfeldzuges Friedrich Barbarossas, die teilweise erhaltene Dalimil-Chronik, die sog. Doxaner Bibel, die spätgotische Schelmenberger Bibel (Pontifikal Albrechts von Sternberg aus der Zeit Karls IV.) sowie Schriften von Tomaš von Štítné und von Jan Hus. Aus dem 15. Jh. stammen u.a. das Herbarium von Strahov, ein lateinisches Lexikon und die medizinischen Bücher des Magisters Ambrož. Das 16. und 17. Jh. ist u.a. mit Werken der Utraquisten, der Bruderunität und der katholischen Literatur vertreten. Reisebeschreibungen, Atlanten, alchimistische Schriften, astronomische Abhandlungen von Tycho Brahe, Johannes Kepler und Nikolaus Kopernikus, orientalische Handschriften und andere Buchkuriositäten setzen die lange Liste der umfangreichen Bestände fort.
Das Museum enthält ferner reiche Bibliotheksbestände aus zahlreichen nach dem Zweiten Weltkrieg aufgelösten böhmischen Klöstern.

Tschechische Schriften
Im Kreuzgang und in den anschließenden Räumen sind rund 50000 Exponate der tschechischen Literatur aus vorhussitischer und besonders aus hussitischer Zeit, aber auch aus der Zeit der nationalen Wiedergeburt im 19. Jh. untergebracht. Freunde des Buchdruckes sollten sich hier außerdem die 1953 rekonstruierte alte Buchdruckerei aus dem 17. Jh. ansehen.

In Bezugnahme auf das Schrifttum ist zudem eine Abteilung der bildenden Künste und anderer Schöpfungen eingerichtet worden. In den Vortrags- und Ausstellungssälen werden regelmäßig lyrische Abende, Konzerte und Wechselausstellungen veranstaltet.

Stromovka

→ Baumgarten

Technisches Nationalmuseum (Národní technické muzeum) C 5

Lage
Praha 7, Holešovice, Kostelní ulice 42

Straßenbahnlinien
1, 8, 25, 26

Das am Nordhang der → Letná-Höhe gelegene Museum vermittelt ein anschauliches Bild der Entwicklung der Kinematographie in über 50 Ländern, der Rundfunk- und Fernsehtechnik, des Verkehrswesens und des Bergbaues. Besonders beachtenswert ist ein etwa 600 m langer Musterstollen. In der großen Halle sind Automobile, Flugzeuge und Lokomotiven ausgestellt sowie der Hofzug (zwei Wagen) Kaiser Franz Josephs, mit dem der österreichische Thronfolger Franz Ferdinand 1914 nach Sarajevo fuhr, wo er dann ermordet wurde.
Im Hof rechts vom Museum sind ebenfalls einige Flugzeuge ausgestellt.

Öffnungszeiten
Di.–So. 9.00–17.00

Terezín (Theresienstadt)

Festung und Gedenkstätte

Lage
60 km nordwestlich von Prag

Die von Maria Theresia bzw. Joseph II. erbaute Festungsstadt Terezín (Theresienstadt; 155 m ü.d.M., 3000 Einw.) liegt am Ufer der Eger (Ohře), die unweit unterhalb in die Elbe (Labe) mündet. Innerhalb von nur zehn Jahren entstand hier das böhmische Paradebeispiel für einen geplanten Stadtgrundriß des Empire und Klassizismus im ausgehenden 18. Jahrhundert. Die von General Pellegrini entworfene Festung diente seit Mitte des 19. Jh.s als österreichisches Staatsgefängnis, in dem u.a. auch der Attentäter von Sarajevo, Gavrilo Princip, inhaftiert war.

Große Halle des Technischen Nationalmuseums

Terezín (Fortsetzung), ehemaliges Konzentrationslager Theresienstadt

Während des Zweiten Weltkrieges wurde die Bevölkerung von den deutschen Nationalsozialisten vertrieben und die Stadt in das 'Ghetto Theresienstadt' umgewandelt. Ab 1940 deportierte man über 140000 Juden aus ganz Europa in dieses Konzentrationslager, und von hier gingen die Transporte in die grauenvollen Vernichtungslager, vorwiegend nach Auschwitz (Oświęcim). Auch die sog. Kleine Festung (Malá Pevnost) wurde zu einem Konzentrationslager ausgebaut. Nach dem Kriege errichtete man hier in den Anlagen eine Gedenkstätte ('Památník Terezín') mit einem Museum. Vor dem Eingang der Festung erstreckt sich ein großer Nationalfriedhof. Beim alten Friedhof südlich der Stadt liegt der jüdische Friedhof, auf dem ein weithin sichtbares Menora-Denkmal (siebenarmiger Leuchter der israelitischen Liturgie) den jüdischen Opfern des Nationalsozialismus gewidmet ist.

Teynhof (Týnsky dvůr · Týn · Ungelt) E 4

Lage
Praha 1,
Staré Město,
Týnský dvůr
(Ungelt)

U-Bahn-Stationen
Staroměstská,
Můstek

Straßenbahnlinien
5, 14, 26

Das mittelalterliche 'Messegelände' des Teynhofes, in dem derzeit umfangreiche Restaurierungsarbeiten durchgeführt werden, wird nach dem hier einst zu entrichtenden Zoll (Ungeld) auch 'Ungelt' genannt. Das Fürstengehöft entstand bereits im 11. Jahrhundert. Unter dem Schutz des Herrschers, dem sie dafür eine Gebühr entrichteten, lagerten, verkauften und verzollten hier auswärtige Kaufleute bis 1773 ihre Waren.
Der wertvollste Bau im Teynhof ist das Palais Granovský, ein Renaissancepalast mit offener Loggia im ersten Stock (1560), der den durchreisenden Kaufleuten als Quartier diente. Die Wandmalereien der Loggia stellen biblische und mythologische Szenen dar. Das Portal trägt die Jahreszahl 1560 und das Wappen der Familie Granovský.
Sehenswert sind auch die anschließenden Bürgerhäuser, die zwischen dem 14. und 19. Jh. erbaut wurden.

*Teynkirche (Kostel Panny Marie před Týnem) E 4

Lage
Praha 1,
Staré Město,
Staroměstské náměstí

U-Bahn-Stationen
Staroměstská,
Můstek,
Náměstí Republiky

Die gotische Teynkirche ('Mutter Gottes vor dem Teyn/Zaun') am → Altstädter Ring gilt als Wahrzeichen der Prager → Altstadt. Mit drei Schiffen und drei Presbyterien wurde sie 1365 an Stelle einer romanischen Kirche errichtet. Der Chor wurde 1380 vollendet; die Fassade mit dem hohen Giebeldach hat König Georg von Podiebrad 1460 ausführen lassen. Zur Zeit der hussitischen Reformbewegung war die Teynkirche das Zentrum der böhmischen Utraquisten in Prag. Hier predigten u.a. Konrad Waldhauser, Jan Milíč von Kroměříž (Kremsier) und der hussitische Erzbischof Jan Rokycana. – Der goldene Kelch, den König Georg von Podiebrad neben seinem Standbild zum Andenken an seine Krönung im Giebel aufstellen ließ, wurde nach der Niederlage der Protestanten am → Weißen Berg (1620) durch ein Marienbild ersetzt, für dessen Strahlenkranz man das Gold des Kelches verwendete.

Äußeres

Die 80 m hohen Türme, deren Helme mit vier zierlichen Ecktürmen versehen sind, wurden 1463–1466 (der nördliche) und 1506–1511 (der südliche) errichtet. Nach dem großen Stadtbrand im Jahre 1679 erhielt das Mittelschiff ein neues, frühbarockes Gewölbe. Beachtenswert ist auch das Nordportal mit verziertem gotischen Baldachin und Tympanon aus Peter Parlers Bauhütte ("Das Leiden Christi", Kopie; Original in der Sammlung alter Kunst Böhmens der Nationalgalerie auf dem → Hradschin).

Inneres

Der Kirchenraum wirkt mit dem hohen gotischen Chor und den großen Barockaltären etwas düster. Am Ende des Mittelschiffes fällt der Hochaltar mit seinen prachtvollen Gemälden "Himmelfahrt Mariä" und "Hl. Dreifaltigkeit" von Karel Škréta (1649) ins Auge. In der Kapelle links vom Chor befindet sich eine gotische Kalvarienberggruppe aus dem 15. Jh.; den

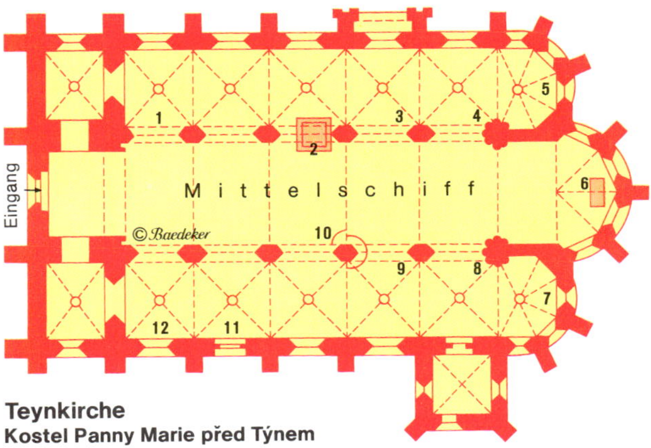

Teynkirche
Kostel Panny Marie před Týnem

1 St.-Adalbert-Altar
2 Spätgotischer Baldachin, St.-Lukas-Altar
3 St.-Josef-Altar
4 Verkündigungsaltar
5 Gotische Kalvarienberggruppe
6 Hochaltar ("Himmelfahrt Mariä", "Hl. Dreifaltigkeit" von K. Škréta)
7 Gotische Konsolen, Zinntaufbecken (1414)
8 St.-Barbara-Altar
9 Marmorgrab des Astronomen Tycho Brahe (1601)
10 Renaissancealtar
11 Gotische Madonna mit Jesuskind
12 St.-Wenzel-Altar

Teynkirche am Altstädter Ring ▶

Teynkirche, Inneres (Fortsetzung)

Abschluß des rechten Seitenschiffs zieren gotische Konsolen aus der Parlerhütte, Büsten eines unbekannten Herrscherpaares und die Marmorgruppe "Kyrill und Method" von Emanuel Max (1847). Ferner steht hier ein schönes gotisches Taufbecken aus Zinn, das auf 1414 datiert wird.
Das Altarbild des hl. Adalbert links vom Eingang stammt von K. Škréta, der nach 1660 auch die Gemälde für den Verkündigungs- und den St.-Barbara-Altar sowie 1664 das Bild für den St.-Josef-Altar schuf. Ein spätgotischer Baldachin des Meisters Matthias Rejsek von Prostějova aus dem Jahre 1493 hängt über dem neugotischen St.-Lukas-Altar (19. Jh.); das Altarbild stammt von Josef Hellich.

Grabmal des Tycho Brahe

Am vierten Pfeiler rechts vom Haupteingang befindet sich das rotmarmorne Grabmal des dänischen Astronomen Tycho Brahe (⟶ Berühmte Persönlichkeiten), der am Hofe Rudolfs II. tätig war; die beiden lateinischen Sinnsprüche neben dem Bildnis lauten sinngemäß "Mehr sein als scheinen" und "Nicht Macht, nicht Reichtum, nur die Kunst ist ewig".
Die gotische Madonna mit dem Jesuskind im rechten Seitenschiff ist um 1400 entstanden. Anfang des 17. Jh.s wurde das Relief der Taufe Christi für den Renaissancealtar hergestellt, Ende des 17. Jh.s malte A. Stevens das Bild des St.-Wenzel-Altars.

Teynschule (Týnská škola) E 4

Lage
Praha 1, Staré Město, Staroměstské náměstí 14

Dieser ursprünglich gotische Bau mit einem Rippengewölbe im Laubengang wurde Mitte des 16. Jh.s erweitert, im Stil der venezianischen Renaissance umgebaut und mit einem doppelten Giebel verziert.
Hier bestand seit Beginn des 15. Jh.s über vier Jahrhunderte die Teyn-Pfarrschule, an der u.a. Mitte des 15. Jh.s der große Baumeister Matthias Rejsek von Prostějov unterrichtete.
Durch den dritten Bogen von links führt hier ein Zugang zur ⟶ Teynkirche.

U-Bahn
Stationen: Staroměstská, Můstek, Náměstí Republiky

Theatinerkirche

⟶ Palais Thun-Hohenstein

Theresienstadt

⟶ Terezín

Schloß Troja (Letohrádek Troja · Trojský zámek) A 3

Lage
Praha 7, Troja

Buslinie
112

Öffnungszeiten
April–Sept.
Di.–So.
10.00–18.00

Nördlich vom ⟶ Baumgarten, jenseits der Moldau, im Vorort Troja, steht das schöne Barockschloß Troja (Letohrádek Trója), das 1679–1685 von Jean Baptiste Mathey erbaut wurde. Die prächtige Freitreppe kam später hinzu; ihr Figurenschmuck (eine Gigantomachie = Kampf der Götter mit den Titanen) stammt von den Brüdern Johann Georg und Paul Herrmann aus Dresden sowie von den Brüdern Johann Josef und Ferdinand Maximilian Brokoff. Beachtenswert sind im Inneren der Kaisersaal mit Wand- und Deckengemälden (1691–1697) des Niederländers Abraham Godin sowie die mythologischen Fresken der Italiener Giovanni und Giovanni Francesco Marchetti in den Seitenräumen. Die Terrasse schmücken frühbarocke Vasen und Büsten aus dem 17. Jahrhundert. Ende der achtziger Jahre dieses Jahrhunderts wurde eine umfangreiche Restaurierung der Schloßanlage durchgeführt.

Tyl-Theater (Tylovo divadlo) E 4

Den ersten und ältesten Theaterbau im Moldautal ließ 1781–1783 Graf Anton von Nostitz-Rieneck nach dem Entwurf von A. Haffenecker im klassizistischen Stil errichten. Die Ostfront und die Inneneinrichtung stammen von dem Architekten Achill Wolf (1881). Ende des 18. Jh.s wurde das Nostitz-Theater vom böhmischen Adel als 'Ständetheater', ab Mitte des 19. Jh.s als 'Deutsches Landestheater' betrieben. Im Jahre 1945 wurde es nach dem tschechischen Dramatiker und Schauspieler Josef Kajetán Tyl (1808–1856; vgl. ⟶ Kutná Hora) umbenannt. Heute ist das Theater, das bis Ende 1991 vollständig restauriert wird, den Bühnen des Nationaltheaters angeschlossen.
Am 29. Oktober 1787 fand im damaligen Ständetheater die Uraufführung von Mozarts Oper "Don Giovanni" statt. Literarisch festgehalten hat dieses Ereignis u. a. Eduard Mörike in seinem Werk "Mozarts Reise nach Prag". In den Jahren 1813–1816 war der Komponist Carl Maria von Weber (1786–1826) Kapellmeister an diesem Theater.

Lage
Praha 1,
Staré Město,
Železná ulice 11

U-Bahn-Station
Můstek

Týn

⟶ Teynhof

Týnská škola

⟶ Teynschule

Tyrš-Haus mit Museum für Körpererziehung und Sport (Tyršův dům) E 3

Das Tyrš-Haus beherbergt das Museum für Körpererziehung und Sport (Muzeum tělesné výchovy a sportu), dessen umfangreiche Sammlungen dem Besucher einen Überblick über die Entwicklung des Sports in der Tschechoslowakei vermitteln. Eine Dauerausstellung ist den 'Sokol'-Turnierfesten (tschech. 'sokol' = Falke) und den 'Spartakiaden' gewidmet.
Nach dem Sieg der Habsburger bei der Schlacht am ⟶ Weißen Berg (1620) kaufte der durch konfiszierten böhmischen Adelsbesitz reich gewordene Pavel Michna von Vacínov das um 1580 erbaute Renaissanceschlößchen. Sein Sohn ließ es im Stil der Spätrenaissance umbauen und durch den Anbau eines Ostflügels zu einem großen Palais erweitern.
Ab 1767 diente das Schloß als Zeughaus. Nach 1918 wurde es von der nationaltschechischen 'Sokol'-Bewegung für Körpererziehung erworben und erhielt die jetzige Bezeichnung 'Tyrš-Haus' nach dem Begründer der Sokol-Bewegung, Miroslav Tyrš.

Lage
Praha 1,
Malá Straná,
Újezd 40

Straßenbahnlinien
12, 22

Öffnungszeiten
Di.–Sa.
9.00–17.00,
So. 10.00–17.00

Ungelt (Ungeld)

⟶ Teynhof

U tří pštrosů

⟶ Zu den drei Straußen, Haus

Václavské náměstí

⟶ Wenzelsplatz

Villa Amerika mit Dvořák-Museum (Letohrádek Amerika) G 5

Lage
Praha 2,
Nové Město,
Ke Karlovu 20

U-Bahn-Station
I. P. Pavlova

Straßenbahnlinien
4, 6, 16, 22

Buslinien
148, 272

Öffnungszeiten
Di.–So. 10.00–17.00 Uhr.

In der Villa Amerika, die nach ihrem ursprünglichen Besitzer Jan Václav Michna von Vacínov auch Michna-Lustschloß (Michnův letohrádek) genannt wird, ist heute das Dvořák-Museum untergebracht.
Kilian Ignaz Dientzenhofer errichtete das barocke Lustschloß 1717–1720 für den Sommeraufenthalt des Grafen Michna. Die kunstvolle Architektur und die Aufgliederung der Stirnfront machen die Villa zu einem der schönsten Profanbauten des Prager Barock. Das ursprüngliche Barockgitter am Eingang wurde durch eine Kopie ersetzt.
Die Fresken im Inneren stammen von J. F. Schor (1720), die Werkstatt Anton Brauns lieferte um 1730 den Skulpturenschmuck für den Garten.
Das Dvořák-Museum zeigt Partituren und Dokumente des bedeutenden Komponisten Antonín Dvořák (⟶ Berühmte Persönlichkeiten), vor allem seine Korrespondenz mit Hans von Bülow und Johannes Brahms.

Villa Bertramka mit Mozart-Museum (Bertramka) G 2

Lage
Praha 5, Smíchov,
Mozartova 2/169

U-Bahn-Station
Anděl

Straßenbahnlinien
4, 6, 7, 9

Öffnungszeiten
Mi.–Mo.
10.00–17.00

Die Geschichte dieser Residenz begann im 17. Jh., als der Kleinseitner Braumeister Jan František Pimskorn die Villa erbauen ließ. Anfang des 18. Jh.s kam sie in den Besitz von František Bertram von Bertram, nach dem sie ihren heutigen Namen erhielt.
Von 1784–1795 gehörte die Vorstadtvilla der Opernsängerin Josefa Dušková, Gemahlin des Komponisten und Musikpädagogen František Xaver Dušek. In dieser Zeit wohnte Wolfgang Amadeus Mozart während seiner häufigen Prag-Aufenthalte bei dem Musikerehepaar. Mitte des 19. Jh.s riefen Vater und Sohn Popelka die Mozart-Gedenkstätte ins Leben, für die der Bildhauer Tomáš Seidan im Garten eine Büste des Komponisten schuf. Nach einer umfangreichen Restaurierung des Hauses wurde 1956 das Mozart-Museum mit einer Ausstellung in sieben Räumen im ersten Stock der Villa eröffnet. Seit 1976 bilden das Smetana-, das Dvořák- und das Mozart-Museum eine selbständige Musikabteilung des Nationalmuseums. Zum 200. Jahrestag der Opernpremiere von Mozarts "Don Giovanni" wurde die Villa Bertramka schließlich bis Ende 1987 sorgsam renoviert und ihre Sammlung neu zusammengestellt.

Mozart in Prag

Wolfgang Amadeus Mozart (1756–1791) besuchte Prag nach dem dortigen großen Erfolg seiner Oper "Figaros Hochzeit" zum erstenmal im Jahre 1787, und es folgten weitere Aufenthalte in der Goldenen Stadt. Der Hausherrin der Villa Betramka, Josefa Dušková, widmete er u. a. die Konzertszene "Bella mia fiamma, addio" (KV 528). Seine berühmte Oper "Don Giovanni" wurde am 29. Oktober 1787 im damaligen Ständetheater (⟶ Tyl-Theater) uraufgeführt. Auf Bestellung des Impresarios Guardasoni komponierte Mozart vier Jahre später für die tschechischen Stände anläßlich der Krönung Leopolds II. zum König von Böhmen die Oper "La clemenza di Tito", deren Premiere er kurz vor seinem Tod 1791 bei seinem letzten Prag-Besuch beiwohnte.
In der Villa Bertramka werden heute neben der Mozart-Ausstellung (u. a. Originalpartituren, Mozarts Schlaf- und Arbeitszimmer, Briefwechsel, z. B. mit G. Jacquin; historische Plakate) auch klassische Konzerte veranstaltet. Alljährlich im September präsentiert hier die Aktion "Spätsommer" extravagante Mode und ausgefallene Accessoires. Geplant ist ferner eine zusätzliche Ausstellung über elektronische Musik.

In der Villa Amerika ist das Dvořák-Museum eingerichtet

In der Villa Bertramka komponierte Mozart seine Oper "Don Giovanni"

Vyšehrad

H 4

Lage
Praha 1, Vyšehrad

U-Bahn-Station
Vyšehrad

Straßenbahnlinien
3, 7, 17, 18, 21, 24

Buslinie
148

Der Legende nach war der Vyšehrad-Felsen Sitz der Fürstin Libussa (tschechisch Libuše). Hier sollen auch die ersten Přemyslidenherrscher residiert haben (⟶ Stadtgeschichte; ⟶ Prag in Zitaten, Adalbert Stifter). Wahrscheinlich wurde der Vyšehrad (= ‘Hochburg’) im 10. Jh. als zweite Prager Burg gegründet. Historisch nachgewiesen ist die Festungsanlage erst ab König Vratislav (1061–1092), der seine Residenz vom ⟶ Hradschin hierher verlegte. Zu jener Zeit war die Prager Burg Bischofssitz. Vratislav ließ auf dem Felsen über der Moldau eine Steinburg und mehrere Kirchen anlegen (St. Peter und Paul, St. Laurentuis u.a.) und gründete das Kollegiatskapitel, das lange Zeit ein wichtiges Bildungszentrum war. Hier entstand auch der Codex Vyšehradiensis, der heute in der Handschriftensammlung des ⟶ Clementinums aufbewahrt wird. Von dieser Epoche zeugt nur noch die Rundkapelle St. Martin. Soběslav I. setzte die Bautätigkeit fort, doch nach seinem Tode (1140) verlor der Vyšehrad rasch an Bedeutung. Die böhmischen Herrscher verlegten ihre ständige Residenz wieder auf den Hradschin. Unter Karl IV., der umfangreiche Renovierungen vornehmen ließ, setzte eine neue Blütezeit ein. Die Anlage wurde 1348 bis 1350 mit einem gotischen Befestigungsring umgeben, der an die Stadtmauern anschloß.

Krönungsweg

Traditionell nahm der Krönungsweg der böhmischen Könige vom Vyšehrad seinen Ausgang, führte von dort zum ⟶ Pulverturm, dann quer über den ⟶ Altstädter Ring und weiter über die ⟶ Karlsbrücke zum Veitsdom auf dem ⟶ Hradschin.
Während der Hussitenkriege wurden 1420 fast alle Bauten auf dem Vyšehrad zerstört. In der zweiten Hälfte des 15. Jh.s gründeten Handwerker die bürgerliche ‘Freistadt auf dem Berge Vyšehrad’. Im späten 17. Jh. wurden der Vyšehrad dann in seiner heutigen Form zur Barockfestung ausgebaut und die Bürgerhäuser abgerissen. Der Aufhebung der Festungsanlage im Jahre 1866 folgte die Angliederung als Prager Stadtviertel und der Ausbau des Friedhofes; 1911 wurde der Vyšehrad geschleift. Erhalten blieben nur die Festungsmauern. Derzeit wird der zum nationalen Kulturdenkmal erklärte Vyšehrad umfassend restauriert.

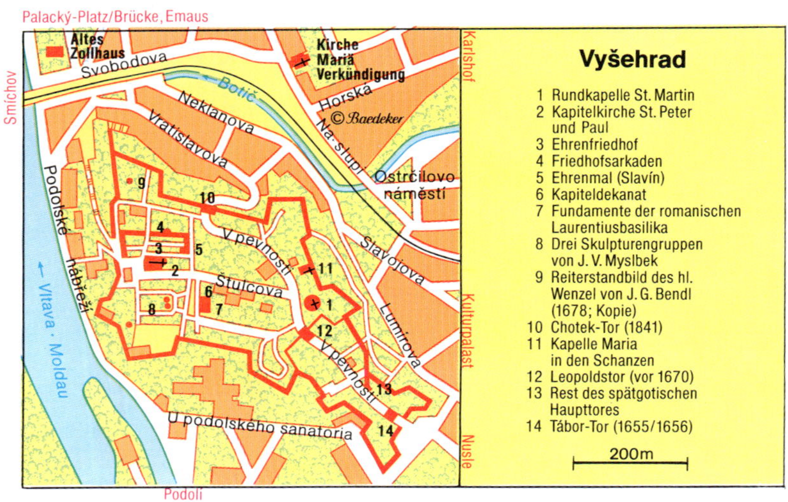

Kapitelkirche St. Peter und Paul auf dem Vyšehrad hoch über der Moldau

Krönungsweg (Fortsetzung)

Besonders während der Zeit der Romantik im 19. Jh. war der sagenumwobene Vyšehrad ein beliebtes Thema bei bildenden Künstlern, Komponisten und Literaten. Bekannte Werke sind u. a. Bedřich Smetanas Oper "Libuše", Felix Mendelssohn-Bartholdys Komposition "Libussas Weissagung" und Franz Grillparzers Drama "Libussa".

Zugang

Den Vyšehrad erreicht man am besten über die Vratislavova und betritt die Anlage von Norden durch das Chotek-Tor (1848); rechts davon steht eine Kopie der St.-Wenzel-Reiterstatue von J. G. Bendel aus dem Jahre 1678.

Rundkapelle St. Martin

Die Gasse 'V pevnosti' führt zum ältesten Prager Baudenkmal, der romanischen Rundkapelle St. Martin (Rotunda svatého Martina; Abb. s. S. 32), die noch zu Zeiten König Vratislavs entstand. Sie diente nach dem Ausbau des Vyšehrad zur Festung als Pulvermagazin und wurde 1878 renoviert. Die Statuengruppen von J. V. Myslbek in den Parkanlagen stellen Figuren aus tschechischen Sagen dar.
Durch die Štulcova ulice gelangt man zum Kapiteldekanat, hinter dem sich Fundamente der romanischen Laurentiusbasilika befinden.

Kapitelkirche St. Peter und Paul

Die Türme der Kapitelkirche St. Peter und Paul (Kostel svatého Petra a Pavla), erst 1902 nach Entwürfen von J. Mocker und F. Mikš aufgesetzt, sind heute das Wahrzeichen des Vyšehrad. Die Kirche selbst stammt aus der zweiten Hälfte des 11. Jahrhunderts. Unter Karl IV. wurde sie zu einer gotischen Basilika mit drei Schiffen umgebaut, im 16. Jh. folgte ein Umbau im Stil der Renaissance, Anfang des 18. Jh.s leiteten F. M. Kaňka und C. Canevale die barocke Umgestaltung. Ihren neugotischen Stil erhielt die Kirche 1885–1887, eine umfassende Restaurierung wurde 1981–1987 im Zusammenhang mit archäologischen Ausgrabungen durchgeführt.
Sehenswert im Inneren sind in der ersten Kapelle rechts ein romanischer Steinsarg aus dem 11. Jh. ('Tumba des hl. Longinus') und in der dritten Kapelle rechts ein Tafelbild mit der sogenannten Regenmadonna (14. Jh.)

Vyšehrad, Kapitelkirche St. Peter und Paul (Fortsetzung)

zum Schutz vor Dürre; dieses Marienbild soll aus der Sammlung Kaiser Rudolfs II. stammen. Den Hauptaltar von J. Mocker zieren vier Heiligenfiguren (Hll. Peter und Paul, Hll. Kyrill und Method), die F. Hrubeš Ende des 19. Jh.s schuf. Die Wandfresken mit stilisiertem Pflanzendekor wurden 1902–1903 von U. Urbanová und F. Urban entworfen.

Ehrenfriedhof (Vyšehradský hřbitov)

An die Peter-und-Paul-Kirche grenzt im Norden der Ehrenfriedhof. Als die Festung 1866 aufgelöst wurde, baute man den mittelalterlichen Kirchhof zu einer nationalen Kultstätte für Repräsentanten aus Kunst und Kultur aus. Auf dem Friedhof und in den Friedhofsarkaden sind u.a. die Komponisten Bedřich Smetana und Antonín Dvořák, die Schriftsteller Božena Němcová, Karel Čapek und Jan Neruda sowie der Maler Mikoláš Aleš beigesetzt. In der Ehrengruft 'Slavín', einem Werk von A. Wiehl und J. Maudr, ruhen u.a. die Bildhauer Josef Václav Myslbek, Bohumil Kafka und Ladislav Šaloun, der Maler Alfons Mucha und der Violinist Jan Kubelík.

Tore

Im Südosten der Anlage (lohnende Aussicht!) stehen das Leopold-Tor (Leopoldova brána) und als vorgeschobener ehemaliger Festungsposten das frühbarocke Tábor-Tor (Táborská brána).

Waldsteingasse (Valdštejnská ulice) D 3

Lage
Praha 1, Malá Strana

U-Bahn-Station
Malostranská

Straßenbahnlinien
12, 22

An der vom → Palais Waldstein nordwärts verlaufenden Waldsteingasse (Valdštejnská ulice) ist das barocke Prag noch vollkommen gegenwärtig. Linker Hand erhebt sich das Palais Pálffy (Nr. 14), zwei Häuser davor (Nr. 12) befindet sich der Eingang zum Ledebur-Garten (Ledeburská zahrada), der nach beiden Seiten in die hinter den übrigen Palais der Waldsteingasse gelegenen schönen Gärten übergeht und von seinen steilen, mit Loggien und einem Pavillon geschmückten Terrassen weite Ausblicke über die Stadt gewährt.
Ein paar Schritte weiter (Nr. 10) steht das Palais Kolovrat (18. Jh., jetzt Dependance des Kulturministeriums), gefolgt von dem 1743–1747 erbauten Palais Fürstenberg (Nr. 8; jetzt polnische Botschaft; Garten unzugänglich). Schräg gegenüber, auf der rechten Seite der Waldsteingasse, befindet sich die ehemalige Waldstein-Reitschule (Jízdárna Valdštejnského paláce), in der Wechselausstellungen gezeigt werden.

Weißer Berg mit Schloß Stern (Bílá Hora) Ausflugsziel im Stadtgebiet

Lage
Praha 6, Břevnov, Bílá Hora

Buslinien
108, 180, 260

Straßenbahnlinien
2, 8, 18, 22, 23

Auf der kahlen Kalkhöhe (318 m ü.d.M.), die sich über den westlichen Stadtrand erhebt und heute teilweise bebaut ist, fand am 8. November 1620 die Schlacht am Weißen Berg statt, die für das weitere Schicksal der böhmischen Länder unter den Habsburgern entscheidend war. Hier unterlag die von Graf Matthias von Thun geführte Söldnerarmee der böhmisch-protestantischen Stände innerhalb einer Stunde in einer Schlacht gegen die Katholische Liga, an deren Spitze Maximilian von Bayern stand. Der von den Ständen aufgrund einer neuen Verfassung (Wahlkönigtum Böhmen) zum König gewählte Kurfürst Friedrich von der Pfalz ('Winterkönig' 1619–1620) mußte fliehen; so verlor das Land seine Selbständigkeit (bis 1918). Auf dem Schauplatz wurde später eine Kapelle errichtet, die K. Luna im 18. Jh. in die Kirche der Siegreichen Jungfrau Maria umbaute. Unweit nördlich erinnert ein Denkmal an die Schlacht am Weißen Berge.

Schloß Stern (Letohrádek Hvězda)

Im ehemaligen Stern-Tiergarten (Obora Hvězda) am Abhang steht das Lustschlößchen Stern. König Ferdinand I. hatte hier 1530 im Wald Malejov

Schloß Stern am Weißen Berg

den Wildpark anlegen lassen, in dem später auch königliche Festlichkeiten und Schießwettkämpfe stattfanden. Im Jahre 1797 wurde das Wildgehege in einen Naturpark mit breiten Promenaden umgestaltet; den Namen erhielt er nach dem hier errichteten Jagdschloß Stern.

Weißer Berg, Schloß Stern (Fortsetzung)

Das Schloß liegt nördlich der Hauptallee. Dieser ungewöhnliche, äußerlich schlichte Renaissancebau auf sechsstrahligem Grundriß wurde von Erzherzog Ferdinand von Tirol als Jagdschloß in Auftrag gegeben und von italienischen Baumeistern ausgeführt (1555–1558); er diente seiner künftigen Frau, der Augsburger Patriziertochter Philippine Welser, als Wohnsitz. Später wurde das Schloß als Pulvermagazin benutzt. Heute beherbergt es ein dem tschechischen Schriftsteller Alois Jirásek (1851–1930) und dem Maler Mikoláš Aleš (1852–1913) gewidmetes Museum. Gelegentlich werden hier auch Konzerte und literarische Vorträge veranstaltet. Im Untergeschoß berichtet eine Ausstellung über die historisch bedeutsame Schlacht am Weißen Berge.

Grundriß

Im Inneren des Schlosses sind reizvolle italienische Stuckdekorationen von G. Campione und A. Avostali aus den Jahren 1556–1563 erhalten, die in 334 Deckenfeldern Szenen aus der griechischen Mythologie (Aeneas und Anchises, Bacchantinnen, Meeresgottheiten) und aus der römischen Geschichte (Mucius Scaevola, Horatius Cocles, Marcus Curtius) zeigen. Sehenswert sind ferner die glasierten Renaissancefliesen des ehemaligen Speisesaales in der zweiten Etage.

Wenzelsdenkmal (Pomník svatého Václava) F 5

Am Südostende vom ⟶ Wenzelsplatz steht vor dem ⟶ Nationalmuseum das in den Jahren 1912–1913 von Josef Václav Myslbek geschaffene Wenzelsdenkmal.

Wenzelsdenkmal (Fortsetzung)

Standort
Praha 1,
Nové Město,
Václavské náměstí

U-Bahn-Stationen
Můstek,
Muzeum

Straßenbahnlinien
3, 9, 14, 24

Wenzel, der 921 die Regierungsgeschäfte als Herzog von Böhmen übernommen hatte, wurde 929 von seinem Bruder Boleslav I. erschlagen. Wunderberichte ließen ihn zum Landespatron Böhmens werden (sein Fest am 28. September). Obwohl Wenzels Ermordung eher auf den sächsisch-bayerischen Machtkampf in Böhmen zurückzuführen ist, wird Wenzel auch als Märtyrer verehrt. Sein Name war bei den Tschechen so verbreitet, daß der Publizist Johann Fischart (1546–1590) nach einer seiner Reisen den Ausspruch tat: "Böhmen heißen Wenzel (Václav), Polen Stenzel (Stanisław)."
Die Reiterstatue des Fürsten ist umgeben von den Figuren vier weiterer Landespatrone. Vorn steht die hl. Ludmilla ("die dem Volk lieb ist"), Großmutter des hl. Wenzel und Frau des ersten getauften Herzogs von Böhmen. Nach ihrer Ermordung durch heidnische Gegner wurde sie zur ersten Märtyrerin Böhmens.
Vorn links sieht man den hl. Prokop, auf der Rückseite die hl. Agnes (Anežka) und den hl. Adalbert (Vojtěch) von Prag.
Weitere Wenzelstatuen befinden sich auf dem → Kreuzherrenplatz (Winzersäule mit Skulptur des hl. Wenzel) sowie auf dem → Vyšehrad (Reiterstatue).

*Wenzelsplatz (Václavské náměstí) E/F 5

Lage
Praha 1,
Nové Město,
Václavské náměstí
(Fußgängerzone)

U-Bahn-Stationen
Můstek,
Muzeum

Straßenbahnlinien
3, 9, 14, 24

Der 750 m lange und 60 m breite Wenzelsplatz gleicht eher einem Boulevard als einem Platz. Er ist das pulsierende Zentrum des modernen Prag, umgeben von traditionsreichen Hotels wie dem Jugendstilbau des "Europa", Läden und Geschäftspassagen, Restaurants und Cafés, Kinos und Kleinkunstbühnen. Zusammen mit den Straßen Na příkopé (→ Am Graben), Na Můstku, 28. října und Národní bildet er das 'Goldene Kreuz' , wo sich Geschäfts- und Gesellschaftsleben der Hauptstadt am intensivsten entwickelten. Im Zuge des Ausbaues der Prager Metro wurde der Wenzelsplatz 1980–1986 mit Grünanlagen neu gestaltet.
Karl IV. legte den Platz bei der Gründung der Neustadt als Roßmarkt an; 1848 erhielt er seinen jetzigen Namen. Als Schauplatz politischer Kundgebungen hat der Wenzelsplatz bis zu den jüngsten Demonstrationen der Bürgerrechtsbewegung vor und nach dem 17. November 1989 immer wieder eine wichtige Rolle gespielt (→ Stadtgeschichte).
Über dem Südostende des Platzes erhebt sich das → Nationalmuseum; davor steht das bronzene → Wenzelsdenkmal.

Schloß Zbraslav mit Sammlung tschechischer Bildhauerkunst des 19. und 20. Jahrhunderts

Ausflugsziel im Stadtgebiet

Lage
10 km südlich vom Prager Stadtzentrum

In der zweiten Hälfte des 13. Jh.s ließ Ottokar (Otakar) II. am Zusammenfluß von Moldau (Vltava) und Beraun (Berounka) einen Jagdhof mit Kapelle errichten, der unter König Wenzel (Václav) II. zu einem Zisterzienserkloster umgebaut wurde. Anfang des 18. Jh.s erfolgte unter der Leitung von G. Santini-Aichl und F.M. Kaňka der Neubau des während der Hussitenkriege zerstörten Klosters, das 1784 aufgehoben und zu Beginn des 20. Jh.s von D. Jurkovič zu einer dreiteiligen Schloßanlage (s. Abb. S. 205) umgebaut wurde. Seit 1976 befindet sich hier und in den Parkanlagen die Sammlung tschechischer Bildhauerkunst der Nationalgalerie. Die ausgestellten Skulpturen stammen von Künstlern des 19. und 20. Jahrhunderts.
Besondere Erwähnung verdienen die Moldau-Allegorie (von 1812) von V. Prachner, die Statuengruppe "Adam und Eva" von Václav Levý (1849) und das Porzellanporträt des Bernhard Bolzano von Arnošt Bruno Popp (1849). Zu den führenden Künstlern des ausgehenden 19. Jh.s zählt Josef Václav Myslbek, ein Vertreter der romantischen Linie, die sich beispielsweise in seiner Allegorie "2. Skizze der Musik" (1892–1894) widerspiegelt.

Denkmal für Herzog Wenzel, den Landespatron von Böhmen

Wenzelsplatz im Goldenen Kreuz der Goldenen Stadt

Schloß Zbraslav (Fortsetzung)

Im Jahre 1891 entwarf Bohuslav Schnirch das Modell für einen Fassadenpylonen des Prager Nationaltheaters. Das Spätwerk von Stanislav Sucharda prägen bereits Jugendstilformen; der Symbolismus ist durch František Bílek ("Blinde", 1926) vertreten. Als bedeutendste Künstler des Impressionismus sind Josef Mařatka ("Porträt von Antonín Dvořák", 1906) und Bohumil Kafka ("Rehgeiß mit Jungen", 1905) zu nennen.

*Zeltnergasse (Celetná ulice) E 4/5

Lage
Praha 1,
Staré Město,
Celetná ulice
(Fußgängerzone)

U-Bahn-Stationen
Staroměstská,
Můstek,
Náměstí Republiky

Nach den mittelalterlichen Semmelbäckern der 'Zalten' (calty) benannt, war die Zeltnergasse (Celetná ulice) seit jeher ein Verbindungsweg der Altstädter Marktplätze und der Moldaufurt mit dem Osten. Hier verlief einst auch der 'Krönungsweg' vom ⟶ Pulverturm über den ⟶ Altstädter Ring und die ⟶ Karlsbrücke zur Prager Burg (⟶ Hradschin) hinauf.
Die bis 1987 hervorragend restaurierte Zeltnergasse ist größtenteils von bedeutenden alten Palästen romanischen und gotischen Ursprungs, die im Barock umgebaut wurden, gesäumt. Zu den künstlerisch wertvollsten gehört das ehemalige Palais Hrzán (Nr. 12), das vermutlich von G.B. Alliprandi 1702 im hochbarocken Stil umgestaltet wurde. Die Plastiken an der Hausfront stammen wahrscheinlich aus der Werkstatt von F.M. Brokoff. Die Attikafiguren des barocken Sixt-Hauses (Nr. 2), nahe beim Altstädter Ring, werden A. Braun zugeschrieben. An den ehemaligen Besitzer des Barockpalais Caretto-Millesimo (Nr. 13) erinnert das Familienwappen über dem Portal. Im sog. Menhart-Haus (Nr. 17) ist die Weinstube Zur Spinne (U pavouka) eingezogen, während das Palais Buquoy (Nr. 20) seit der Umgestaltung durch A. Prachner im 18. Jh. der Prager Karlsuniversität gehört. Auch das benachbarte klassizistische Haus Zum Geier (U zlatého supa, Nr. 22) birgt Räume der Prager Hochschule sowie die vielbesuchte Bierstube Zum Geier. Eine Madonnenstatue (um 1730) von M.B. Braun

Hauszeichen an der ...

... Zeltnergasse

ziert die barocke Fassade des Hauses U Schönfloku (Nr. 23). Das Palais Pachtovský (Nr. 31), Mitte des 18. Jh.s im Stil des Dientzenhofer-Barock umgebaut, dient heute als Verwaltungsgebäude. Beliebtes Fotomotiv ist das Hauszeichen der 'Jungfrau hinter Gittern', ein letztes Zeugnis der einstigen Barockfassade an dem 1911–1912 entstandenen Haus Zur Schwarzen Mutter Gottes (U černé Matky boží, Nr. 34). Wo im 14. Jh. ein Teil des böhmischen Königshofes gestanden hatte, war seit dem 16. Jh. eine Münze in Betrieb. Das jetzige Haus Zur Münze (U Mincova, Nr. 36) ließ der Münzermeister František Josef Pachta von Rájova im 18. Jh. erbauen. Ein Jahrhundert später wurde das Gebäude erweitert und neubarock umgestaltet. Den Abschluß der Zeltnergasse bildet der monumentale ⟶ Pulverturm der ehemaligen Altstädter Befestigung.

Zeltnergasse (Fortsetzung)

Zoologischer Garten (Zoologická zahrada) A 3

Der Prager Zoologische Garten wurde 1931 auf einer Fläche von 45 ha natürlichen Geländes angelegt, das Wiesen, Haine, Schluchten, Hügel und Felsen aufweist; den Höhenuntschied überwindet heute u. a. eine Sesselbahn (Lanovka).
Hier werden über 2000 Tiere gehegt, die 600 verschiedene Arten – Säugetiere, Fische und niedere Lebewesen – vertreten.
Einen besonderen Zuchterfolg errang der Zoo mit den Przewalski-Urwildpferden, Vorfahren des Hauspferdes, die in der freien Natur bereits ausgestorben sind.
Das Terrarium wurde 1989 mit dem Zuwachs von Landschildkröten, Kobras, Klapperschlangen und seltenen Krustenechsen wiedereröffnet.

Lage
Praha 7, Trója

Buslinie
112

Öffnungszeiten

April: täglich 7.00–17.00 Uhr
Mai: täglich 7.00–18.00 Uhr
Juni bis September: täglich 7.00–19.00 Uhr
Oktober bis März: täglich 7.00–16.00 Uhr

Zu den drei Straußen (U tří pštrosů; Haus) E 3

Das schöne Renaissancehaus 'Zu den drei Straußen' ('U tří pštrosů') an der ⟶ Karlsbrücke wurde 1597 erbaut; Reste alter Fassadenmalerei von Daniel Alexius von Květná (1606) sind noch erhalten. Das obere Stockwerk im frühbarocken Stil schuf der Baumeister Caril Geer (1657).
Die Balkendecken in den Gasthofsälen (heute auch Hotel) stammen aus dem 17. Jahrhundert.
In diesem Hause eröffnete 1714 der Armenier Deodatus Damajan das erste Prager Kaffeehaus.

Lage
Praha 1,
Malá Strana,
Dražického náměstí 12

U-Bahn-Station
Malostranská

Straßenbahn
Linien: 12, 22

Zur steinernen Glocke

⟶ Palais Goltz-Kinsky

FORUM
DNY

Praktische Informationen von A bis Z

Anreise

Mit dem Auto

Die Entfernungen nach Prag betragen von den deutsch-tschechoslowakischen Grenzübergängen 160–200 km und von den österreichisch-tschechoslowakischen Grenzübergängen 170–360 km. Auf allen Straßen ist mit starkem Lkw-Verkehr zu rechnen. Der größte Teil der Autobahnen befindet sich noch im Bau, und es sind nur Teilstrecken befahrbar.

Internationale Grenzübergänge (von Westen nach Osten)

Von Deutschland:	Seifhennersdorf / Varnsdorf
	Schmilka / Hřensko
	Hellendorf / Petrovice
	Zinnwald / Cínovec
	Reitzenhein / Hora Svatého Šebastiána
	Oberwiesenthal / Boží Dar
	Bad Brambach / Vojtanov
	Schirnding / Pomezí
	Waidhaus / Rozvadov
	Furth im Wald / Folmava
	Bayerisch Eisenstein / Železná Ruda
	Philippsreuth / Strážný
Von Österreich:	Weigetschlag / Studánky
	Wullowitz / Dolní Dvořiště
	Gmünd / České Velenice
	Neu-Nagelberg / Halámsky
	Grametten / Nová Bystřice (1)
	Klein Haugsdorf / Hatě
	Laa an der Thaya / Hevlin
	Drasenhofen / Mikulov
	Hainburg / Bratislava
	Berg / Petržalka

(1) Die Grenzübergänge sind durchgehend geöffnet, ausgenommen an der österreichischen Grenze bei Grametten / Nová Bystrice: Di.–Fr. zwischen 6.00 und 22.00 Uhr sowie von Sa. 6.00 bis Mo. 22.00 Uhr.

Mit dem Autobus

Tschechoslowakische Autobusse verkehren regelmäßig auf den internationalen Strecken Düsseldorf – Köln – Frankfurt am Main – Nürnberg – Prag, München–Prag und Wien–Prag. Die Ankunft erfolgt im Prager Busbahnhof Florenc. Fahrplanauskünfte geben Reisebüros. Während der Saison veranstalten zahlreiche Reiseunternehmen in Zusammenarbeit mit dem Tschechoslowakischen Fremdenverkehrsbüro Čedok mehrtägige Buspauschalreisen nach Prag. Informationen erhält man bei Reisebüros und den Vertretungen von Čedok (⟶ Auskunft).

Mit der Eisenbahn

Gute Eisenbahnverbindungen nach Prag bestehen von Stuttgart, Frankfurt am Main, Nürnberg, Berlin, Zürich (mit Umsteigen) und Wien. Platzkarten sind empfehlenswert; zuweilen werden Schlafwagen eingesetzt. Von Wien oder Berlin muß man mit 6–8 Stunden Fahrzeit rechnen, von Frankfurt am Main oder Stuttgart mit 10–11 Stunden, von Zürich mit 14 Stunden.
Die meisten Fernzüge treffen am Prager Hauptbahnhof (Hlavní nádraží, Praha 2, Wilsonova 16) ein, der seit dem Um- und Ausbau im Jahre 1970

◀ *Hotel Forum gegenüber dem Kulturpalast*

Anreise, Mit der Eisenbahn (Fortsetzung)

eine der modernsten Abfertigungshallen Europas besitzt und unmittelbar an die Metrostation 'Hlavní nádraží' anschließt. Einige der internationalen Züge aus und nach Berlin halten nur auf dem neuen Bahnhof Praha-Holešovice (dabei die gleichnamige Metrostation).
Empfehlenswert sind auch individuelle Eisenbahnpauschalreisen. So bieten die Deutsche Bundesbahn, das Deutsche Reisebüro und andere Reiseveranstalter mehrtägige 'Städtetouren' nach Prag an (Anreise, Unterkunft, Halbpension und Stadtrundfahrt).

Mit dem Flugzeug

Eine Direktverbindung (nonstop) von Deutschland nach Prag gibt es vom Frankfurter Rhein-Main-Flughafen und von Berlin, aus der Schweiz von Zürich und aus Österreich von Wien.

Der Flughafen Prag-Ruzyně liegt 14 km westlich von Prag an der Straße nach Kladno. Vom Flughafen besteht ein Zubringerdienst zum Stadtzentrum. Am Flughafen befindet sich auch eine Taxi- und Mietwagenstation. Die Tschechoslowakische Fluggesellschaft ČSA besorgt außer dem Flugticket auch die Unterkunft in Prag.

ČSA-Büros:
Baseler Straße 46–48, D(W)-6000 Frankfurt am Main, Tel.: 069/253559
Parkring 12, A-1010 Wien, Tel.: 0222/523805
Strehlgasse 12, CH-8001 Zürich, Tel.: 01/2212838

Antiquitäten

Antiquitätenhandlungen

Praha 1 (Nové Město), Václavské náměstí 60
Praha 1 (Nové Město), Národní třída 22
Praha 1 (Staré Město), Uhelný trh 6
Praha 1 (Nové Město), Mikulandská 7
Praha 1 (Staré Město), Celetná 31
Praha 1 (Staré Město), Na můstku 3
Praha 2 (Vinohrady), Vinohradská 45
Praha 7 (Holešovice), Milady Horákové 27

Buchantiquariate

Praha 1 (Staré Město), Dlážděná 5
Praha 1 (Malá Strana), Mostecká 22
Praha 1 (Staré Město), Karlova 2
Praha 1 (Staré Město), Ulice 28 řijna 13
Praha 2 (Nové Město), Ječná 36

Bilder, Graphik

Praha 1 (Staré Město), Karlova 14

Numismatik

Praha 1 (Staré Město), Melantrichova 9

Apotheken

Mit Bereitschaftsdienst

Praha 1 (Staré Město), Na příkopě 7, Tel. 220081
Praha 2 (Nové Město), Ječná 1, Tel. 267181
Praha 6 (Břevnov), Pod Marjánkou 12, Tel. 350967
Praha 10 (Vršovice), Moskevská 41, Tel. 724476

Ärztliche Hilfe

Ratschlag

Bei Erkrankungen wende man sich zunächst an die Hotelrezeption oder an die Reiseleitung.

Fakultní poliklinika
Praha 2 (Nové Město), Karlovo náměstí 32
Tel. 299381
Praktischer Arzt: Mo.–Fr. 8.00–16.15 Uhr
Zahnarzt: Mo.–Fr. 8.00–15.00 Uhr

Ärztliche Hilfe (Fortsetzung), Ärztedienst für Ausländer

Tel. 155

Notarzt (Notruf)

Tel. 373333

Krankentransport mit Sanitätswagen

Praha 1 (Nové Město), Vladislavova 22
Tel. 261374
Mo.–Do. 19.00–7.00 Uhr, Fr. 19.00–Mo. 7.00 Uhr

Zahnärztlicher Bereitschaftsdienst

Ausflüge

Übersichtskarte s. S. 184

Als Ausflugsziele in der Umgebung von Prag eignen sich eine ganze Reihe von Orten mit prachtvollen böhmischen Burgen und Schlössern, wie Karlštejn, Konopiště, Český Šternberk, Křivoklát oder Kokořín, die alle bei den Sehenswürdigkeiten von A bis Z unter dem jeweiligen Stichwort zu finden sind. Auf den Naturfreund warten herrliche Wälder und eindrucksvolle Tropfsteinhöhlen des Böhmischen Karstes. Historisch besonders bedeutsam sind ferner die Gedenkstätten von Lidice und Terezín, die ebenfalls bei den Sehenswürdigkeiten von A bis Z beschrieben sind.

Organisierte Ausflugsfahrten

Organisierte Besichtigungsfahrten dorthin werden regelmäßig von Čedok (⟶ Auskunft) angeboten. Ganztägige Ausflüge führen zum Heilbad Karlovy Vary mit anschließendem Besuch von Lidice, zur berühmten Bierstadt Plzeň, zu den Burgen Karlštejn und Konopiště mit Aufenthalt am Slapy-Stausee, zur südböhmischen Stadt Tábor mit anschließender Besichtigung des neugotischen Schlosses Hluboká, zu den Perlen böhmischer Gotik nach Kutná Hora und Burg Český Šternberk, nach Mittelböhmen zu den Waffensammlungen im Schloß Orlík, unweit des gleichnamigen Stausees, und zur Burg Zvíkov, oder zu den böhmischen Granatsammlungen von Turnov zusammen mit einem Besuch der Burg Kost. Halbtagesausflüge umfassen beispielsweise eine Besichtigung der Schlösser von Zbraslav und Konopiště, verbunden mit einem Aufenthalt am Slapy-Stausee, oder eine Fahrt nach Mělník, dem Zentrum des Weinbaus, wo man die ausgezeichneten Tropfen der Gegend bei einer Weinprobe kosten kann.

Freilichtmuseen

Wer sich für traditionelle tschechische Architektur interessiert, sollte sich eines der Freilichtmuseen ('Skansen') ansehen. Das nächstgelegene in Přerov nad Labem (25 km östlich) zeigt typische Bauten der Elbniederung, die mit thematischen Ausstellungen erläutert werden. Nach Kouřim (40 km östlich) übertrug man 1976 im Anschluß an die Fertigstellung der Želivka-Talsperre (Trinkwasserreservoir für Prag) mehrere alte Gebäude aus den am Fluß Želivka überfluteten Gebieten.

Kolín

In der fruchtbaren Elbniederung östlich von Prag liegt die Industriestadt Kolín (225 m ü. d. M.), deren Altstadt von der St.-Bartolomäus-Kirche beherrscht wird. Die Hallenkirche im Übergangsstil (13. Jh.) besitzt zwei Westtürme und einen im spätgotischen Stil von Peter Parler zwischen 1360 und 1378 erbauten Chor. Einen gotischen Kern weisen auch jene Häuser auf, deren Barockgiebel den historischen Stadtplatz und die anschließenden Straßen zieren. In Kolín wirkte Ende des 19. Jh.s der Kapellmeister František Kmoch (†1912), der die böhmische Blasmusik international berühmt machte. Wichtiger Schauplatz der Geschichte war die Stadt während des Siebenjährigen Krieges, als 1757 rund 7 km westlich der Stadtgrenze die preußischen Truppen Friedrichs II. mit dem österreichischen Heer der Maria Theresia zusammenstießen.

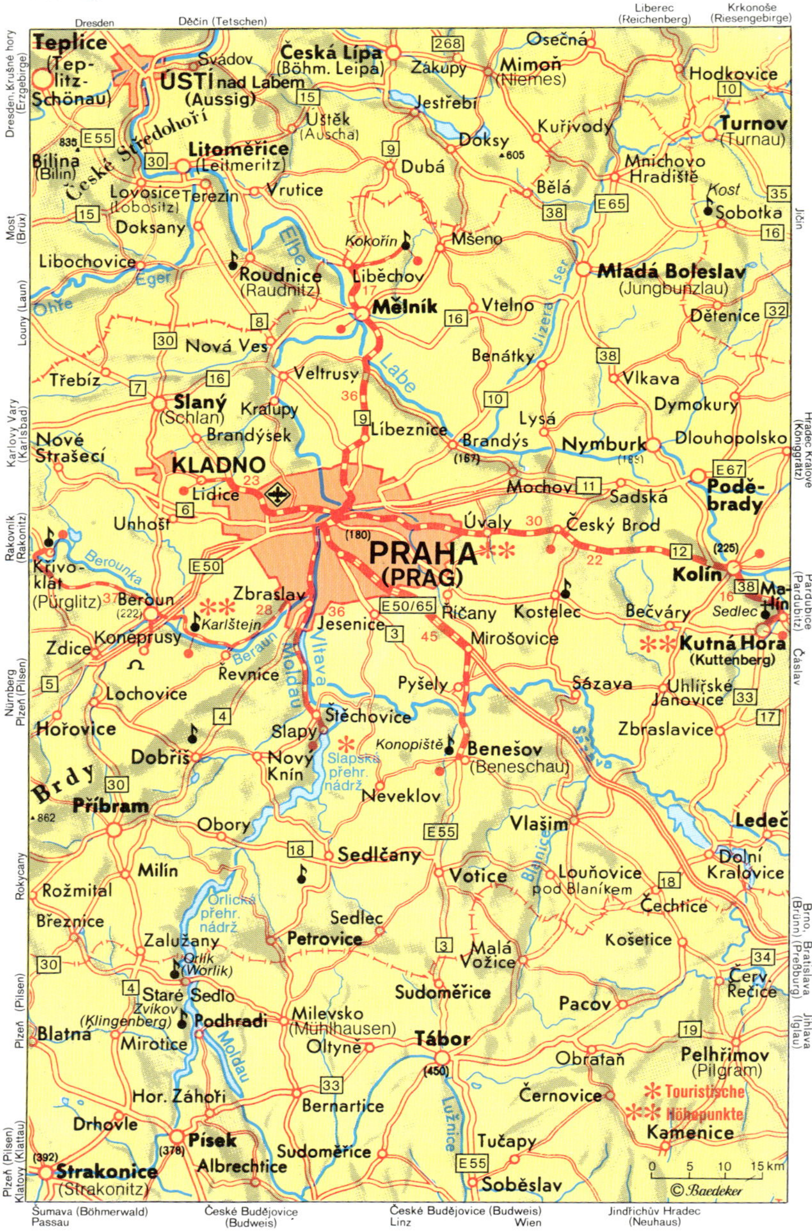
Dresden
Děčín (Tetschen)
Liberec (Reichenberg)
Krkonoše (Riesengebirge)
Dresden, Krušné hory (Erzgebirge)
Most (Brüx)
Louny (Laun)
Karlovy Vary (Karlsbad)
Rakovník (Rakonitz)
Nürnberg Plzeň (Pilsen)
Rokycany
Plzeň (Pilsen)
Plzeň (Pilsen) Klatovy (Klattau)
Jičín
Hradec Králové (Königgrätz)
Pardubice (Pardubitz)
Čáslav
Wien Brno, Bratislava (Brünn) (Preßburg)
Jihlava (Iglau)
Šumava (Böhmerwald) Passau
České Budějovice (Budweis)
České Budějovice (Budweis) Linz Wien
Jindřichův Hradec (Neuhaus)
Teplice (Teplitz-Schönau)
Svádov
ÚSTÍ nad Labem (Aussig)
Česká Lípa (Böhm. Leipa)
Zákupy
Osečná
Mimoň (Niemes)
Hodkovice
Jestřebí
Úštěk (Auscha)
Doksy
605
Kuřivody
Turnov (Turnau)
835
E55
České Středohoří
Bílina (Bilin)
Litoměřice (Leitmeritz)
Dubá
Mnichovo Hradiště
Kost
Sobotka
Lovosice (Lobositz)
Terezín
Vrutice
Bělá
E65
Doksany
Elbe
Kokořín
Mšeno
Libochovice
Eger
Ohře
Roudnice (Raudnitz)
Liběchov
Iser
Mladá Boleslav (Jungbunzlau)
Mělník
Vtelno
Jizera
Dětenice
Nová Ves
Labe
Benátky
Třebíz
Veltrusy
Vlkava
Slaný (Schlan)
Kralupy
Dymokury
Lysá
Nové Strašecí
Brandýsek
Líbeznice
Brandýs
Nymburk
Dlouhopolsko
KLADNO
Lidice
Mochov
Sadská
E67
Poděbrady
Unhošť
Úvaly
Český Brod
Křivoklát (Pürglitz)
Berounka
PRAHA (PRAG)
Kolín
Beroun
Zbraslav
Říčany
Kostelec
Bečváry
Sedlec
Ma-lín
E50
E50/65
Karlštejn
Jesenice
Mirošovice
Kutná Hora (Kuttenberg)
Zdice
Koněprusy
Beraun
Řevnice
Vltava
Moldau
Pyšely
Sázava
Uhlířské Janovice
Lochovice
Štěchovice
Hořovice
Slapy
Zbraslavice
Konopiště
Benešov (Beneschau)
Dobříš
Nový Knín
Slapská přehr. nádrž
Brdy
Neveklov
Příbram
862
Obory
Vlašim
Ledeč
Sedlčany
Blanice
Dolní Kralovice
Milín
Votice
Louňovice pod Blaníkem
Rožmitál
Orlická přehr. nádrž
Čechtice
Březnice
Sedlec
Petrovice
Zalužany
Košetice
Malá Vožice
Orlík (Worlik)
Červ. Řečice
Staré Sedlo
Sudoměřice
Pacov
Zvíkov (Klingenberg)
Podhradí
Milevsko (Mühlhausen)
Blatná
Mirotice
Oltyně
Tábor
Obrataň
Pelhřimov (Pilgram)
Hor. Záhoří
Bernartice
Černovice
Lužnice
* Touristische
** Höhepunkte
Drhovle
Písek
Kamenice
Tučapy
Strakonice (Strakonitz)
Albrechtice
Sudoměřice
Soběslav
0 5 10 15 km
© Baedeker

Ausflüge (Fortsetzung), Kladno

Rund 20 km nordwestlich vom internationalen Flughafen Prag-Ruzyně entfernt liegt Kladno (384 m ü.d.M.). Ihren wirtschaftlichen Aufschwung nahm die Stadt Mitte des 19. Jh.s, als man hier reiche Steinkohlevorkommen entdeckte. Über die Entwicklung von Bergbau und Hüttenwesen kann man sich im Museum des Barockschlosses informieren, wo seit 1985 außerdem eine Kunstgalerie wechselnde Ausstellungen zeigt.

Veltrusy

Das Barockschloß von Veltrusy (Weltrus) stammt aus der ersten Hälfte des 18. Jahrhunderts. Seine prachtvollen Salons bergen kostbare Sammlungen, vor allem japanischen und chinesischen Porzellans, sowie wertvolle Kristallüster englischer Herkunft. Zu den Unikaten zählt auch die große Brüsseler Tapisserie aus dem 16. Jahrhundert. Seltene alte Bäume stehen in den ausgedehnten Parkanlagen, die nach englischem Vorbild angelegt wurden. Hier veranstaltete man 1754 die erste Mustermesse Europas.

Nelahozeves

In dem unweit von Veltrusy gelegenen Ort Nelahozeves wurde der tschechische Komponist Antonín Dvořák (⟶ Berühmte Persönlichkeiten) geboren; sein Geburtshaus ist heute als Museum eingerichtet.

Auskunft

Informationen vor der Reise gibt das Tschechoslowakische Fremdenverkehrsbüro Čedok:

In Deutschland

Čedok
Kaiserstraße 54, D(W)-6000 Frankfurt am Main 1
Tel. (069) 2740 17-0

Čedok
Strausberger Platz 8–9, D(O)-1017 Berlin-Friedrichshain
Tel. (00372) 4394113, 4394135, 4394157

In Österreich

Čedok
Parkring 12, A-1010 Wien
Tel. (01) 51201990

In der Schweiz

Čedok
Uraniastrasse 34/II, CH-8025 Zürich
Tel. (01) 2114245

In Prag

Čedok-Hauptvertretung
(Informationen jeglicher Art für ausländische Besucher, Wechselstube, Buchungen, Platzkarten, Beschaffung von Flugtickets und Fahrkarten)
Praha 1 (Nové Město), Na příkopě 18, Tel. 2127111

Čedok-Filiale für Zimmervermittlung
Praha 1 (Nové Město), Panská 5, Tel. 225657

Čedok-Filiale für Stadtrundfahrten, Ausflüge und Theaterkarten
Praha 1 (Staré Město), Bílkova 6 (gegenüber dem Hotel Intercontinental), Tel. 2318769

Čedok-Filiale für Kuraufenthalte und Ferien in der Tschechoslowakei
Praha 1 (Nové Město), Václavské náměstí 55, Tel.227996

Čedok-Filiale
Flughafen Ruzyně, Tel. 367802-03

Pragotur
Touristische Dienstleistungen (Zimmervermittlung, Wechselstube)
Praha 1, U Obecního domu 2, Tel. 2317281

Auskunft in Prag (Fortsetzung)

Pražská informační služba (PIS; Prager Informationsdienst)
Praha 1, Na příkopě 20, Tel. 544444
Praha 1, Staroměstské náměstí 22, Tel. 224452/3

Hier erscheint das Informationsheft "Kulturbegebenheiten", ferner ein Faltblatt mit den Programmen aller Theater und Kinos sowie einer Übersicht der Konzerte, Ausstellungen und anderer Veranstaltungen.

Ausweispapiere

→ Reisedokumente

Autohilfe

Polizeinotruf

Tel. 158

Pannenhilfe

Sicherheitshalber sollte man sich an der Grenze das Telefonnummernverzeichnis der Silniční Služba (Gelbe Engel) geben lassen. Die Patrouillenfahrzeuge dieses Straßensicherheits- und Pannendienstes kontrollieren alle Hauptstraßen der Tschechoslowakei und sind in Notfällen telefonisch erreichbar. In Prag sind Pannenhilfen und Abschleppdienste unter der Telefonnummer 154 zu erreichen. Auch 'Autoturist', Praha-Malešice, Limuzská 12, Tel. 773455, wird dem Besucher helfen.

Autoturist

Das Büro von 'Autoturist', Praha 1, Ječná 40, Tel. 293723, betreut Inhaber eines ausländischen Kfz-Schutzbriefs (Abschleppen, Rückführung, Vermittlung von Sachverständigen u.ä.), erteilt Auskünfte und Weisungen, gibt aktuelles Informationsmaterial (bes. Straßenkarten und Stadtpläne) weiter und vermittelt Unterkunft bzw. Verpflegung in Hotels, Motels sowie auf Campingplätzen.

Reparaturen

Aktuelle Information: Tel. 154 oder 773455.

Abgeschleppte Fahrzeuge

Die Parkplätze und Garagen in Prag sind häufig besetzt (→ Straßenverkehr, Parken). Polizisten sind nicht zimperlich beim Umgang mit Parksündern. Am Rande der Stadt gibt es mehrere Parkplätze für abgeschleppte Fahrzeuge. Über den Platz, auf dem sich das betreffende Fahrzeug befindet, informiert die Ortsdienststelle der Polizei (místní oddelení policie).

Bahnhöfe

Prag hat etwa 40 Bahnhöfe. Die Fernzüge aus Österreich und Süddeutschland treffen auf dem Hauptbahnhof ein, die Züge aus Berlin auf dem Masaryk-Bahnhof oder dem Bahnhof Prag-Holešovice.

Hauptbahnhof (Hlavní nádraží)
Praha 2 (Nové Město), Wilsonova 16

Masaryk-Bahnhof (Masarykovo nádraží)
Praha 1 (Nové Město), Hybernská ulice 13

Zugauskunft

ČSD, Tel. 2444441–9 oder 264930

Fahrkarten

Fahrkarten erhält man außer an den Bahnhöfen auch bei der Čedok-Filiale an der Straße Na příkopě Nr. 18 (→ Auskunft)

Banken

Tschechoslowakische Staatsbank

Die wichtigste Bank ist die Tschechoslowakische Staatsbank:
Československá státní banka
Praha 1 (Nové Město), Na Příkopě 28
Sie hat in jeder tschechoslowakischen Bezirksstadt Filialen.
Öffnungszeiten im Zentrum: Mo.–Fr. 8.00–17.00 Uhr, Sa. 8.30–13.00 Uhr. Ansonsten haben die Banken in der Regel Mo.–Fr. 8.00–12.00 bzw. 14.00 Uhr geöffnet.

Wechselstuben

Die meisten Banken, Reisebüros (Čedok, Pragotur, Autoturist) und Hotels haben Wechselstuben eingerichtet.

Tauschgeschäfte

Fast jedem Touristen werden im Hotel oder auf der Straße Tauschgeschäfte angetragen. Dies ist gesetzlich verboten und kann unter Umständen streng bestraft werden.

Geld

⟶ dort

Besichtigungsprogramm

Die nachstehenden Empfehlungen sollen dem Reisenden, der als Individualtourist zum ersten Mal nach Prag kommt und nur wenig Zeit zur Verfügung hat, als Anhaltspunkt dienen, um den Aufenthalt möglichst eindrucksvoll zu gestalten.

Die Verweiszeichen (⟶) im Text beziehen sich, sofern nicht anders vermerkt, auf die Beschreibungen der Sehenswürdigkeiten von A bis Z im Hauptteil dieses Reiseführers.

Ein Tag

Wer nur einen Tag in Prag Aufenthalt hat und dennoch das Allerwichtigste sehen möchte, dem sei angeraten, am Vormittag an einer organisierten Rundfahrt (⟶ Praktische Informationen, Stadtbesichtigung) durch das historische Prag teilzunehmen, die eine Besichtigung des ⟶ Hradschin miteinschließt. Am Nachmittag könnten ein Besuch der ⟶ Josefstadt, dem ehemaligen Judenviertel Prags, und ein Bummel über den ⟶ Altstädter Ring (Staroměstské náměstí) und den ⟶ Wenzelsplatz (Václavské náměstí) auf dem Programm stehen.

Wer die 'Hunderttürmige Stadt' an der Moldau dennoch lieber auf eigene Faust erkundet, dem sei hier ein ganztägiger Stadtrundgang vorgeschlagen (Karte s. S. 188/189), den man aufgrund der relativ kurzen Entfernungen gut zu Fuß absolvieren kann.
Als Ausgangspunkt der Stadterkundung empfiehlt sich der geschichtsträchtige ⟶ Wenzelsplatz (Václavské náměstí) im 'Goldenen Kreuz'. Markanter Treffpunkt auf dieser Flanierzeile ist das bronzene ⟶ Wenzelsdenkmal (Pomník svatého Václava) gegenüber dem ⟶ Nationalmuseum (Národní muzeum). Am Nordende des Platzes, wo die belebte Fußgängerzone Na příkopě (⟶ Am Graben) in östlicher Richtung anschließt, beginnt die historische ⟶ Altstadt (Staré Město). Hier verläuft die Železná vom ⟶ Tyl-Theater (Tylovo divadlo), in dem 1787 die Uraufführung von Mozarts "Don Giovanni" stattfand, zum ⟶ Carolinum (Karolinum), das 1348 als älteste Universität Mitteleuropas von König Karl IV. gegründet wurde. Nun sind es nur noch wenige Meter bis zum prachtvollen ⟶ Altstädter Ring (Staroměstské náměstí) mit der gotischen ⟶ Teynkirche (Týnský kostel), dem ⟶ Palais Goltz-Kinsky (Palác Goltz-Kinských), der Kirche ⟶ St. Niklas (Kostel Sv. Mikuláše) und der legendären Astronomischen Uhr des Magisters Hanuš am ⟶ Altstädter Rathaus (Staroměstská radnice). Von der Nordwestecke des Platzes folgt man

Ein Tag (Fortsetzung)

dem Jugendstilboulevard Pařížská in die → Josefstadt mit dem Staatlichen Jüdischen Museum (Státní Židovské muzeum), das die sechs erhaltenen Prager Synagogen, das jüdische Rathaus und den alten jüdischen Friedhof mit einem Zeremonienhaus umfaßt. Am Westrand der Josefstadt liegen das → Kunstgewerbemuseum (Umělecko průmyslové muzeum), mit einer berühmten Glas- und Porzellansammlung, und das → Haus der Künstler (Dům umělců), Sitz der Tschechischen Philharmonie.

Parallel zum Moldau-Ufer geht es anschließend hinab zum → Kreuzherrenplatz (Křižovnické náměstí), den man vom Altstädter Ring aus auch direkt auf dem traditionellen Krönungsweg durch die → Karlsgasse (Karlova), am ehemaligen Jesuitenkolleg des → Clementinums (Klementinum) vorüber, ansteuern kann. Am Kreuzherrenplatz bildet der gotische Altstädter Brückenturm (Staroměstská mostecká věž) den östlichen Zugang zur figurengeschmückten → Karlsbrücke (Karluv most), die einen herrlichen Blick auf das Moldautal gewährt. Am linken Ufer erstreckt sich die idyllische → Kleinseite (Malá Strana), wo man die Besichtigungstour unterbrechen kann, um in einem der zahlreichen Restaurants und Weinstuben einzukehren (→ Praktische Informationen, Restaurants). Die mächtige Kirche → St. Niklas am zentralen → Kleinseitner Ring (Malostranské náměstí) gilt als Musterbeispiel des Hochbarock. Nur wenige Schritte nordöstlich beginnt der weitläufige Garten des prunkvollen → Palais Waldstein (Valdštejnský palác) mit einer sehr schönen Sala terrena. Nach Jan Neruda, dem tschechischen Erzähler der "Kleinseitner Geschichten", ist die in westlicher Richtung verlaufende, von spätbarocken Bürger-

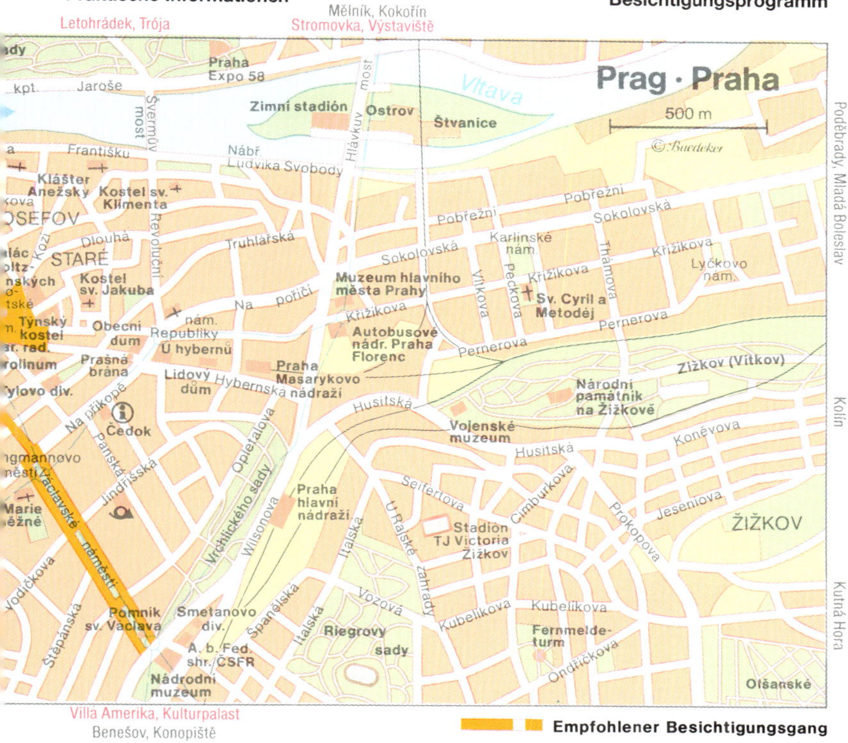

häusern gesäumte ⟶ Nerudagasse (Nerudova) benannt, durch die man bis zur Abzweigung 'Ke Hradu' hinaufschlendert, der Schloßstiege zur Prager Burg. Der ⟶ Hradschin, seit 1918 Amtsitz des Präsidenten der Republik, bildet den Höhepunkt der Stadtbesichtigung mit dem Königspalast, dem St.-Veits-Dom, der St.-Georgs-Basilika und der Sammlung alter Kunst Böhmens im angrenzenden Benediktinerinnenkloster.

Ein Tag (Fortsetzung)

Vom ⟶ Hradschiner Platz (Hradčanské náměstí), den das Erzbischöfliche Palais (Arcibiskupský palác) und das ehemalige Palais Schwarzenberg (Schwarzenberský palác) mit dem Museum für Heeresgeschichte flankieren, können Unermüdliche abschließend noch einen kurzen Abstecher durch die ⟶ Loretogasse (Loretánská) zum ehemaligen Wallfahrtsbezirk des ⟶ Loretoheiligtums einplanen.

Nun kehrt man entweder zu Fuß oder mit der Straßenbahn (22, Station Klárov umsteigen auf Linie 18 oder in die U-Bahn-Linie A) zur Altstadt auf dem rechten Moldau-Ufer zurück.

Nach diesem reichhaltigen Tagesprogramm kann man den Abend in einem der vielen Restaurants (⟶ Praktische Informationen, Restaurants) beschließen bzw. an einer Theater-, Oper-, Ballett-, Konzert-, Laterna-Magica-, Kabarett- oder Revuevorstellung teilnehmen (Buchung über Čedok, ⟶ Praktische Informationen, Auskunft).

Zwei Tage

Stehen zwei Tage für einen Prag-Besuch zur Verfügung, empfiehlt es sich, den oben beschriebenen Rundgang am ersten Tag in verkürzter Form zu bewältigen.

Besichtigungsprogramm, Zwei Tage (Fortsetzung)

Die Besichtigung des → Hradschin und der Wallfahrtsstätte → Loreto sollte man sich dann für den Vormittag des zweiten Tages aufheben. Für den Nachmittag bieten sich ein Besuch der berühmten Bibliothek des Klosters → Strahov und ein anschließender Spaziergang auf dem → Laurenziberg (Petřín) an. Von der Petřín-Warte genießt man einen vorzüglichen Überblick über das Gesehene.

Alternativ dazu kann man während der Sommermonate nachmittags eine Bootsfahrt auf der Moldau unternehmen (→ Praktische Informationen, Schiffsausflüge).

Drei Tage

Nachdem man, ausgehend von den zuvor gemachten Empfehlungen, in den ersten beiden Tagen Prag bereits ein wenig kennengelernt hat, erlaubt der etwas längere Aufenthalt auch Abstecher an die Peripherie bzw. in die nähere Umgebung der Stadt. Besonders lohnende Ausstellungen für Museumsfreunde präsentieren die → Sammlung europäischer Kunst der Nationalgalerie (Sbírka evropského umění), das → Agneskloster (Anežský Klášter), die → Villa Amerika (Letohrádek Amerika) mit dem Dvořák-Museum, das 1987 wiedereröffnete Mozart-Museum in der → Villa Bertramka (Bertramka), das → Technische Nationalmuseum (Národní techniké muzeum) sowie Schloß → Zbraslav mit der Sammlung tschechischer Bildhauerkunst des 19. und 20. Jahrhunderts. Zu weiteren Museumsbesuchen gibt die ausführliche Museumsliste (→ Praktische Informationen, Museen) hinreichend Anregungen. Einen Besuch verdienen ebenso das Kloster → Břevnov, Schloß Stern auf dem → Weißen Berg (Bílá Hora), der sagenumwobene → Vyšehrad, die weitläufigen → Letná-Anlagen (Letenské sady) und der sich noch weiter nördlich bis zur Moldau erstreckende Park → Baumgarten (Stromovka) im Stadtteil Bubeneč.

Für viele mag es noch reizvoller erscheinen, einfach durch die verwinkelten Gassen und romantischen Gärten von Altstadt und Kleinseite zu schlendern und ein wenig die Atmosphäre der Goldenen Stadt auf sich wirken zu lassen.

Organisierte halb- und eintägige Ausflüge zu den berühmtesten Burgen und Schlössern in Böhmen werden regelmäßig von Čedok (→ Praktische Informationen, Ausflüge) angeboten.

Bibliotheken

Die Staatsbibliothek umfaßt die Universitätsbibliothek, die Nationalbibliothek, die Slawische Bibliothek, die Französische Bibliothek und die Staatliche Technische Bibliothek
→ Sehenswürdigkeiten, Clementinum

Bibliothek des Nationalmuseums
→ Sehenswürdigkeiten, Nationalmuseum

Fachbibliothek für Kunstgeschichte
und Kunsthandwerk
→ Sehenswürdigkeiten, Kunstgewerbemuseum

Gedenkstätte für Nationale Literatur und
Museum der tschechischen Literatur
→ Sehenswürdigkeiten, Kloster Strahov

Städtische Bibliothek
(Zeitschriften-Leseraum)
Praha 1,
Mariánské náměstí 1

Bier (pivo)

Allgemeines

Noch heute kann man in Prag, besonders zur Mittagszeit, Passanten begegnen, die mit einem kleinen Tragegestell in der Hand die nächstgelegene Bierkneipe betreten, mit sechs frisch gefüllten Krügen wieder herauskommen und zurück ins Büro eilen. Bier ist das Nationalgetränk der Tschechoslowakei, und Prag bietet zahllose Möglichkeiten, die Erzeugnisse der einheimischen Braukunst zu kosten. Die Prager Wirte pflegen ihr Bier; manche Prager Bierlokale können ihr Bier noch in gotischen Gewölbekellern lagern, von wo es unvergleichlich frisch aus dem selten geschlossenen Zapfhahn strömt.
Seinen Weltruf verdankt das tschechische Bier vor allem dem einzigartigen Hopfen, der heute in Nordböhmen um Saaz, Raudnitz, Auscha und Dauba als 'Böhmischer Hopfen' angebaut und in alle Welt exportiert wird. Chroniken aus dem 9. Jh. berichten schon vom Hopfenanbau in Böhmen, der vom 12. Jh. an über die Elbe nach Hamburg zum berühmten Hopfenmarkt exportiert wurde. Die Ausfuhr von Hopfenpflanzen war jahrhundertelang bei Todesstrafe verboten.
Aus Gerste, Weizen und auch Hafer wurden mit dem besonders weichen Brauwasser des Landes und gewürzt mit dem edlen Hopfen Biere gebraut, die man in ihrer Vielfalt und Qualität schon im späten Mittelalter in Europa rühmte.

Bierarten

Die tschechischen Biere sind meist untergärig. Grundsätzlich unterscheidet man helle ('světlé') und dunkle ('tmavé') Biere. Die auf Etiketten, Bierdeckeln und Schildern angebrachten Gradangaben beziehen sich nicht auf den Alkoholgehalt des Bieres. Angegeben wird die Dichte des Bieres in 'Grad Plato', dem Anteil der löslichen Stoffe in der Würze vor der Gärung (ähnlich der Stammwürze bei deutschen Bieren). Der Alkoholgehalt nach Gewicht beträgt ungefähr ein Drittel der Gradangabe. Danach lassen sich die Biere weiter unterscheiden in Schankbiere mit höchstens 10° (3 bis 4 Vol.-% Alkohol), Lagerbiere mit höchstens 12° (ca. Vol.-5% Alkohol) und Spezialbiere mit 13° Dichte und mehr.

Pilsner

Das berühmteste böhmische Bier ist das Pilsner Urquell ('Plzeňský Prazdroj') aus Pilsen (Plzeň), das seit 1842 gebraut wird und Vorbild für alle Biere gleichen Typs auf der ganzen Welt wurde. Das erste Bierhaus in Prag, das Pilsner ausschenkte, war das 1843 von dem Schneider Pinkas gegründete und heute noch existierende 'U Pinkasů' ('Bei Pinkas', Prag 1, Jungmannovo náměstí 15). Das beste Pilsner bekommt man jedoch im 'U zlatého tygra' ('Zum Goldenen Tiger', Prag 1, Husova 17). Weitere bekannte Pilsner-Gaststätten, in denen man zu seinem Bier auch gut essen kann, sind 'U kocoura' ('Zum Kater', Prag 1, Nerudova 2), 'U Schnellů' ('Bei Schnell', Prag 1, Tomášská 2) und 'U dvou koček' ('Zu den zwei Katzen', Prag 1, Uhelný trh 10).

Budweiser

Unverdientermaßen etwas im Schatten des Pilsner Biers steht das mildere und leicht süßliche Budweiser ('Budvar'), das seit 1531 in der südböhmischen Stadt České Budějovice (Budweis) gebraut wird. Um es zu kosten, geht man in Prag am besten ins 'U medvidků' ('Zum Kleinen Bären', Prag 1, Na Perštýné 7), das im Mittelalter selbst Brauerei war.

Großpopowitzer

Aus der Großpopowitzer Brauerei in Mittelböhmen kommen zwei Biere, ein 12gradiges, fein gehopftes helles Lagerbier ('Velkopopovický kozel') mit sahniger Schaumkrone und ein 14gradiges dunkles Spezialbier. In Prag werden diese Biere besonders im 'U černého vola' ('Zum Schwarzen Ochsen', Prag 1, Loretánské náměstí 1) gepflegt.

Prager Brauereien
Smíchover

In Prag gibt es heute noch vier Brauereien. Die größte unter ihnen und zudem die größte des Landes ist die Brauerei im Stadtteil Smíchov, die ein helles Lagerbier ('Staropramen' = 'Alte Quelle') herstellt. Smíchover wird u.a. im 'U Glaubiců' (Prag 1, Malostranské náměští 5) und im 'U dvou srdcí' ('Zu den zwei Herzen', Prag 1, U lužického semináře 38) ausgeschenkt.

Bier (Fortsetzung) Braniker

Im Stadtteil Braník werden ein helles 14gradiges und ein dunkles 12gradiges Bier gebraut. Beide erhält man im 'U svatého Tomáše' ('Zum Heiligen Thomas, Prag 1, Letenská 12), dem Keller der einstigen Augustiner-Brauerei, die noch bis 1950 ihr eigenes Bier herstellte. Im 'U supa' ('Zum Geier', Prag 1, Celetná 22), das seit dem 14. Jh. Schankstätte ist, wird nur das helle Bier gezapft.

*U Fleků

Eine Prager Institution ist die letzte echte Hausbrauerei der Stadt, das 'U Fleků' ('Bei Fleck', Prag 1, Křemencova 11), in dem seit 1499 ein kräftiges, 13gradiges dunkles Bier gebraut wird. Obwohl – wie der Thomaskeller – vom Tourismus kräftig heimgesucht, bietet 'Bei Fleck' eine unverwechselbare Atmosphäre in seinen weitläufigen verrauchten Schankräumen oder zur Sommerzeit im Biergarten. Bekannt ist das Lokal außerdem für sein alttschechisches Kabarett.

U Kalicha

Stammlokal des tschechischen Schriftstellers Jaroslav Hašek (⟶ Berühmte Persönlichkeiten) und seines Romanhelden Schwejk war einst das Bierlokal 'U Kalicha' ('Zum Kelch', Praha 2, Na bojišti 13), das heute allerdings meist von Touristen überlaufen ist.

Holeschowitzer

In der Holeschowitzer Brauerei ('Holešovice') wird ein 10gradiges Schankbier, das 'Pražanka', gebraut.

Cafés

Alfa, 1 (Nové Město), Václavské náměstí 28
Arco, 1 (Nové Město), Hybernská 16
City, 1 (Nové Město), Vodičkova 38
Belvedere, 7 (Holešovice), Milady Horákové 19
Evropa, 1 (Nové Město), Václavské náměstí 29
Jalta, 1 (Nové Město), Václavské náměstí 45
Kajetánka, 1 (Hradschiner Platz), Kajetánské zahrady

Café Slavia – Künstlertreff beim Nationaltheater

Malostranská kavárna 1 (Malá Strana), Malostranské náměstí 28
Myšák, 1 (Nové Město), Vodičkova 31
Obecní dům, 1 (Staré Město), náměstí Republiky
Savarin, 1 (Nové Město), Na příkopě 10
Slavia, 1 (Staré Město), Národní třída 1
U zlatého hada, 1 (Staré Město), Karlova ulice 18
Vyšehrad, 2 (Vyšehrad), Kulturpalast (Palác kultury)

Cafés (Fortsetzung)

Camping

Caravancamp
Praha 5, Motol, V Podhájí, Tel. 521802 und 521632
(Mitte Mai – Mitte Sept.)

Campingplätze (Auswahl), Kategorie A

Caravan Kbely
Praha 9, Kbely, Mladoboleslavská 72, Tel. 8502073
(1. Mai – 15. Okt.)
10 km nordöstlich vom Stadtzentrum

Dolní Počernice
Praha 9, Dolní Počernice (1. Mai – 30. Sept.)
12 km östlich vom Stadtzentrum

Kotva
Praha 4, Bráník, U ledáren, Tel. 461712 und 461397
(Mitte April – Mitte Oktober)
4 km südlich vom Stadtzentrum am Moldauufer

Na Vlachovce
Praha 8, třída Rudé armády 217, Tel. 841290 (April – Okt.)
4 km nördlich vom Stadtzentrum

Sokol Troja
Praha 7, Troja, Trojská 171 a, Tel. 842833 (Mitte Juni – Mitte Sept.)
5 km nördlich vom Stadtzentrum

Kategorie B

Dolní Chabry
Praha 8, Dolní Chabry, Ústecká ulice (Mitte Juni – Mitte Sept.)
12 km nördlich vom Stadtzentrum

Campingführer

Detaillierte Informationen über Campingplätze in und um Prag (mit Angabe über Lage, Größe, Stellfläche, sanitäre Einrichtungen u. a.) enthält der jedes Jahr überarbeitete und neu herausgegebene ADAC-Campingführer.

Devisenbestimmungen

⟶ Geld

Diplomatische und konsularische Vertretungen

Vertretungen der ČSFR

In Deutschland

Botschaft
Ferdinandstraße 27
D(W)-5300 Bonn-Ippendorf
Tel. 285287, 284765, 282580

Diplomatische Vertretungen der ČSFR (Fortsetzung), In Österreich	Botschaft Benzingerstraße 11–13 A-1140 Wien Tel. 822620, 822626–9, 892125
In der Schweiz	Botschaft Muristrasse 53 CH-3000 Bern 16 Tel. 445678, 448599

Botschaften in der ČSFR

Deutschland	Praha 1 (Malá Strana) Vlašská 19 (Palais Lobkowitz) Tel. 532351–5
Österreich	Praha 5 (Smíchov) ulice Viktora Huga 10 Tel. 546557
Schweiz	Praha 6 (Dejvice) Pevnostní 7 Tel. 320406, 328319

Einkäufe

Angebote	Beliebte Souvenirs sind böhmisches Glas und Porzellan, Schmuckwaren, Keramik, Spitzen, Holzschnitzereien, Spielsachen, Schallplatten, Bücher, Kunstgegenstände, Sportartikel sowie die typischen Getränke (Bier, Weine, Slivowitz, Becherovka, u.a.) und Lebensmittel (Prager Schinken, Znaimer Gurken, Würste u.a.) von Prag und Umgebung. Vielgerühmt sind auch die Antiquariate und das Angebot an Antiquitäten, wobei letztere allerdings zumeist einem hohen Ausfuhrzoll oder sogar Ausfuhrverbot unterliegen.
Anglerbedarf	Praha 1, Malé náměstí 14 Praha 1, Vodičkova 30
Antiquariate	⟶ Antiquitäten
Antiquitäten	⟶ dort
Bijouterie	Alle in Praha 1: Bijoux de Bohème: Staré Město, Staroměstské náměstí 6 Staré Město, Na příkopě 12 Nové Město, Václavské náměstí 53 Nové Město, Václavské náměstí 28 (Granatschmuck) Nové Město, Vodičkova 39 Staré Město, 28. října 3 Staré Město, Národní 23 Nové Město, Obchodní dům Družba: Václavské náměstí 21
Bücher	Alle in Praha 1: KNIHA: Nové Město, Štěpánská 42 (fremdsprachige Literatur) KNIHA: Nové Město, Vodičkova 21 (Bildpublikationen) Československý spisovatel: Staré Město, Národní 9 Knihkupectvi Melantrich: Staré Město, Na příkopě 3–5 Knihkupectvi U zlatého klasu: Staré Město, Na příkopě 23

Bücher (Fortsetzung)

Akademia: Nové Město, Václavské náměstí (Buchhandlung der Tschechischen Akademie der Wissenschaften)
Musikalien: Nové Město, Jungmannova 30

Glas und Porzellan

Alle in Praha 1:
Bohemia-Glass: Staré Město, Pařížská 2
Bohemia-Moser: Staré Město, Na příkopě 12
Crystalex: Staré Město, Malé náměstí 6 (Glas aus Bor [Haida])
Diamant: Nové Město, Václavské náměstí 3
Krystal: Nové Město, Václavské náměstí 30
Krystal: Staré Město, Celetná 20

Kunstgewerbe und Volkskunst

Alle in Praha 1:
Česká jizba (Tschechische Stube): Staré Město, Karlova 12
Slovenská izba (Slowakische Stube): Nové Město, Václavské náměstí 40
ÚLUV (Zentrale für Volkskunst): Staré Město, Národní 36
ÚVA: Staré Město, Na příkopě 25–27
Dielo-SFVÚ (Slowak. Fonds bildender Künstler): Staré Město, Na příkopě 5
Výtvarna řemesla (Kunsthandwerk): Staré Město, Křižovnické náměstí 2

Kunstgegenstände, Dílo-Galerien

Praha 1 (Nové Město), Vodičkova 32
Platýz: Praha 1 (Staré Město), Národní třída 37
Karolina: Praha 1 (Staré Město), Železná 6
Centrum: Praha 1 (Staré Město), 28. října 6
Zlatá lilie: Praha 1 (Staré Město), Malé náměstí 12
Praha 4 (Nusle), Nuselská 5
Zlatá ulička (Goldenes Gäßchen): Praha 1 (Malá Strana), Hradschin

Sportartikel

Alle in Praha 1:
Dům sportu (Haus des Sportes): Nové Město, Jungmannova 28
Tyršův dům: Malá Strana, Újezd 42
Sportovní potřeby: Nové Město, Vodičkova 30

Supraphon (Schallplatten)

Alle in Praha 1:
Malá Strana, Mostecká 9
Staré Město, Celetná 8
Nové Město, Jungmannova 20
Nové Město, Jindřišská 19
Nové Město, Václavské náměstí 17
Nové Město, Václavské náměstí 51

Tuzex-Läden

Einkaufen kann man in den Tuzex-Verkaufsstellen nur gegen frei konvertierbare Währung oder gegen sog. Tuzex-Kronen, die zum offiziellen Kčs-Wechselkurs in den tschechoslowakischen Banken erhältlich sind. Informationen über zollfreie Ausfuhr hier eingekaufter Waren erteilt Tuzex, Praha 1 (Staré Město), Rytířská 13. Bei der Ausreise sind die Kassenzettel als Beleg vorzuweisen.

Antiquitäten: Praha 1 (Staré Město), Rytířská 43
Glas, Porzellan, Parfüm, Souvenirs: Praha 1 (Staré Město), Železná 18
Parfüm: Praha 1 (Nové Město), Smečky 23
Textilien, Damenwäsche: Praha 1 (Nové Město), Spálená 4
Pelze, Konfektion: Praha 1 (Nové Město), Lazarská 82
Musikinstrumente: Praha 1 (Nové Město), Jungmannovo náměstí 17
Münzen und Medaillen: Praha 1 (Staré Město), Melantrichova 3

Hinweis

Man lasse sich beim Kauf von Bleikristall, Kunstgegenständen u. ä. vom Tuzex-Personal beraten! Teilweise unterliegen diese Gegenstände erheblichen Ausfuhrzöllen. Tuzex regelt auch alle Formalitäten und übernimmt den Versand.

Kaufhäuser

→ dort

Elektrizität

Die Netzspannung beträgt 220 V Wechselstrom. Für Reiseelektrogeräte sind Universalstecker erforderlich. In einigen älteren Stadtvierteln beträgt die Netzspannung noch 120 V Wechselstrom.

Essen und Trinken

Die böhmische Küche ist weit über die Grenzen des Landes hinaus bekannt. Man rühmt sie wegen ihrer deftigen und schmackhaften Gerichte und wegen des Vielerleis an Mehlspeisen.
Vergleichsweise wenig Wert wird auf Gemüse und Salate gelegt.

Speisen

Fleischspeisen

Die bevorzugte Fleischart ist Schweinefleisch, das auf die unterschiedlichsten Weisen zubereitet wird. Als Nationalgericht kann Schweinebraten angesehen werden, der mit Kraut und Knödeln serviert wird. Bei feierlichen Anlässen ersetzt den Schweinebraten eine knusprig gebratene Gans oder Ente, die Beilagen bleiben gleich. Vorzüglich sind die Wildgerichte, sei es nun Rehkeule oder ein gespickter Hase. Zu den wichtigsten Spezialitäten gehören ferner gedünstetes Rindfleisch, Wellfleisch, Lungenbraten und diverse Würstchensorten (Brat- und Speckwürste, Prager Würstchen, Selch- und gewürzte Knackwürste). Weltberühmt ist der gekochte Prager Saftschinken.

Fisch

Seltener auf dem Speisezettel sind Fischgerichte. Allerdings verzichtet zu Weihnachten kaum eine Familie auf den traditionellen Karpfen. Er wird meist paniert, aber auch gebraten, gekocht oder in Aspik serviert.

Soßen

Bei allen Hauptspeisen kommt den Soßen ein großer Stellenwert zu. Manchmal ist es ein gewürzter Bratensaft, der mitunter zu einer Rahmsoße verfeinert wird. Sowohl zu Fleisch als auch zu Gemüse reicht man häufig eine weiße Soße, der Majoran und Kümmel ihren besonderen Geschmack verleihen.

Knödel

Aus der böhmischen Küche nicht wegzudenken sind die Knödel. Sie gibt es in den verschiedensten Variationen. Neben Nockerln und Nudeln sind Kartoffel- oder Semmelknödel die wichtigste Beilage zu Hauptgerichten. Speckknödel, ähnlich den Thüringer Klößen, mit Kraut oder Spinat und gerösteten Zwiebeln gefüllt, werden gern als Hauptmahlzeit gegessen. Höhepunkt der böhmischen Knödelspezialitäten sind aber zweifelsohne die aus einem Hefeteig zubereiteten Obstknödel, denen Franz Werfel (⟶ Berühmte Persönlichkeiten) in seinem Roman "Barbara oder die Frömmigkeit" mehr als 1000 Worte gewidmet hat. Sie werden mit Kirschen, Marillen, Äpfeln, Heidelbeeren und vor allem Pflaumen gefüllt. Man überstreut die Knödel mit geriebenem hartem Quark oder mit Mohn und übergießt sie mit zerlassener Butter.

Mehlspeisen

Breit ist die Palette weiterer Mehlspeisen. Wirken schon der Apfelstrudel, die diversen kleinen Kuchen und Krapfen ausgesprochen verführerisch, die Palatschinke übertrifft sie alle. Diese mit Quark, Marmelade oder Schokolade gefüllten Eierpfannkuchen sind nicht so hauchdünn wie die französischen Crêpes, aber bestimmt ebenso lecker.

Kleine Sprachhilfe für die Speisekarte

Apfelstrudel	jablkový závin
Backhähnchen mit Kartoffelbrei	pečené kuře s bramborovou kaší

Kleine Sprachhilfe für die Speisekarte (Fortsetzung)

Böhmische Dalken	vdolky, lívance
Brot	chléb
Ente mit Kraut und Semmelknödeln	kachna se zelím a knedlíkem
Fisch	ryba
Forelle mit zerlassener Butter	pstruh na másle
Gans mit Kraut und Knödeln	husa s knedlíkem a zelím
Gänseklein mit Reis	husí drůbky s rýží
Gemüsesuppe	polévka zeleninová
Gulaschsuppe	polévka gulášová
Hasenrücken in Rahmsauce	zaječí hřbet na smetaně
Hirschbraten	jelení
Karpfen blau mit Salzkartoffeln	kapr na modro s bramborem
Karpfen gebraten mit gemischtem Salat	smažený kapr s míchaným salátem
Lungenbraten in Rahmsauce	svíčková na smetaně
Marillenknödel	meruňkové knedlíky
Obstknödel	knedlíky ovocné
Olmützer Quargeln	olomoucké syrečky
Palatschinken mit Quark	palačinky s tvarohem
Prager Schinken garniert	šunka s oblohou
Prager Schnitzel mit Spargel und Kartoffeln	pražský řízek chřestem a bramborem
Rauchfleisch mit Gurke und Brot	uzené s okurkou a chlebem
Rehkeule mit Kroketten und Preiselbeeren	srnčí kýta s kroketami a brusinkami
Rindfleischsuppe	polévka slepičí
Rindsbraten	hovězí pečeně
Röstkartoffeln	opékané brambory
Schweinsbraten mit Sauerkraut	vepřové se zelím
Semmelknödel	knedlíky houskové
Speckknödel mit Kraut	špekové / chlupaté / knedlíky se zelím
Wellfleisch mit Meerrettich und Brot	ovar s křenem a chlebem
Wiener Schnitzel mit Kartoffelsalat	vídeňský řízek s bramborovým salátem
Zwetschgenknödel mit Quark und Butter	švestkové knedliky s tvarohem a máslem

Getränke

Bier

⟶ dort

Wein

In den Prager Weinstuben werden außer den international bekannten Markenweinen vor allem die einheimischen Weine ausgeschenkt. Dazu gehören der berühmte 'Ludmila'-Tropfen von den Elbhängen bei Mělník sowie die Sorten Žernosecké und Primatorské.
Qualitätvoll sind auch die südmährischen Weine aus den Gebieten von Znaim, Nikolsburg, Großpawlowitz (Velkopavlovické) und Feldsberg (Valtické) sowie die slowakischen Weine aus der Umgebung von Preßburg.

Spirituosen

'Harte' Spirituosen einheimischen Ursprungs sind: Slivovice (Pflaumenbranntwein) aus der Mährischen Slowakei, Meruňkovice (Marillengeist), Žitná oder Režná (Korn) und Jalovcová bzw. Borovička (Wacholderschnaps). Nach einem üppigen Essen schwören viele auf den Karlsbader Becher-Bitter (Becherovka), einen ausgezeichneten Magenbitter.

Essen und Trinken (Fortsetzung)
Alkoholfreie Getränke

Kaffee wird auf türkische Art (samt dem Kaffeemehl) gekocht und serviert. Espresso-Kaffee nach italienischer Art muß man ausdrücklich verlangen. Mit reichlich Schlagsahne kann man aber in Prag auch den Wiener Kaffee genießen.
Tee (čaj), Milch (mléko) und Orangen- oder Pampelmusensaft ('juice') werden allenthalben angeboten.

Feiertage

1. Januar (Neujahr), Ostermontag, 1. Mai (Tag der Arbeit), 9. Mai (Tag der Befreiung Prags 1945), 5. Juli (Tag der Slawenapostel Kyrill und Method), 28. Oktober (Tag der Republik; Proklamation einer unabhängigen Tschechoslowakei, 1918), 24., 25. und 26. Dezember (Weihnachten).

In der Tschechischen Republik ist ferner der 6. Juli (Feuertod des Jan Hus auf dem Scheiterhaufen in Konstanz, 1415) ein Feiertag, in der Slowakischen Republik der 1. November (Tag der Versöhnung).

Fluggesellschaften

Austrian Airlines
Staré Město, Pařížská 1, Tel. 2322795, 2326469
Flughafen Ruzyně: Tel. 367818

Československé aerolinie (ČSA)
Staré Město, Revoluční 1, Kotva, Tel. 2146
Flughafen Ruzyně: Tel. 334

Deutsche Lufthansa
Staré Město, Pařížská 28, Tel. 2317551
Flughafen Ruzyně: Tel. 367827

Swissair
Nové Město, Pařížská 11, Tel. 2324707
Flughafen Ruzyně: Tel. 367809

Flughafen

Ruzyně

Der internationale Flughafen Prag liegt etwa 14 km nordwestlich der Stadtmitte bei Ruzyně. Er ist zu erreichen über Dejvice (dr. Beneše) oder Břevnov (Bělohorská).

Zubringerdienst

Die Zubringerbusse von und zum Flughafen fahren jeweils vor dem Büro der ČSA, Revoluční 1, ab. Einen regelmäßigen Zubringerdienst für an- und abfliegende Gäste bieten außerdem die Interhotels Alcron, Ambassador, Esplanade, Forum, Intercontinental, Panorama, Paříž, Parkhotel und Zlatá Husa.

Fundbüro

Für Sachverluste

Praha 1, Nové Město, Bolzanova 5,
Tel. 2368887

Für Dokumente

Praha 3, Olšanská 2

Galerien (Kunstgalerien; siehe auch Museen)

Sammlungen der Nationalgalerie

Grafiksammlung
→ Sehenswürdigkeiten, Palais Goltz-Kinsky

Sammlung alter Kunst Böhmens,
St.-Georgs-Kloster
→ Sehenswürdigkeiten, Hradschin

Sammlung europäischer Kunst, im Palais Sternberg
→ Sehenswürdigkeiten, Sammlung europäischer Kunst

Sammlung moderner Kunst, in der Städtischen Bibliothek
→ Sehenswürdigkeiten, Marienplatz

Sammlung böhmischen Kunsthandwerks und
tschechischer Malerei des 19. Jahrhunderts
→ Sehenswürdigkeiten, Agneskloster

Sammlung tschechischer Plastik des 19. und 20. Jahrhunderts
→ Sehenswürdigkeiten, Schloß Zbraslav

Weitere Galerien und Ausstellungssäle (Auswahl)

František-Bílek-Villa
Praha 6 (Dejvice), Mickiewiczova 1
Di.–So. 10.00–12.00, 13.00–18.00 Uhr

Fotochema
Praha 1 (Nové Město), Jungmannovo náměstí 16
Di.–So. 10.00–12.00, 13.00–18.00 Uhr

Galerie D
Praha 5 (Smíchov), Matoušova 9
(→ Sehenswürdigkeiten, Lustschloß Dientzenhofer)
Di.–So. 10.00–13.00 und 14.00–18.00 Uhr

Galerie der Brüder Čapek
Praha 2 (Vinohrady), Jugoslávská 20
Di.–So. 10.00–13.00, 14.00–18.00 Uhr

Galerie der Stadt Prag
Ausstellungssaal im Altstädter Rathaus
→ Sehenswürdigkeiten, Altstädter Rathaus

Galerie der 'Jungen'
Praha 1 (Nové Město), Vodičkova 10
Di.–So. 10.00–13.00, 14.00–18.00 Uhr

Kulturpalast (Palác kultury)
→ Sehenswürdigkeiten, Kulturpalast

Mánes-Ausstellungssaal
→ Sehenswürdigkeiten, Mánes-Ausstellungssaal

Mittelböhmische Galerie
Sammlungen aus verschiedenen Kunstsparten
Praha 1 (Staré Město), Husova ulice 19
Di.–So. 10.00–18.00 Uhr

Neuer Saal (Nová síň)
Praha 1 (Nové Město), Voršilská 3
Di.–So. 10.00–13.00, 14.00–18.00 Uhr

Galerien (Fortsetzung)

Haus der Edlen von Kunštát und Poděbrady
Praha 1 (Staré Město), Řetežová 3
⟶ Sehenswürdigkeiten, Palais Podiebrad

Reitschule des Palais Waldstein
Praha 1 (Malá Strana), Valdštejnská 2
⟶ Sehenswürdigkeiten, Waldsteingasse

Václav-Špála-Galerie
Praha 1 (Nové Město), Národní 30
Di.–So. 10.00–13.00, 14.00–18.00 Uhr

Geld

Währung

Gesetzliches Zahlungsmittel ist die Tschechoslowakische Krone (Koruna = Kčs). 1 Krone ist in 100 Heller (Haléř = hal) unterteilt. Im Umlauf befinden sich Banknoten zu 10, 20, 50, 100, 500 und 1000 Kčs sowie Münzen zu 1, 2, 5, 10 Kčs und 5, 10, 20, 50 hal. Die neuen 1000-Kčs-Noten sind blau.

Die grünen 100-Kčs-Kronen-Scheine mit dem Porträt Klement Gottwalds wurden Ende 1990 aus dem Verkehr gezogen; sie können bei allen Banken gegen gültige Scheine eingetauscht werden. Ab 1991 werden sukzessive alle bisher in Umlauf befindlichen Banknoten durch neue ersetzt.

Wechselkurse (veränderlich)

100 Kčs	=	4,20 DM	1 DM	=	23,80 Kčs
100 Kčs	=	3,65 sfr	1 sfr	=	27,40 Kčs
100 Kčs	=	58,90 öS	1 öS	=	1,70 Kčs

Geldwechsel

Der früher herrschende Pflichtumtausch ist aufgehoben. Geldwechsel nehme man grundsätzlich nur in autorisierten Wechselstuben vor, von denen es immer mehr gibt. Es sei ausdrücklich darauf hingewiesen, daß der auf der Straße praktizierte 'schwarze' Geldumtausch strafbar ist.

Devisenbestimmungen

Tschechoslowakische Kronen dürfen weder ein- noch ausgeführt werden. Alle anderen frei konvertierbaren Währungen und Zahlungspapiere für ausländische Währungen können unbegrenzt und ohne Deklaration ein- und ausgeführt werden.

Kreditkarten

In der Tschechoslowakei werden derzeit folgende Kreditkarten angenommen: Access, American Express, Carte Blanche, Diner's Club, Eurocard, Master Card, Bank Americards / VISA und JCD.

Geschäftszeiten

⟶ Öffnungszeiten

Getränke

⟶ Essen und Trinken

Hotels

Kategorien

In den Hotels ist Vorbestellung nötig. Die Prager Hotels sind in fünf Kategorien eingeteilt: A* de Luxe, A*, B*, B und C.

Kategorien (Fortsetzung)

A* de Luxe und A* sowie einige Hotels der Kategorie B* zählen zu den von Čedok vermittelten INTERHOTELS. Hier ist eine gute Unterkunft (mit Bad oder Dusche; auch größere Appartements) und Betreuung durch sprachkundiges Personal gewährleistet. In diesen Hotels gibt es meist Wechselstellen, Souvenirläden, Bars und mehrere Restaurants.
Kategorie B* kann als sehr gut, Kategorie B als gut bezeichnet werden. Kategorie C beinhaltet einfache Hotels. Diese werden nicht vom Čedok-Service bewirtschaftet; man kann sie entweder durch das Jugendreisebüro CKM-SSM (Praha 1, Žitná ulice 9, Tel. 298587) oder direkt an der Rezeption buchen. – 'Botels' sind Hotelschiffe (am Moldau-Ufer).

Kategorie A* de Luxe (Interhotels)

Alcron, Praha 1, Štěpánská 40, Tel. 2359216–24
Atrium, Praha 8, bei der Moldaubrücke Hlávkův most; Eröffnung Juni 1991
Esplanade, Praha 1, Washingtonova 19, Tel. 222552
Forum, Praha 4, Kongresová 140, Tel. 410111
Intercontinental, Praha 1, náměstí Curieových, Tel. 2311812
Jalta, Praha 1, Václavské náměstí 45, Tel. 265541–9
Palace, Praha 1, Panská 12, Tel. 268341

Kategorie A* (Interhotels)

Ambassador, Praha 1, Václavské náměstí 5, Tel. 221351
Diplomat, Praha 6, E. Beneše, Tel. 3 314111
International, Praha 6, náměstí Družby 35, Tel. 321051
Olympik I, Praha 8, Invalidovna, Sokolovská tř. 138, Tel. 828541
Panorama, Praha 4, Milevská 7, Tel. 416858
Parkhotel, Praha 7, Veletržní 20, Tel. 3807111
Paříž (Interhotel), Praha 1, U Obecního domu 1, Tel. 2322051
U tří pštrosů, Praha 1, Malá Strana, Dražického náměstí 12, Tel. 536151
Zlatá Husa (Interhotel), Praha 1, Václavské náměstí 7, Tel. 2143120
Sporthotel Club, in Průhonice (15 km), Tel. 723241–9
Motel Konopiště, bei Benešov (45 km), Tel. 2053

Kategorie B*

Admiral (Botel), Praha 5, Hořejší nábřeží, Tel. 547445
Albatros (Botel), Praha 1, nábřeží Ludvíka Svobody, Tel. 2313634
Ametyst, Praha 2, Jana Masaryka 11, Tel. 259256
Axa, Praha 1, Na poříćí 40, Tel. 249557
Belvedere, Praha 7, Milady Horáková 19
Beránek, Praha 2, Bělehradská 110, Tel. 254544
Centrál, Praha 1, Rybná 8, Tel. 2319284
Centrum, Praha 1, Na poříčí 31, Tel. 2310135
Družba, Praha 1, Václavské náměstí 16, Tel. 240607
Europa (Interhotel), Praha 1, Václavské náměstí 29, Tel. 2365274
Flora (Interhotel), Praha 3, Vinohradská 121, Tel. 274241–5
Olympik II (Interhotel), garni, Praha 8, U Sluncové 14, Tel. 834741
Splendid (Interhotel), Praha 7, Ovenecká 33, Tel. 373351/2
Víktor, Praha 3, Koněvova 114, Tel. 279341

Kategorie B

Adria, Praha 1, Václavské náměstí 26, Tel. 360472
Atlantic, Praha 1, Na poříčí 9, Tel. 2318512
Bohemia, Praha 1, Králodvorská 4, Tel. 2313795 und 2313920
Erko, Praha 9, Kbely 723, Tel. 892105
Hybernia, Praha 1, Hybernská 24, Tel. 220431
Juventus, Praha 2, Blanická 10, Tel. 255151
Koruna, Praha 1, Opatovická 16, Tel. 293933
Kriváň, Praha 2, náměstí I.P. Pavlova 5, Tel. 293341–4
Lunik, Praha 2, Londýnská 50, Tel. 252701
Merkur, Praha 1, Těšnov 9, Tel. 2316951
Meteor, Praha 1, Hybernská 6, Tel. 229241, 224202
Michle, Praha 4, Nuselská 124, Tel. 427117
Modrá Hvězda, Praha 9, Jandova 3, Tel. 830291
Moráň, Praha 2, Na Moráni 15, Tel. 294253, 294251
Opera, Praha 1, Těšnov 13, Tel. 2315609
Praga, Praha 5, Plzeňská 29, Tel. 548741

Luxushotel Intercontinental

Grand Hotel Europa ...

... mit Jugendstilrestaurant

Hotels, Kategorie B (Fortsetzung)

Racek (Botel), Praha 4, Dvorecká Louka, Tel. 426051, 425793
Savoy, Praha 1, Keplerova 6, Tel. 537457
Transit (Interhotel), Praha 6, Ruzyně, 25. února 197, Tel. 367108
Union, Praha 2, Jaromírova 1, Tel. 437858
Vltava, Praha 5, Zbraslav II, Žitavského 115, Tel. 591549

Kategorie C

Balkan, Praha 5, Třída svornosti 28, Tel. 540777
Hvězda, Praha 6, Na rovni 34, Tel. 368965, 368037
Moravan, Praha 7, Dimitrovo náměstí 22, Tel. 802905
Na Kopečku, Praha 4, Modřanská 199, Tel. 460538
Národní dům, Praha 3, Bořivojova 53, Tel. 275365
Tichý, Praha 3, Seifertova 65, Tel. 273079

Preiswerte Unterkunft (mehr als 2000 Betten) vermittelt ferner das Reisebüro AVE, im Hauptbahnhof (Hlavní nádraží), Zentralhalle; Tel. 2362560 und 2362956.

Jugendherbergen

Jugendherbergen im eigentlichen Sinne gibt es in Prag nicht. Preisgünstig wohnen kann man jedoch z.B. in den Studentenwohnheimen.
Auskünfte erteilt das Jugendreisebüro CKM, Praha 2, Žitná ulice 10; Tel. 236 27 98.

Kaufhäuser

Prior Kotva, Praha 1, náměstí Republiky 8
Das meist überfüllte Warenhaus Kotva (Abb. s. S. 204) ist das modernste und größte Kaufhaus der Tschechoslowakei. Der Komplex wurde 1975 nach Entwürfen von Věra und Vladimír Machonin von der schwedischen Firma Saab erbaut. Rund ein Drittel der Gesamtfläche von 60000 m² wird als Verkaufsfläche genutzt. Neben den sechs Kundenstockwerken gibt es neun Tiefgaragenetagen, die auch nach Geschäftsschluß in Betrieb bleiben. Zum Angebot gehören außer Textilien, Lebensmitteln, Haushaltsartikeln und Bürobedarf u.a. auch ein Restaurant sowie eine Snackbar.

Bílá labuť (Weißer Schwan), Praha 1, Ná poříčí 23
Allgemeines Kaufhaus mit zweitgrößtem Warenangebot nach dem Warenhaus Prior Kotva.

Prior Máj, Praha 1, Národní třída 26
Kleidung, Lebensmittel, Industrieerzeugnisse.

Prior Dětský dům, Praha 1, Na příkopě 15
'Kinderkaufhaus'

Družba, Praha 1, Václavské náměstí 21
Keramik, Porzellan, Lederwaren, Konfektionskleidung, Möbel, Schmuck; Restaurant und Café mit Aussichtsterrasse.

Dům potravin, Praha 1, Václavské náměstí 59
'Lebensmittelkaufhaus'

Dům obuvi, Praha 1, Václavské náměstí 6
'Schuhhaus'

Dům módy, Praha 1, Václavské náměstí 58
'Modehaus'

Kaufhaus Kotva

Kaufhäuser (Fortsetzung)

Dům kožešin, Praha 1, Železná 14
'Pelzhaus'

Dům sportu, Praha 1, Jungmannova 28
'Sporthaus'

Dům hudebních nástrojů,
Praha 1, Jungmannovo náměstí 17
'Musikinstrumentenhaus'

Mietwagen

PRAGOCAR (auch Vertretung internationaler Mietwagenfirmen wie Avis, Europcar, interRent, Godfrey Davis u. a.):

Praha 1, Štěpánská 42, Tel. 2352825, 2352809
Flughafen Ruzyně, Tel. 367807
Hotel Forum, Tel. 410213
Hotel Intercontinental, Tel. 2319595

Museen (siehe auch Galerien)

Alois-Jirásek-&-Mikoláš-Aleš-Museum
⟶ Sehenswürdigkeiten, Weißer Berg mit Schloß Stern

Ethnographisches Museum
⟶ Sehenswürdigkeiten, Ethnographisches Museum

Schloß Zbraslav – Sammlung tschechischer Plastik

Dvořák-Museum
⟶ Sehenswürdigkeiten, Villa Amerika

Historisches Museum
⟶ Sehenswürdigkeiten, Nationalmuseum

Hrdlička-Museum
(Anthropologische Sammlung)
Praha 2 , Viničná 7,
nur nach Vereinbarung (Tel. 297941)

Jüdisches Museum
⟶ Sehenswürdigkeiten, Josefstadt

Jan-Ámos-Komenský-Museum
⟶ Sehenswürdigkeiten, Palais Waldstein

Kunstgewerbemuseum
⟶ Sehenswürdigkeiten, Agneskloster
⟶ Sehenswürdigkeiten, Kunstgewerbemuseum

Lenin-Museum
Praha 1 (Nové Město), Hybernská 7

Militärmuseum der Tschechoslowakischen Armee
Praha 3 (Žižkov), U Památníku 2
Nov.–März: Mo.–Fr. 8.30–17.00 Uhr
April–Okt.: Di.–So. 9.30–16.30 Uhr

Mozart-Museum
⟶ Sehenswürdigkeiten, Villa Bertramka

Museen (Fortsetzung)

Museum der Hauptstadt Prag
⟶ Sehenswürdigkeiten, Museum der Hauptstadt Prag

Museum der Nationalen Literatur
⟶ Sehenswürdigkeiten, Kloster Strahov

Museum des Korps für Nationale Sicherheit und Streitkräfte des Innenministeriums (Polizeimuseum)
Praha 2, Ke Karlovu 453
Sept.–Juni: Di.–So. 10.00–17.00 Uhr

Museum für Heeresgeschichte
⟶ Sehenswürdigkeiten, Hradschiner Platz, Palais Schwarzenberg

Museum für Körpererziehung und Sport
⟶ Sehenswürdigkeiten, Tyrš-Haus

Museum der Briefmarke, Vávrův dům,
Praha 1, Nové mlýny 2

Musikinstrumentenmuseum
⟶ Sehenswürdigkeiten, Großpriorpalais

Náprstek-Museum
(Ethnologische Sammlung asiatischer, afrikanischer und amerikanischer Kulturen)
Praha 1 (Staré Město), Betlémské náměstí 1
derzeit im Umbau

Nationalmuseum
⟶ Sehenswürdigkeiten, Nationalmuseum

Naturwissenschaftliches Museum
⟶ Sehenswürdigkeiten, Nationalmuseum

Smetana-Museum
⟶ Sehenswürdigkeiten, Smetanakai

Technisches Nationalmuseum
⟶ Sehenswürdigkeiten, Technisches Nationalmuseum

Musik

Klassik

Nationaltheater (Národní divadlo)
Praha 1 (Nové Město),
Národní třída 2
Opern, Ballett

Smetana-Theater (Smetanovo divadlo)
Praha 1 (Nové Město),
Wilsonova 6
Opern, Ballett

Tyl-Theater (Tylovo divadlo)
Praha 1 (Staré Město),
Železná ulice 11
bis auf weiteres wegen Restaurierung geschlossen

Theater der Musik (Divadlo hudby)
Praha 1 (Nové Město),

Musik, Theater der Musik (Fortsetzung)

Opletalova 5
Großer Ausstellungssaal und umfangreiche Tonaufzeichnungen

Musiktheater Karlín
Praha 8 (Karlín),
Křižíkova 10
Operetten, Musicals

Konzerte

Aufgrund der guten Akustik finden in den Prager Kirchen häufig Konzerte statt, vor allem im St.-Veits-Dom (⟶ Hradschin), der St.-Georgs-Basilika (⟶ Hradschin), im Loretoheiligtum (⟶ Loreto), in der Kirche St. Niklas (⟶ Kleinseitner Ring) und in der Kirche ⟶ St. Jakob.

Konzertsäle:
Agneskloster (Josef-Mánes-Saal), Praha 1, ulice U milosrdných 17
Haus der Künstler (Dvořák-Saal), Praha 1, náměstí Jana Palacha
Hotel Intercontinental (Kongreßsaal), Praha 1, náměstí Curieových
Kulturpalast, Praha 4, ulice 5. května 65
Palais Lobkowitz, Praha 1, Hradschin
Palais Martinitz, Praha 1, Hradčanské náměstí 67–68
Palais Waldstein (Rittersaal), Praha 1, Valdštejnské náměstí
Repräsentationshaus (Smetanasaal), Praha 1, náměstí Republiky
Villa Bertramka, Praha 5, Mozartova 115
Vielbesuchte Sommerkonzerte werden in den Gärten des Hradschin veranstaltet.

"Prager Frühling"

Internationalen Ruf genießt das Musikfestival "Prager Frühling" (Mitte Mai bis Anfang Juni). Die Konzerte im Rahmen dieses Festivals finden im Kulturpalast, in Kirchen oder historischen Räumlichkeiten, manche sogar in den barocken Prager Gärten statt (siehe Plakatanschläge).

Musik-Kabarett

Rokoko-Theater (Divadlo Rokoko)
Praha 1 (Nové Město), Václavské náměstí 38

Jazz

Výstaviště (Ausstellungsgelände), Praha 7 (Holešovice)
Reduta, Praha 1 (Nové Město), Národní třída 20
Metro, Praha 1 (Nové Město), Národní třída 25

Rock- und Popkonzerte

Kulturpalast, Praha 4, ulice 5. května 65
Výstaviště (Ausstellungsgelände), Praha 7, U Sjezdového paláce
Lucerna, Praha 1, Vodičkova 36

Nachtleben

Allgemeines

Das Prager Nachtleben bietet im Vergleich zu anderen europäischen Hauptstädten relativ wenig.
Konzerte, Theater- und Kinovorstellungen dauern in der Regel bis ca. 22.00 Uhr. Bierlokale schließen meist um 23.00 Uhr, Weinstuben haben z.T. bis 24.00 Uhr geöffnet. Anschließend können Nachtschwärmer zwischen Jazzkellern, den Nachtklubs der großen Hotels und einigen Diskotheken wählen.

Nachtklubs

Alfa, Praha 1, Václavské náměstí 28
Tanzcafé mit Orchester;
tgl. 18.00–1.00 Uhr

Alhambra im Hotel Ambassador, Praha 1, Václavské náměstí 5
Schwarzes Theater, Revuen und Varieté-Programm;
Di.–So. 20.30–3.00 Uhr

Nachtleben, Nachtklubs (Fortsetzung)	Barberina, Praha 1, Melantrichova 10 Weinstube mit Tanzmusik; Mo.–Sa. 20.00–4.00 Uhr
	Embassy-Klub im Hotel Ambassador, Praha 1, Václavské náměstí 5 Varieté-Programm; Di.–So. 21.00–3.00 Uhr
	Galaxie-Nachtklub im Hotel Forum, Praha 4, Kongresová ulice tgl. 21.00–4.00 Uhr
	Interconti-Klub im Hotel Intercontinental, Praha 1, náměstí Curieových Revuen und Kabarett; tgl. 21.00–4.00 Uhr
	International-Klub im Hotel International, Praha 6, náměstí Družby 1 Prager Abende mit Volkstänzen, Blasmusik und Folkloregruppen; tgl. 20.00–3.00 Uhr
	Lucerna-Bar, Praha 1, Vodičkova 36 Kabarett, Varieté und Tanz; tgl. 20.30–3.00 Uhr
	Weitere Nachtklubs findet man in den → Hotels Central, Esplanade, Jalta, Parkhotel und Tatran.
Jazzkeller	→ Musik, Jazz
Diskotheken	Alle nahe beim Wenzelsplatz: Adria, Národní třída 40; tgl. ab 20.30 Uhr Astra, Václavské náměstí 28; tgl. 19.00–2.00 Uhr Habana, V jámě 8; tgl. 21.30–4.30 Uhr Rostov, Vávlavské náměstí 21; tgl. 20.00–3.00 Uhr Video-Disco im Hotel Zlatá Husa, Václavské nám. 7; tgl. 19.30–2.00 Uhr

Notruf

Notarzt	Tel. 155
Krankenwagen	Tel. 373333
Polizei	Tel. 158

Öffnungszeiten

Geschäfte	Die meisten Lebensmittelgeschäfte sind werktags ab 6.00 Uhr, andere Geschäfte ab 8.30 Uhr bzw. 9.00 Uhr geöffnet und schließen um 18.00 Uhr (samstags um 12.00 Uhr). Kleinere Verkaufsstellen machen meist eine zweistündige Mittagspause zwischen 12.00 und 15.00 Uhr. Einige größere Kaufhäuser haben durchgehend bis 20.00 Uhr geöffnet (samstags bis 17.00 Uhr).
Banken	Öffnungszeiten der Tschechoslowakischen Staatsbank und Živnostenská Bank im Zentrum: Mo.–Fr. 8.00–17.00, Sa. 8.30–13.00 Uhr Übrige Banken: in der Regel Mo.–Fr. 8.00–12.00 bzw. 14.00 Uhr
Behörden	Dienstzeiten: Mo.–Fr. 8.30–17.00 Uhr

Geöffnet: Di.–So. 10.00–17.00 bzw. 18.00 Uhr — Öffnungszeiten, Galerien

Geöffnet: Di.–So. 10.00–17.00 Uhr (jedoch separate Öffnungszeiten bei den jeweiligen Museen beachten, ⟶ Sehenswürdigkeiten, ⟶ Praktische Informationen, Museen). Das Jüdische Museum ist montags geöffnet, dafür samstags geschlossen. — Museen

Geöffnet: Di.–So. 10.00–17.00 Uhr, von Nov. bis März meist geschlossen (auch an auf gesetzliche Feiertage folgenden Tagen); separate Öffnungszeiten sind zu beachten (⟶ Sehenswürdigkeiten). — Burgen und Schlösser

Geöffnet: Mo.–Fr. 8.00–16.15 Uhr, Sa. 8.15–12.00 Uhr — Čedok-Reisebüros

Post, Telegraf, Telefon

Postämter

Das Hauptpostamt, Praha 1 (Nové Město), Jindřišská 14, Tel. 264841, hat Tag und Nacht geöffnet. Alle anderen Postämter sind Mo.–Fr. 8.00–19.00 Uhr und Sa. 8.00–12.00 Uhr, kleine Filialen z.T. nur Mo.–Fr. 8.00–13.00 Uhr geöffnet.

Posttarife

Briefmarken (známky) sind in Postämtern und Tabakläden erhältlich.

Porto innerhalb der Tschechoslowakei:
Postkarten (pohlednice) 0,50 Kčs; Briefe (dopisy) 1 Kčs
In alle europäischen Länder:
Postkarten 3 Kčs; Briefe bis 20 g 4 Kčs, bis 50 g 7 Kčs
Nach Übersee:
Postkarten 0,50 Kčs; Briefe bis 10 g 6 Kčs, bis 20 g 9 Kčs, bis 30 g 12 Kčs
Zuschlag für Einschreiben (doporučeňe)
Zuschlag für Eilzustellungen (expres)

Briefkasten

Postleitzahl von Prag
ČSFR-11... (je nach Bezirk variabel)

Zustellfrist
Die Zustellfrist für Postsendungen aus der Tschschoslowakei nach Deutschland, Österreich und in die Schweiz beträgt im allgemeinen fünf bis acht Tage.

Telegramme

Telegramme werden am besten über die Hotelrezeption oder am Hauptpostamt aufgegeben. Die Berechnung erfolgt nach Anzahl der Worte (mindestens sieben Wörter).

Telegrammaufgabe:
Tel. 127

Telefon

Telefongespräche innerhalb der Stadt kosten 1 Kčs und sind zeitlich nicht begrenzt. Bei Münzfernsprechern wirft man die Krone ein, sobald sich der Teilnehmer am anderen Ende meldet. Die Preise für ein dreiminütiges Gespräch innerhalb der Tschechoslowakei variieren zwischen 5 und 15 Kčs. Intakte Fernsprechapparate sind in Prag allerdings nicht die Regel.

Auslandsgespräche sollte man möglichst vom Hotel oder von einem Postamt nach Voranmeldung führen, da man in Münzfernsprechern gemäß einem akustischen Signal im Hörer ständig 5-Kčs-Münzen nachwerfen muß.

Die Gebühren für Telefongespräche betragen nach Deutschland 20 Kčs pro Minute, nach Österreich 24 Kčs pro Minute, in die Schweiz 24 Kčs pro Minute.

Post, Telegraf, Telefon (Fortsetzung) Selbstwählverkehr

Von Prag wählt man zuerst 00, dann die Vorwahl des Landes (Deutschland · Ost: 37, Deutschland · West: 49, Österreich: 43, Schweiz: 41), anschließend die Vorwahl der Stadt (ohne die erste 0) und schließlich die Rufnummer des gewünschten Teilnehmers.

Internationale Vorwahl für die Stadt Prag: 00422

Telefonauskunft
Prag: Tel. 120
national: Tel. 121

Reisedokumente

Reisepaß

Zur Einreise in die Tschechoslowakei ist ein gültiger Reisepaß erforderlich; jedoch benötigen Besucher aus praktisch allen europäischen Ländern kein Visum mehr.

Die noch vor kurzem gültige Meldepflicht für ausländische Touristen ist aufgehoben.

Fahrzeugpapiere

Mitzuführen sind Führerschein, Fahrzeugschein und die internationale grüne Versicherungskarte. Im Falle der Benützung eines nicht eigenen Fahrzeuges müssen Kraftfahrer eine schriftliche Ermächtigung des Fahrzeughalters vorlegen.

Haustiere

Für Haustiere (Hunde, Katzen) benötigt man bei der Ein- und Ausreise ein amtstierärztliches Gesundheitszeugnis (nicht älter als 48 Std.) und eine Impfbescheinigung gegen Tollwut.

Reisezeit

Im Frühjahr etwa ab Mitte April bietet Prag mit den vielen blühenden Obstbäumen an den Hängen der Moldau einen besonderen Reiz. Eine zusätzliche Attraktion dieser Jahreszeit sind die traditionsreichen, alljährlich

Klimatabelle für Prag	Temperaturen in °C		Sonnenscheinstunden pro Tag	Tage mit Niederschlag	Niederschlagsmenge in mm
Monate	Durchschnittsmaximum	Durchschnittsminimum			
Januar	1,1	−4,2	1,8	13	21
Februar	3,2	−3,2	3,1	11	20
März	8,5	0,1	5,1	10	25
April	14,1	4,4	6,3	11	39
Mai	19,2	8,7	7,8	13	56
Juni	22,6	11,9	8,8	12	64
Juli	24,8	14,0	8,6	13	70
August	24,1	13,5	7,9	12	63
September	20,6	10,4	6,4	10	40
Oktober	13,4	5,6	3,8	13	35
November	7,2	2,2	1,8	12	28
Dezember	1,9	−2,4	1,4	13	26
Jahr	13,4	5,1	5,2 (1902)	143	487

stattfindenen Musikfestwochen "Prager Frühling" (⟶ Veranstaltungen). Die Temperaturen im Sommer entsprechen deutschen Verhältnissen, wobei die höchsten Durchschnittswerte, wegen häufiger Gewitterneigung aber auch die stärksten Niederschläge im Juli (Temperaturmaximum: 24,8 °C, Niederschlagsmenge: 70 mm) zu verzeichnen sind. Der Herbst bietet mit einer meist ausgeglichenen Wetterlage ebenfalls sehr günstige Voraussetzungen für einen Besuch der Goldenen Stadt. Der kälteste Monat in dem nicht sonderlich schneereichen Winter ist der Januar mit einem durchschnittlichen Temperaturminimum von −4,2 °C.

Reisezeit (Fortsetzung)

Klima ⟶ Zahlen und Fakten, Allgemeines

Restaurants

Je nach Qualität, Ausstattung und Preis sind Restaurants und Gasthäuser in vier Kategorien eingeteilt. Die Kategorie ist mit einer römischen Ziffer (I – IV) auf der Speisekarte angegeben.
Informationen über Landesspezialitäten, Eß- und Trinkgewohnheiten findet man unter dem Stichwort ⟶ Essen und Trinken.

Restaurants mit internationaler Küche

Alcron, Praha 1, Štěpánská 40
Ambassador, Praha 1, Václavské náměstí 5
Barrandov, Praha 5, Kříženeckého náměstí 322
Esplanade, Praha 1, Washingtonova 19
*Evropa, Praha 1, Václavské náměstí 29
Jugendstilrestaurant mit französischer Küche
Flora, Praha 3, Vinohradská 121
Forum, Harmonie-Restaurant, Praha 4, Kongresová ulice
*Zlatá Praha, im obersten Stock des Hotels Intercontinental, Praha 1, náměstí Curieových; erstklassige Küche (Vorbestellung unerläßlich)
Intercontinental (Erdgeschoß), Praha 1, náměstí Curieových
International, Praha 6, náměstí Družby 1
Olympik, Praha 8, Invalidovna, Sokolovská třída 138
Palace, Praha 1, Panská 12
Paříz, Praha 1, U obecního domu 1
Pelikán, Praha 1, Na příkopě 7
*Praha Expo 58, Praha 7, Letenské sady
Das Gebäude erhielt 1958 auf der Brüsseler Weltausstellung den Goldenen Preis. Man hat die Wahl zwischen 'Nouvelle cuisine' im Französischen und tschechischer Hausmannskost im Pilsner Restaurant
Savarin, Praha 1, Na příkopě 10
*U mecenáše, Praha 1, Malostranské náměstí 10
Kleines Restaurant mit Atmosphäre und erstklassiger Küche (Vorbestellung unerläßlich)
Vysočina, Praha 1, Národní 28

Spezialitätenrestaurants

Fisch, Wild und Geflügel

Baltic Grill (Rybárna), Praha 1, Václavské náměstí 43 (Fisch und Geflügel)
Fregata, Praha 2 (Vyšehrad), Ladova 3 (Fisch)
Halali-Grill, Praha 1, Václavské náměstí 5 (Wild)
Myslivna, Praha 3, Jagellonská 21 (Wild)
Rybárna, Praha 1, Václavské náměstí 43 (Fisch)
Vikárka, Praha 1 (Burg), Vikářská 6 (Wild)
Valdštejnská Hospoda, Praha 1, Valdštejnské náměstí 7 (Fisch, Geflügel, Wild)

Böhmisch-mährische Küche

Chodské pohostinství, Praha 5, Na Újezdě 5
Böhmisches Restaurant, Hotel Forum, Praha 4, Kongresová
Pálava, Praha 3, Slavíkova 18
Staropražská Rychta, Praha 1, Václavské náměstí 7
Šumavan, Praha 3, Ondříčkova 17
U sloupu, Praha 3, Lucemburská

Bulgarische Küche	Sofia, Praha 1, Václavské náměstí 33
Chinesische Küche	Babetka, Praha 3, Želivského 10 Čínská restaurace, Praha 1, Vodičkova 19
Deutsche Küche	Alex, Praha 1, Revoluční 11 Im Stil des Berlin der dreißiger Jahre
Diätküche	Akademická, Praha 1, Vodičkova 15 Dieta, Praha 2, Francouzská 2 Petrská dietní restaurace, Praha 1, Petrské náměstí 1 Regent Praha, Praha 1, Karmelitská 20
Garten- und Terrassen-restaurants	Barrandov, Praha 5, Kříženeckého náměstí 322 Savarin, Praha 1, Na příkopé 10 Slovanský ostrov, Praha 1, Slawische Insel beim Nationaltheater Plzeňský dvůr, Praha 7, Milady Morákové 59 Slovanský dům, Praha 1, Na příkopě 22 U Fleků s. Bierlokale Praha-Expo s. Restaurants mit internationaler Küche
Indische Küche	Indická restaurace, Praha 1, Štěpánská 60
Italienische Küche	Trattoria Viola, Praha 1, Národní třída 7
Jüdische Küche (koscher)	Restaurant im jüdischen Rathaus, Praha 1, Maislova 18
Jugoslawische Küche	Beograd, Praha 1, Vodičkova 5 Jadran, Praha 1, Mostecká 21
Russische Küche	Berjozka, Praha 1, Rytířska 7 Gruzia, Praha 1, Na příkopě 29
Slawische Küche	Paříž, Praha 1, U Obecního domu 1
Bierlokale	→ Bier
Weinstuben	Fregata, Praha 2, Ladova 3 Intercontinental, Praha 1, náměstí Curieových Klášterní vinárna, Praha 1, Národní třída 8 Lobkovická vinárna, Praha 1, Vlašská 17 Lví Dvůr, Praha 1 (Burg), U Prašného mostu 6 Makarská vinárna, Praha 1, Malostranské náměstí 2 Mělnická vinárna, Praha 1, Národní třída 17 Obecní dům, Praha 1, náměstí Republiky 1090 Opera-Grill, Praha 1, Divadelní 24 Slovenská vinárna, Praha 1, Františkánská zahrada U Fausta, Praha 2, Karlovo náměstí 4 U Golema, Praha 1, Maislova 8 U Labutí, Praha 1, Hradčanské náměstí 11 U malířů, Praha 1, Maltézské náměstí 11 U Markýze, Praha 1, Nekázanka 8 U mecenáše s. Restaurants mit internationaler Küche U palcátu, Praha 1, Thunovská 16 U patrona, Praha 1, Dražického náměstí 4 U pavouka, Praha 1, Celetná ulice 17 U plebána, Praha 1, Betlémské náměstí 10 U Rudolfa, Praha 1, Maislova 3 U Šuterů, Praha 1, Palackého ulice 4

Restaurants, Weinstuben (Fortsetzung)

U tří housliček, Praha 1, Nerudova 12
U zelené žáby, Praha 1, U radnice 8
U zlaté hrušky, Praha 1 (Hradčany), Nový svět 3
U zlatého jelena, Praha 1, Celetná 11
*U zlaté konvice, Praha 1, Melantrichova 20
In den gotischen Gewölben wird Zigeunermusik gespielt.
U zlaté štiky, Praha 1, Dlouhá 9
*Viola, Praha 1, Národní třída 7
Auf der kleinen Bühne dieser Weinstube werden erstklassige Poesieabende veranstaltet.
Vikárka, Praha 1 (Hradčany), Vikářská 6

Rundfunk

Interprogramm Radio Prag sendet täglich in deutscher Sprache zwischen 8.00 und 14.00 Uhr Nachrichten, Notizen und Kommentare auf Kurzwelle (9505 kHz / 31,50 m, 7345 kHz / 40,85 m, 6055 kHz / 49,55 m) sowie zwischen 17.00 und 18.00 Uhr Sendungen mit Informationen in deutscher Sprache auf Mittelwelle (1287 kHz).

Schiffsausflüge

Moldaufahrten

Die Anlegestelle der Moldaupersonenschiffe befindet sich bei der Palacký-Brücke (Palackého most). Von hier werden in den Sommermonaten regelmäßig Schiffsrundfahrten angeboten, bei denen sich der Besucher einen guten Überblick über Prag verschaffen kann. Von Juli bis September legt hier zudem jeden Dienstag, Donnerstag und Freitag der historische Rad-

Bootsfahrt auf der Moldau

Schiffsausflüge (Fortsetzung)

dampfer "Vyšehrad" gegen 19.00 Uhr zu abendlichen Fahrten (3 Std.) auf der Moldau ab.
Unterwegs spielt eine böhmische Blaskapelle Tanz- und Unterhaltungsmusik und man serviert böhmische Kolatschen sowie das gute Prager ⟶ Bier.

Ferner fahren von der Palacký-Brücke die Motorboote zu den Naherholungsgebieten der Prager Umgebung ab, wie zum ehemaligen Zisterzienserkloster ⟶ Zbraslav oder zum landschaftlich reizvollen ⟶ Slapy-Stausee der Moldau.

Detaillierte Auskünfte erteilt das Čedok-Reisebüro (⟶ Auskunft).

Speisen

⟶ Essen und Trinken

Sport

Freibäder

Občanská plovárna, Praha 1, nábřeží kapitána Jaroše
Lhotka, Praha 4, Novodvorská
Štvanice, Praha 7, Holešovice, Insel Štvanice

Fußball

Stadion Bohemians , Praha 10, Vršovice, SNB 2
Stadion Dukla Praha, Praha 6 (Dejvice), Na Julisce 28
SK Slavia Praha, Praha 10, Vršovice
Sparta Praha, Praha 7, Letná, Milady Horákoré

Golf

TJ Golf,
Praha 5 (Motol)

Hallenbäder

Podolí, Praha 4, Podolská 74
Klárov, Praha 1, nábřeží kapitana Jaroše 3

Pferderennen

Staatliche Rennbahn, Chuchle

Tennis

Sparta Praha, Praha 7, Stromovka
Slavia Praha, Praha 7, Letná, Kostelní
Tennisareal, Praha 7, Holešovice, Insel Štvanice

Sprache

Allgemeines

Auch ohne ein Wort Tschechisch zu verstehen, kann man getrost nach Prag reisen. Nicht nur die Grenzbeamten sprechen fließend Deutsch, auch das Personal im Hotel, am Flughafen, in der Eisenbahn, in den Reisebüros versteht und spricht Deutsch. Unter den Erwachsenen ist die deutsche Sprache noch sehr verbreitet, und mit Jugendlichen ist eine Verständigung meist auf englisch möglich.

Ausspracheregeln

So seien hier nur einige Grundregeln gegeben, die das Aussprechen der im Schriftbild befremdlich wirkenden Konsonantenhäufungen und diakritischen Zeichen ermöglichen.

Betont wird immer auf der ersten Silbe; auch l und r können als Halbvokale den Ton tragen! Vokale sind kurz oder lang; die Längung eines Vokales wird durch einen Akzent, beim u durch einen Kringel ausgedrückt.

Sprache, Ausspracheregeln (Fortsetzung)

a wie	Lamm	ě wie	jäh
á	Tag	y, i	Blick
e	Knecht	ý, í	Hieb
é	Bär	o	Koch
ó	langes offenes o	ř	morsch
u	bunt	ch	Bach
ů	Kuh	š	schön
c	Zug	v	wenn
č	tschechisch	z	Rose
ň	Cognac	ž	Journalismus

Wichtige Ausdrücke

Adresse	adresa	Hilfe	pomoc
Apotheke	lékárna	ich	já
Arzt	lékař	ja	ano
Bahnhof	nádraží	Name	jméno
Bank	banka	nein	ne
bitte	prosim	Post	pošta
danke	děkuji	Rathaus	radnice
deutsch	německý	Rechnung	účet
Gepäck	zavazadlo	Toilette	záchod
gut	dobrý	zahlen	platiti

Zahlen

1 jeden	4 čtyři	7 sedm	10 deset
2 dva	5 pět	8 osm	20 dvacet
3 tři	6 šest	9 devět	100 sto

Wochentage

Montag	pondělí	Freitag	pátek
Dienstag	úterý	Samstag	sobota
Mittwoch	středa	Sonntag	neděle
Donnerstag	čtvrtek	Woche	týden

Stadtbesichtigung

Veranstalter

Čedok (⟶ Auskunft) veranstaltet organisierte Stadtrundfahrten und Rundgänge zu den schönsten Plätzen der Goldenen Stadt mit Erläuterungen eines Fremdenführers (englisch, französisch und deutsch).

Rundfahrten

Dreistündige Stadtrundfahrt "Historisches Prag" mit dem Bus und anschließend zu Fuß durch die Prager Burg (tgl. ganzjährig); einstündige Busrundfahrt "Prag bei Nacht" (Mitte Mai – Mitte Okt. täglich) mit anschließendem Folkloreprogramm, Abendessen und Besuch einer böhmischen Weinstube.

Rundgang

Dreistündiger Rundgang zu Fuß durch die historische Altstadt, anschließend mit der Seilbahn auf den Petřin-Hügel und zu Fuß weiter zum Kloster Strahov, zum Loretoheiligtum und zur Prager Burg (Mai–Okt. Di. und Do.).

Moldaufahrt

⟶ Schiffsausflüge

Oldtimerfahrt

Dreistündige Rundfahrt mit einem Oldtimer durch Altstadt und Kleinseite (Juli–Aug. tgl.).

Straßenverkehr

Allgemeine Hinweise

Mitzuführen sind neben den ⟶ Reisedokumenten (Reisepaß) Führerschein, Fahrzeugschein und die grüne Versicherungskarte. Bei Benutzung eines fremden Fahrzeuges muß die schriftliche Bestätigung des Fahrzeug-

Allgemeine Hinweise (Fortsetzung)

vorgelegt werden. Das Fahrzeug muß am Heck mit dem ovalen Nationalitätskennzeichen versehen sein. Bereits vorhandene Beschädigungen am Fahrzeug sollte man sich an der Grenze bestätigen lassen. Die in Deutschland zulässigen Zusatzbremsleuchten müssen abgedeckt oder außer Betrieb gesetzt sein. Bei Unfällen (auch Bagatellschäden) in der Tschechoslowakei besteht in jedem Fall Meldezwang bei der Polizei.

Verkehrsregeln

Für die ČSFR gelten dieselben Verkehrsregeln wie für die anderen europäischen Länder. Die Strafen für Verkehrsdelikte sind außergewöhnlich hoch.

Ab 30 m vor einem Bahnübergang bis nach dessen Überquerung ist eine Höchstgeschwindigkeit von 30 km/h einzuhalten, bis zu 15 m vor Bahnübergängen besteht Parkverbot. Anhalter dürfen mitgenommen werden. Autostop ist lediglich auf Autobahnen verboten.
In der Tschechoslowakei besteht Anschnallpflicht.

Absolutes Alkoholverbot für Fahrzeuglenker!

Geschwindigkeitsbegrenzungen

Autobahnen: 110 km/h
außerhalb geschlossener Ortschaften: 90 km/h
innerhalb geschlossener Ortschaften: 60 km/h

Motorräder und Peronenkraftwagen mit Anhänger außerhalb geschlossener Ortschaften: 80 km/h

Parken

Das Prager Stadtzentrum ist in die Parkzonen A, B und C unterteilt. In diesen drei Zonen ist das Parken verboten, ausgenommen einige wenige Parkplätze mit beschränkter Parkdauer und progressiver Gebühr. Der Wenzelsplatz und seine angrenzenden Straßen sind für alle Fahrzeuge gesperrt, außer für Busse, Lieferverkehr und die Personenwagen von Gästen der Hotels am Platz. Zum Parken empfehlen sich daher neben den größeren Stellplätzen auf dem Náměstí Gorkého und beim Hauptbahnhof die Parkplätze außerhalb des Zentrums mit linearer Gebühr. Von dort hat man mit U-Bahn (Metro) oder Straßenbahn Anschluß zum Stadtzentrum.

Zwischen parkenden Kraftfahrzeugen und Straßenbahnhaltestellen muß ein Abstand von 5 m eingehalten werden.
Park- oder Halteverbot sollte man genau beachten, da die Polizei – auch bei Ausländern – mit dem Abschleppdienst schnell zur Stelle ist. Die Adresse des Parkplatzes für abgeschleppte Pkws (zur Auslösung muß eine hohe Gebühr entrichtet werden) findet man unter ⟶ Autohilfe.

Kraftstoff

Ermäßigte Benzingutscheine für Spezial (90 Oktan) und Super (96 Oktan) sind bei Čedok- und ADAC-Geschäftsstellen erhältlich. Bleifrei (91 Oktan) getankt werden kann mit Gutscheinen für Spezial. Gutscheine für Dieselkraftstoff gibt es bei Čedok- und Alimex-Vertretungen, allerdings erhält man Dieselöl in der Tschechoslowakei nur an bestimmten Tankstellen (Aufschrift TT-Diesel). Kraftstoffgutscheine erhält man auch an allen Grenzübergängen, bei der Staatsbank und in den Čedok-Reisebüros. Ein Kanister mit max. 20 l Kraftstoff darf zollfrei eingeführt werden.

Tankstellen

Durchgehend geöffnete Tankstellen:
Praha 3 (Žižkov), Kališnická (Spezial)
Praha 3 (Žižkov), Olšanská (Spezial, Super)
Praha 4, Újezd bei Průhonice, Autobahn E 14 Richtung Brünn (Spezial, Super, Bleifrei, Diesel)
Praha 5, Motol, Plzeňská-Podhájí (Spezial, Super, Diesel)
Praha 7 , Argentinská (Spezial, Super, Bleifrei, Diesel)
Praha 9, Českobrodská (Spezial, Super Diesel)
Praha 9, Prosek (Spezial, Super, Diesel)

Autohilfe

⟶ dort

Taxi

Taxis können telefonisch bestellt, an den Standplätzen gemietet oder herbeigewunken werden.
Tag- und Nachtdienst: Tel. 202951 und 203941

Theater

Karten

Da die Vorstellungen an der Abendkasse meist ausverkauft sind, ist es ratsam, vom Vorverkauf über das Čedok-Reisebüro an der Bílkova-Straße Gebrauch zu machen (⟶ Auskunft).

Allgemeiner Kartenvorverkauf (Mo.–Fr. 10.00–18.00 Uhr):
SLUNA, Praha 1, Panská 4, pasáž Černá růže, Tel. 221206
SLUNA, Praha 1, Václavské náměstí 28, pasáž Alfa, Tel. 261602, 260693

Theater

ABC-Theater (Divadlo ABC)
Praha 1 (Nové Město), Vodičkova 28
Komödien

Braník-Theater (Branické divadlo)
Praha 4 (Nusle), Branická 63
Moderne Pantomime

Burian-Theater (Divadlo E. F. Buriana)
Praha 1 (Nové Město), Na poříčí 26
Ehemals Avantgarde-Theater

DISK
Praha 1 (Staré Město), Karlova 8
Junge Künstler, klassisches Repertoire

Kulturpalast (Palác kultury)
Praha 4 (Nusle), ulice 5. května 65
Gemischtes Programm

Laterna Magica
Praha 1 (Nové Město), Národní třída 40
Kombination aus Musik, Schauspiel, Tanz, Pantomime und Film; Vorstellungen teilweise auch im Kulturpalast.

Lyra Pragensis
Praha 1 (Hradčany), Hradčanské náměstí 8
Kleinkunst

Malteser-Garten
Praha 1 (Malá Strana), Velkopřevorské náměstí
Schauspiel

Musik-Theater in Karlín (Hudební divadlo v Karlíně), Praha 8, Křižíkova 10
Operette, Musical

Nationaltheater (Národní divadlo)
Praha 1 (Nové Město), Národní třída 2
Oper, Ballett, Schauspiel

Neue Szene (Nová scéna)
Praha 1 (Nové Město), Národní třída 4
Ballett, Schauspiel

Foyer des Smetana-Theaters

Nad-Palmovkou-Theater (Divadlo Nad Palmovkou)
Praha 8 (Libeň), třída Rudé armády 34
Beliebte Vorstadtbühne

Realistisches Theater (Realistické divadlo)
Praha 5 (Smíchov), Štefánikova 57
Gegenwartsstücke

Reduta
Praha 1 (Nové Město), Národní třída 20
Kleinbühne

Schauspielklub (Činoherní klub)
Praha 1 (Nové Město), Ve smečkách 40

Schwarzes Theater (Černé divadlo)
Keine ständige Bühne in Prag und meist im Ausland auf Tournee

Semafor-Theater (Divadlo Semafor)
Praha 1 (Nové Město), Václavské náměstí 28
Musikkomödie

Smetana-Theater (Smetanovo divadlo)
Praha 1 (Nové Město), Wilsonova 8
Oper, Ballett

Theater am Geländer (Divadlo Na zábradlí)
Praha 1 (Staré Město), Anenské náměstí 5
Schauspiel- und Pantomime-Bühne von Ladislav Fialka
In der Traditon von dem 1796 in Kolín geborenen Jean Gaspard Debureau, dem unsterblichen Pierrot-Pantomimen des Pariser 'Théâtre des Funam-

bules', und von den berühmten Mimen Jean Louis Barrault und Marcel Marceau setzt Ladislav Fialka die klassische Pantomime fort, ergänzt durch neue Formen.

Theater (Fortsetzung)

Tyl-Theater (Tylovo divadlo)
Praha 1 (Staré Město), Železná 11 (bis auf weiteres im Umbau)

Theater in Vinohrady (Divadlo na Vinohradech)
Praha 2 (Vinohrady), náměstí Míru 7
Klassische und Gegenwartsstücke

Kleinkunst, Kabarett

Atelier Ypsilon
Praha 1 (Nové Město), Spálená 16
Musik und Text

Juniorklub Na chmelnici
Praha 3 (Žižkov), Koněvova 211
Musik, Theater, Kabarett

Kabarett u Fleků
Praha 1 (Nové Město), Křemencova 11
Alttschechisches Kabarett

Rokoko-Theater (Divadlo Rokoko)
Praha 1 (Nové Město), Václavské náměstí 38
Musik und Theater

Varieté Praga
Praha 1 (Nové Město), Vodičkova 30
Kleinkunst

Weinstube Viola
Praha 1 (Staré Město), Národní třída 7
Dichterlesungen

Weißes Pferdchen (Bílý koníček)
Praha 1 (Staré Město), Staroměstské náměstí 20
Kleinkunst

Malostranské beseda
Praha 1 (Malá Strana), Malostranské náměstí 21
Jazz und Theater

Kinder- und Jugendbühnen

Albatros
Praha 1 (Staré Město),
Na Perštýně 1

Puppentheater Loutka
Praha 1 (Nové Město),
náměstí Maxima Gorkého 28

Puppenreich (Říše loutek)
Praha 1 (Staré Město),
Žatecká ulice 1

Spejbl und Hurvínek (Divadlo Spejbla a Hurvinka)
Praha 2 (Vinohrady), Římská 45
Puppentheater (auch deutschsprachige Aufführungen)

Jiří-Wolker-Theater (Divadlo Jiřího Wolkera)
Praha 1 (Staré Město),
Dlouhá třída 39

Trinkgeld

Die Bedienung ist in allen Preisen inbegriffen; für gute Serviceleistungen gibt man jedoch ein Trinkgeld von 5–10 % vom Rechnungsbetrag.

Veranstaltungen

Februar	Matthias-Kirmes im Ausstellungsgelände
April	Interkamera (Internationale Ausstellung der Audiovisualtechnik) Pragomedica (Medizinische Fachausstellung)
Mai/Juni	**Prager Frühling** (Musikfestspiele mit in- und ausländischen Orchestern und Solisten; vornehmlich klassische Konzerte)
Juni	Dreitägiges Festival der tschechischen Blasmusikkapellen (in Kolín) Concertino Praga (Konzerte junger Nachwuchstalente) Goldenes Prag (Internationales Fernsehfestival) Quadriennale der Theatertechnik (1991, 1995 usw.) Gedenkfeiern in Lidice
Juli/August	Prager Sommerprogramm mit Konzerten, Theateraufführungen, Folkloregruppen, Sonderausstellungen und anderen kulturellen Veranstaltungen
August	Čedok Open Grand Prix (Tennisturnier)
Oktober	Internationales Jazzfestival

Verkehrsmittel (Öffentlicher Nahverkehr)

Straßenbahn, Autobusse

Der Einheitsfahrpreis für die Benutzung von Straßenbahnen, Stadtbussen und Untergrundbahn beträgt 1 Kčs. Auf den Straßenbahnen muß bei jedem Umsteigen eine neue Karte gelöst werden. Fahrscheine (jízdenky) erhält man in Hotels, Bahnhöfen, an Zeitungsständen, Tabakkiosken und den Schaltern der Verkehrsbetriebe. Die Fahrscheine müssen beim Einsteigen selbst entwertet werden, da die Wagen schaffnerlos sind.
Auf den Hauptlinien verkehren Straßenbahnen und Autobusse rund um die Uhr in Abständen von 7–15 Minuten, nachts etwa alle 40 Minuten. Die roten Stadtbusse stellen die Verbindung von den Metrostationen zu den Neubausiedlungen an der Peripherie her.

Metro (Untergrundbahn)

Für die Untergrundbahn (Metro; Streckenplan s. hintere Umnschlaginnenseite) benutzt man die gleichen Fahrscheine wie für die Straßenbahn (vgl. oben) und entwertet sie beim Zugang zur Station. In der Metro ist mehrfaches Umsteigen gestattet; die Fahrscheine sind eine Stunde gültig. Die erste Metro fährt um 5.00 Uhr, die letzte kurz vor 24.00 Uhr vom jeweiligen Endbahnhof ab. Kinder bis 10 Jahre und Senioren über 70 Jahre fahren gratis.

Zeit

MEZ

Sommerzeit

Im Winterhalbjahr gilt in Prag die Mitteleuropäische Zeit (MEZ). Für die Monate April bis September wurde auch in der Tschechoslowakei die Sommerzeit (MEZ plus 1 Stunde) eingeführt.

Historischer Zeitmeridian auf dem Altstädter Ring

Zeitungen

In deutscher Sprache erscheint wöchentlich die “Neue Prager Presse” mit Informationen über Politik, Wirtschaft und kulturelle Veranstaltungen sowie über Touristismus.
An den Kiosken im Stadtzentrum und in den großen Hotels werden die wichtigsten und bekanntesten westeuropäischen Zeitungen angeboten.

Zollbestimmungen

Einreise

Zollfrei eingeführt werden dürfen in die ČSFR Gegenstände des persönlichen Bedarfes, 250 Zigaretten oder andere Tabakwaren, 2 l Wein, 1 l Spirituosen und Geschenke im Wert von 1000 Kčs (Wertberechnung nach den in der Tschechoslowakei üblichen Verkaufspreisen; ausführliche Liste im Reisebüro erhältlich). Hochwertige Gegenstände wie Kameras, Videogeräte, Taschenrechner u. ä. müssen wieder ausgeführt werden.

Verboten ist die Ein- und Ausfuhr von tschechoslowakischem Geld.

Ausreise

Bei der Ausreise können Reiseandenken im Wert von 1000 Kčs pro Person zollfrei ausgeführt werden. Besonderen Ausfuhrbestimmungen unterliegen u. a. Bleikristall, Kinderartikel und Antiquitäten. Alle Waren, die nachweislich (Kassenzettel) bei Tusex- oder Artia-Unternehmen gegen ausländische Währung gekauft worden sind, können zollfrei ausgeführt werden. Tuzex-Läden (⟶ Einkäufe) übernehmen auch alle Formalitäten und den Versand.
Es empfiehlt sich, bei Reisebüros oder an der Grenze im voraus Informationen darüber einzuholen, für welche Waren Ausfuhrzoll zu entrichten ist

Ausreise (Fortsetzung)

bzw. welche Waren nur mit Ausfuhrbewilligung oder gar überhaupt nicht ausgeführt werden dürfen.

Wiedereinreise nach Deutschland

Bei der Wiedereinreise (von der Tschechoslowakei) nach Deutschland sind Reisemitbringsel und Lebensmittel bis zu einem Gesamtwert von 115 DM zollfrei; ferner für Personen über 15 Jahre 500 g Kaffee oder 200 g Kaffeeauszüge, 100 g Tee oder 40 g Teeauszüge und 50 g Parfüm oder 0,25 l Toilettenwasser. Abgabenfrei sind zudem ab 17 Jahren pro Person 200 Zigaretten oder 100 Zigarillos oder 50 Zigarren oder 250 g Tabak, 1 l Spirituosen mit über 22 Vol.-% oder 2 l Spirituosen mit bis zu 22 Vol.-% Alkoholgehalt oder 2 l Schaum- oder Likörwein, außerdem 2 l Wein.

Register

Verzeichnis der Karten, Pläne und graphischen Darstellungen im Reiseführer